KB176380

제1차 · 제2차 교육과정기

한국 미술교육의
역사적 풍경

제1차 · 제2차 교육과정기

한국 미술교육의
역사적 풍경

초판인쇄 2019년 12월 31일
초판발행 2019년 12월 31일

지은이 양민영
펴낸이 채종준
기획.편집 이아연
마케팅 문선영

펴낸곳 한국학술정보(주)
주 소 경기도 파주시 회동길 230(문발동)
전 화 031-908-3181(대표)
팩 스 031-908-3189
홈페이지 http://ebook.kstudy.com
E-mail 출판사업부 publish@kstudy.com
등 록 제일산-115호(2000. 6. 19)

ISBN 978-89-268-9753-9 93370

제1차 · 제2차 교육과정기

한국 미술교육의
역사적 풍경

양민영 지음

A Historical Inquiry on
the FIRST and SECOND
Korean National Art Curriculum

한국학술정보

목차

Part 3

창의성 중심 미술교육의 등장

Part 4

미술교육 전문가가 바라본 창의성 중심 미술교육

Part 5

제1차 · 제2차 미술과 교육과정의 의의

Part 6

과거를 딛고 미술교육의 새로운 모색

[부록 1] 〈발행연도 미확인 기사〉아동 미술교육의 창조 -본회 미술
　　　　　교육 강습회에 부쳐- (박휘락)

[부록 2] 〈대구일보(1958.2.26.) 기사〉아동미술교육에의 반성 - 표집고
　　　　　시의 결과를 보고 (박휘락)

[부록 3] 〈대구일보 (1960.6.30.) 기사〉아동화의 난폭성 -아동미술교
　　　　　육의 맹점 (박휘락)

[부록 4] 〈대구일보(1960.10.13.) 기사〉아동창조성의 파괴자 (박휘락)

[부록 5] 〈경대부속국민학교 학교신문『새학교』(1964.10.01.) 기사〉창조
　　　　　성 육성의 우리 학교 미술교육 (박휘락)

[부록 6] 〈1969년 12월 10일 발행『교육미술』12월호(통권 제5호) 문교
　　　　　부 주최,한국아동미술협회 주관〉아동화 연구(안호범)

[부록 7] 미술 교사와 교육행정가(안호범)

[부록 8] 미술교실 1학년(정진명)

[부록 9] 미술교실 2학년(이진무)

[부록 10] 멕시코우 올림픽 어린이 미술제에 다녀와서(정진명)

[부록 11] 국민학교 교사 미술과 특수강습을 마치고(강세은)

　우리나라 미술교육의 태동기 양상에 관한 연구로 2019년 2월 한국교원 대학교 박사학위 논문「제1차·제2차 미술과 교육과정에 대한 역사적 탐 구」를 재구성한 것이다. 질적 연구 중 생애사 연구에 기반한 연구 참여자들 과의 심층 면담, 기록 문서, 실제 창작물 등을 통해 당시를 미루어 짐작해 보 도록 했다.

　연구 문제는 다음과 같다. 첫째, 제1차·제2차 미술과 교육과정의 역사적 전개 과정은 어떠한가? 둘째, 성취하려고 했던 핵심적인 가치는 무엇인가? 셋째, 실제적인 기여점은 무엇인가? 연구의 구체적인 기간은 2014년 3월부 터 2018년 8월까지 5년이 소요되었다. 주요 연구 참여자는 3명의 미술교육 연구자 김정, 김춘일, 박휘락교수이다. 1960년대부터 1980년대 미술교육에 대한 인식이 부족하고, 척박한 상황에서 자신의 관심사에 맞게 연구를 지속 하여 일가를 이룬 세 미술교육 전문가들의 생애사를 통하여 당시 교육 상황 을 고찰해 보고자 한다. 선정 기준은 첫째, 미술교육을 전공하였으며 1960- 80년대 관련 분야에서 전문적인 활동을 한 사람이다. 둘째, 미술교육 관련 논문이 20편 이상, 저서가 10권 이상이 되는 연구자로 정하였다.

　보완책으로 제자 이규선, 이수경 교수 2명을 정하였다. 또한, 현장실천가 로 1차 하헌태, 이현표, 류금자이고, 2차 심영옥, 김혜숙, 안호범, 김선태, 이 규선, 안준철, 강경원으로 본 연구에 참여한 연구 참여자는 총 14명이다. 이들은 당시 미술과 교육과정의 이론을 형성하는 데 가장 중요한 역할을 수행하였다는 판단 아래 선정되었다. 한편, 이들의 이야기를 보완하고 실제 현장의 사례와 이야기를 수집하기 위해 미술교육 전문가 및 현장실천가들을 심층 면담하였다.

김정 교수 심층 면담 당시 모습

김정 교수는 사회생활을 하다가 독일에서 미술교육 전공으로 유학을 하였다. 은퇴 후에는 현재까지도 전시를 하고 있으며 전업 작가로 활동하고 있다. 독일 유학 후 서구 유럽 미술교육의 현황과 창의성에 대한 석학들의 책을 번역하여 국내에 소개하였다. 이화여대 및 경희대 교육대학원, 숭의여자대학교에서 후학을 가르치면서 세계 미술교육의 동향, 유아와 어린이들의 창의성 신장을 연구하여 근대 미술교육을 진일보하게 하였다. 20여 년 전 이화여대 제자인 이수경 교수의 권유로 조형교육학회에 가입하면서 처음 뵈었다. 학회에 처음 들어가면서 인사차 전화를 드렸더니 학교에 있는 사람이 더 좋은 논문을 쓸 수 있다고 말씀해 주셨던 기억이 난다. 이메일로 연구의 취지를 말씀드리고 질문지를 보내드리고 자택으로 찾아뵈었는데, 큰 책상에서 작업을 계속하시고, 최근 이사 와서 자료가 많이 남아있지 않다고 하셨다.

어떤 사람은 미국의 경우 NAEA(국립미술교육학회)로 통일되어 있는데 한국의 학회는 설립자 혹은 설립 단체 중심으로 되어있다고 말하기도 한다. 하지만 학문의 풍토를 자리 잡게 하여 미술교육을 학문의 장을 열었다는 데 중요성이 있다. 이후 한국미술교육학회, 초등미술교육학회 등 많은 학회가 창립되었지만, 황무지였던 당시 학문의 풍토를 세웠고, 현재까지 많은 연구자의 발표와 논의가 이루어졌으며, 지금까지 이어져 오고 있다는 점에서 중요한 시사점이 있다.

김춘일 교수는 대전사범학교 졸업 후 국민학교에서 재직하면서 이후 1970-1979년 교육총연합회 편집장으로 『새교실』을 편찬하였다. 『새교실』 잡지가 일부 소실되었지만, 잡지의 포맷, 기고한 글을 살펴보면 학생의 정의적인 면을 강조하는 부분이 있다. 다양한 수업과 평가 방법으로 미술과 창의성에 대한 인식을 환기시켰다.

처음 접하게 된 계기는 대학교 다닐 때 미술교육론 저서로 공부를 했고, 임용고시 준비할 때도 많이 참조하였다. 학회에서 기조 강연하실 때 멀리서만 뵙다가 직접 인사드릴 기회가 있어서 너무 영광스러웠다. 대구대학교에서 퇴임하시고 고향이신 충청남도 추부에서 거주하셨는데, 기차로 내려간다고 하니 대전역에서 보자고 하셨다. 가까이서 뵙기는 처음인데 정정하시고, 강단이 있어 보이셨다. 하헌태 교장선생님과 공주사범 동기시고, 미술교육뿐만 아니라 미술 전반에 해박한 지식과 경험을 지니고 계시며 진심 어린 비평을 하셨다.

탐구라는 건 전 교과에 강조했는데 과학이나 사회는 강조가 많이 되었어요. 탐구 중심은 과학과 전부라고 했는데, 그것도 말이지 입시로 흘러가지. 완전히 입시 중심으로 바뀌어 버린 거야. 교육과정에는 그렇게 편성이 되었는데 아무런 소용이 없어 입시 중심으로 돌아가니까. 특히 출판사에서는 전과, 지도서를 계속 만들어서, 탐구해서 아이들이 실험하게 하는데, 학원에서 가르쳐 버리니까 전혀 역효과가 났어요. 중요한 지식과 선택적 지식을 아이들 배우는 것과 합치라는 것인데, 1980년대 들어 퇴색합니다. 학원 중심으로 흘러가는 거죠. 이때부터, 2000년대부터 완전히 학원 중심으로 돌아가 학원 교재를 EBS에서 가르치잖아요. 교과서가 거의 다 그런 식으로 된다구요. 미술도 어린이들이 스스로 생각하고 표현하고 그것도 색다르게 이것이 학원 중심으로요. 그전의 학원은 개성을 강조했는데, 개성 강조 안 하고 입시 중심으로 갑니다.

(김춘일 교수와의 1차 면담, 2016년 2월 5일).

박휘락 교수는 대구사범학교 졸업 후 국민학교 교사, 교감을 거쳐 대구교대 미술교육과에서 퇴임하였다. 한국전쟁 후 대구사범학교를 졸업하고, 국민학교에 재직하시다 전문직을 거쳐 교수를 하셨다. 저서인 『한국미술 100년사, 미술 감상 및 비평』으로 먼저 접했고, 익히 명성을 들었던지라 너무 영광스러운 기대감이 들었다. 퇴임하신 대구교대 미술교육과 과사무실에서 이메일 주소를 받아 메일을 드렸는데 흔쾌히 수락하셨다. 대구 자택에 방문하니 연구실로 쓰는 방과 베란다에 꼼꼼하게 자료가 정리되어 있었다. 방대한 자료를 체계적으로 집대성하셔서 처음 발간한 판화 학생 작품집, 누렇게

박휘락 교수 심층 면담 당시 모습

빛이 바랜 학습 지도안을 펼쳐 보여주셨을 때는 정말 경이로운 생각까지 들었다. 자료를 파일이나 바인더로 분류하였고, 미술교육 쪽뿐만 아니라 조선일보를 창간호부터 모으셔서 30주년 행사에 뽑혀 몰디브에 다녀오셨다고 하셨다. 중간에 논문의 진척이 없어 괴로워할 때 격려의 메일을 주셨는데, 초등학교 때 선생님 같은 다정하신 품성이셨다.

피바디 사절단 이후 국민학교 선생님들이 자발적으로 교육과정 교과서 연구를 바탕으로 주 단위, 월 단위의 수업 계획을 성립하였다. 또한 『한국미술교육 100년사』, 『미술감상 및 비평』이라는 저서를 발간하고, 한국미술교육협의회를 결성하여 전국 규모의 연구회를 개회하게 된다. 연구하는 학자로 후대에 시사하는 바가 크다.

안호범 교수는 강원도 국민학교 교사시절 박휘락 교수 등과 한국미술교육협의회를 함께 하셨고, 당시 창간호를 가지고 계셨다. 이후 서울에 오셔서 학원을 운영하셨고, 전업작가 활동을 하셨다. 논문 막바지에 춘천교대 김혜숙 교수를 심층 면담한 후 극적으로 연락이 닿아 가평 일지 안호범미술관을

소화 13년 칠월 『도서과지도안세목』 (출처: 대구사범학교 부속소학교. 박휘락 교수 제공)

방문했다. 마치 심봉사가 눈을 뜬 것처럼 눈이 훤했고, 정말 귀중한 자료로 논문을 세심하게 완성할 수 있었다. 박휘락 교수님과도 몇 십년 만에 통화하셔서 안부를 전하시고, 누군가는 이런 연구를 해야 한다고 진심으로 기뻐하셨다.

결과를 분석해 보면, 가장 먼저 제1차 · 제2차 교육과정기 교과서의 구성과 내용에서 어린이들의 창조적인 개성 신장을 반영하고 있었다. 이는 일제 강점기나 교수요목기에 나타났던 임화 중심의 단순하고 기계적인 교육방식을 대체하는 상당히 혁신적인 변화이다. 또한, 경험 중심 미술교육이라는 핵심 가치들이 규명되었다. 교과 목표 전반에 생활에서 활용할 수 있는 미술교육이 강조되었으며, 학생들의 발달단계를 고려한 교육 내용과 방법이 나타났다. 그 다음으로는 창의성 개념을 도출하였다. 교육과정 운영의 결과, 1960년대부터 미술교육의 흐름과 학생들의 미술 역량을 점검할 수 있도록 다양한 기관에서 주최하는 아동미술실기대회가 활성화되었다.

제1차 · 제2차 교육과정에 대한 역사적 탐구의 의의는 우선 시대적 상황을 극복하는 데 도움을 주었다는 사회적 의의를 찾을 수 있었다. 교수 · 학습적 측면에서 임화 중심의 미술교육을 창의성과 예술성을 강조하는 미술교육으로 변화시키는 데 크게 기여하였다. 서구의 미술교육 사상들에 관한 연구가 확대되었으며, 교육과정을 해석하고 현장에서 직접 실천하는 교사들이 자발적으로 미술 교과 연구회를 조직함으로써 미술과 교육과정을 단순히 이론으로 받아들이는 것이 아니라 수업과 평가 전반에서 활용하고자 하는 움직임이 일어났다. 또한 미술교육을 전문적으로 다루는 미술교육학회가 창립되었다.

안호범 교수 심층 면담 당시 모습

당시를 뒤돌아보면서 현대 사회에서 지켜야 할 것을 생각해 본다면 첫째, 제1차, 그리고 제2차 교육과정 시기에 대한 더욱 심층적인 분석 작업이 요구된다. 둘째, 1960년대 이후 미술과 교육과정 운영과 실천의 실제 모습에 대한 후속적인 역사적 연구가 필요하다. 셋째, 미술과 교육과정과 관련된 실제적인 교육적 자료와 작품들을 체계적으로 수집, 보관, 분석할 수 있게 되기를 기대한다.

☑ 용어의 정의

창조주의 미술교육(Creationism Art Education)

"생활·성장·경험 그리고 사회적 과정으로 요약할 수 있는 듀이의 진보주의 교육 사상에 바탕을 둔 새교육 운동과 맥락을 같이하는 운동이다. 어린이의 자유표현을 중시하여 생기가 넘치는 작품을 등장하게 된다."(노재우, 1995, pp.208-235).

창조·표현주의 미술교육(Creative·Expressionism Art Education)

박휘락(1998, p.43)은 "어린이들은 날 때부터 내부에 창조적 능력을 가지고 있는데 이것이 어른들이나 교사의 잘못으로 억압당하는 일 없이 본성에 따라 계발되고 신장되어야 한다는 것으로 미술교육의 중요한 목적으로 삼아야 한다고 주장하는 사상이다."라고 한다.

창의성 중심 미술교육(Creativity-Based Art Education)

학생들의 자유로운 자기표현을 통한 창의성 함양을 하는 미술교육의 동향이 반영된 것이다. "학생의 잠재능력과 개성을 최대한 발휘할 수 있도록 창의적 자아 표현을 중심으로 자유로움과 미술 제작과정의 중요성이 강조된 미술교육을 말한다."(류재만 외, 2017, p.47; 김형숙, 2018, p.45). 인간의 삶을 풍요롭게 하는 미술의 가능성을 넓혀, 기술공학, 인문학 등 다른 분야와 융합하여 미래 지향적으로 제시하는 것을 포함한다. 창의적인 사고와 판단능력으로 시각적 아이디어를 새로운 이미지로 창출하고 구현하는 자기 주도적인 문제해결력 신장을 포함한다.

역사적 탐구

역사적 탐구는 이론의 특정한 시도와 결과를 대상으로 하여 그 의미가 무엇인지 탐구하는 방법이다. 특히 본 연구에서는 우리나라 교육과정의 흐름을 조망하면서 그중에서 큰 변화가 있었던 특정 시기의 주요 특징들을 드러내려고 하였다. 이를 위해 제1차·제2차 교육과정이라는 시간을 설정하였다. 이러한 역사적 탐구 방법에는 문서 분석 방법 이외에도 질적 연구 도구들을 활용한다(최호성 외, 2014).

연구 참여자

김정: 1940년생. 숭의여자대학교 교수 퇴임

김춘일: 1942년생. 대구대학교 교수 퇴임

박휘락: 1942년생. 대구교육대학교 교수 퇴임

이규선: 1947년생. 서울교육대학교 교수 퇴임 경기도 여주 두리봉도자연구소

이수경: 1955년생. 동국대학교 불교아동학과 교수

하헌태: 1942년생. 공주사범학교. 서울 청덕국민학교 교장 퇴임

이현표: 1945년생. 수도여자사범대학 졸업

　　　　서울 풍납중학교 교장 퇴임

류금자: 1954년생. 홍익대학교 미술대학 박사. 진관고 퇴임

심영옥: 1960년생. 경희대학교 교육대학원 미술교육 전공 교수

김혜숙: 1960년생. 춘천교육대학교 미술교육과 교수

안호범: 1943년생. 전 풍인학교 교사. 연변대 명예 교수

　　　　일지 안호범미술관장

김선태: 1943년생. 순천사범학교 졸업 경기도 초등 교장 퇴임

안준철: 1952년생. 경기도 분원초등학교 교장 퇴임

강경원: 1949년생. 함평농업고등학교 양성소 (18주)

　　　　1969년 함평 초임. 경기도 성남대아초등학교 교장 퇴임

Part 1

제 1차 · 제 2차
미술과 교육과정

우리가 이 시대를
되짚어 보아야 하는 이유

필자는 1992년 서울 소재 중학교에 초임 발령을 받았다. 이후 1997년 고등학교로 옮겨 지금까지 미술 교사로 재직 중이다. 학교에서는 미술 지도 이외에도 공문 처리, 학생 생활지도, 상담, 진학 업무 등의 다양한 일을 수행한다. 그럼에도 불구하고 미술 교사 본연의 임무에 충실할 수 있도록 만드는 것은 미술과 교육과정에 대한 이해라 생각하고 있다. 교육 목표에 맞는 교수 · 학습 프로그램, 교과 내용의 이해, 학생 평가 등이 미술 수업 상황 속에서 적절하게 구현되어야 한다고 본다. 이러한 생각에 따라 대학원에 진학하였다. 미술과 교육과정의 심층적 이해 및 활용을 위해 교육학과 교육과정 이론에서 제시되는 여러 가지 이론들을 학습하였다. 이와 같은 과정에서 우리나라 미술과 교육과정 중 미술교육이 성립하던 1960년대의 상황에 관심을 가지게 되었다.

1960년대 당시 우리나라의 교육은 대단히 혼란스러운 상태에 직면해 있었다. 일제강점기, 한국전쟁 등의 격동기를 거치며 정치적, 경제적, 사회적으로 극도의 변화가 이어지고 있었으며, 이러한 상황은 자연스럽게 교육학에도 영향을 미친다. 교육은 과연 무엇을 추구해야 하며, 교육을 통해 무엇을 성취해야 할 것인지에 대해 극명한 대치 상황이 지속하였다. 그 결과 대학 입시를 통한 경쟁, 암기 위주의 주입식 교육, 국가 발전에 이바지할 수 있는 표준화된 인간의 양성 등과 같은 가치들이 교육을 대표하는 개념으로 자리 잡게 되었다.

그러나 미술교육 분야는 당시의 상황 속에서도 교육의 가치를 창의성과 표현주의로 설정하였다는 점이 연구자의 흥미를 끌 만했다. 왜 미술교육이 다른 과목과 다른 선택을 했는가에 대한 물음을 해결하기 위해 다양한 선행 연구물들을 살펴보았으나 답변을 찾을 수 없었다.

더 아쉬웠던 점은 미술과 교육과정에 관한 자료가 상당히 부족했다는 점이다. 기록과 자료에 대한 인식이 미흡하던 시기임을 고려하더라도 국가 교육과정에 관한 사료를 교과서 이외에는 거의 찾아볼 수 없었다. 특히 미술과 교육과정 개혁의 주요한 사건으로 평가받는 미국 피바디사범대학 교육 사절단의 한국 방문에 관한 내용, 경과, 시사점 등의 정보를 국내에서는 찾기 어려웠다. 또한 미술과 교육과정과 관련하여 우리나라에서 가장 큰 대회였던 한국일보 아동미술대회는 실시했다는 사실만 신문에 기록되어 있을 뿐 구체적으로 그 대회가 미친 영향이나 대회의 심사 기준 등에 관한 정보는 찾을 수 없었다.

이러한 경험은 연구자가 제1차·제2차 미술과 교육과정의 흐름과 실제적인 내용을 규명하는 연구에 관심을 가지도록 만들어 주었다. 특히 연구에서 중요하게 생각한 요소는 여기저기 흩어져 있는 자료들을 찾고, 당시의 미술과 교육과정을 직접 체험한 미술교육자들의 내러티브를 수집하는 것이었다. 그들의 경험을 수면 위로 끌어올리는 작업이야말로 당시 우리나라 미술교육의 흐름을 규명하고 교육과정의 시사점과 한계를 밝히는 데 필요하다고 생각하였다. 연구자의 작업을 바탕으로 미술과 교육과정을 쿠레레의 관점에서 실제로 이해하고 개선할 수 있는 전략을 얻을 수 있을 것이라 기대하였다.

근대 미술교육의 과정을 보면, 학교 교육에서의 미술교육은 1895년 4월에 설립한 관립 한성사범학교 출범에서 시작하였다. 갑오개혁 이후 1895년부터 새로운 교육제도 아래 근대적 의미의 학교 교육으로서 습자와 도화를 교육하였다. 당시 도화(圖畫) 교과는 기능주의적 성격을 지니며 당시 교과서에 제시된 많은 그림은 서양 미술사의 사실주의 개념이 아니라 특정한 사물을 선으로 단순화하여 제시하였다. 교과서에 제시된 그림을 따라 그리면서 비례, 선의 활용을 학습하였다고 볼 수 있다. 근대 미술을 작가가 본인의 작품 세계를 제작하는 것으로 본다면 당시 미술교육은 근대성을 확보했다고 보기에는 한계가 있다.

이후 일제강점기에서 해방, 한국전쟁, 미군정기, 1952년에서부터 1956년까지 미국 피바디사범대학 교육사절단의 영향으로 교수 · 학습 지도안, 교과서, 미술과 교재 및 학습 방법 등 근대식의 교육제도를 받아들이게 된다. 보고서 및 당시 피바디 사절단의 혜택을 받은 일부 미술교육학자들의 구술로 보아 획기적인 변화를 가져오지는 못했지만, 차츰차츰 새로운 미술교육의 방향을 모색하고자 하였던 증거들이 보인다. 처음에는 임모 위주의 따라 그리는 식의 그림이 주를 이루었으나 점차 미술교육의 자율성을 강조하며 학습자의 흥미와 학습 수준을 고려한 미술교육의 필요성이 대두되었다.

일반적으로 우리나라 미술교육의 교과과정은 표현기능 중심의 미술교육을 중시하는 교과 중심의 교육과정, 창의성 중심 미술교육을 중시하는 경험 중심의 교육과정, 이해 중심 미술교육을 중요시하는 학문 중심 교육과정, 인간 중심 교육과정으로 분류한다. 미술교육 과정과 교육 내용의 선정 기준은 이해 과정, 표현 및 감상 영역을 포괄하는 측면에서 매우 중요하다. 외국 교육 사조의 유입과 국내 미술교육의 접목을 실행한 제1차 교육과정의 미술교육 과정에서는 서양의 미술교육 사조에 대한 교육을 주요하게 다루었다. 이후 어린이의 창조성에 중점을 둔 미술교육이 유입되면서 새로운 유형의 미술교육이 시작된다. 제2차 교육과정의 미술교육은 해외 미술교육 이론과 창조성을 강조한 구성주의 관점의 미술교육이 합리적으로 상호 연계되어 상호 관계를 구축한다. 외국 미술 사조 교육을 탈피한 3차 교육과정의 미술교육은 우리나라의 정서에 부합하는 교육과정의 체계적 정립에 주력하면서 표현 방법의 다양화와 표현력 강화에 주안점을 두었다.

근대 이후 개항기부터 시작된 학교에서 학교 미술은 1954년 제1차 교육과정부터 2015 개정 교육과정에 이르기까지 한 번도 빠짐없이 교과목으로 포함되었으며, 이는 우리나라 공교육에 미술이 역할을 담당해 왔음을 의미한다. 현재 초등학교 미술 교과는 1년에 68시간 수준으로 운영되고 있는데, 이를 주당 시간으로 환산하면 1시간 수준이다(교육부, 2015a, p.9). 이는 교육과정 안에서 미술교육이 수행해야 하는 역할과 사명에 대하여 명시하는 중요한 단서라고 할 수 있다.

미술교육과정은 심미적 감각 개발 및 역량 증진이라는 중요한 철학 아래 구체적인 수업 목표, 교수 · 학습 방법, 교수 매체 등의 측면에서 다른 교과들과 차별화되어 왔다. 구체적으로는 "미술교육은 느낌과 생각을 시각적으로 표현하여 다른 사람과 소통하고 자신과 세계를 이해하는 인간 활동을 통해 삶의 질을 향상시키려고 한다."(고숙자 외, 2003, p.157) 또한 미술은 그 시대의 문화를 기록하고 반영하는 특성이 있어, "미술 문화를 바탕으로 과거와 현재를 이해하고 나아가 문화의 창조와 발전에 공헌할 수 있다."(류지영 외, 2016, p.78) 더 나아가 미술 활동을 통하여 인류의 정신적, 물질적 유산인 문화를 이해하고 그 중요성을 인식하여 문화 시민으로서 소양을 기를 수 있다. "무엇보다도 미술 활동은 새로운 시각으로 작품을 창조하고 다양한 분야와 융합함으로써 미적 가치를 창출하는 능력을 길러줄 수 있다."(교육부, 2015b, p.3). 이처럼 미술 교과는 학생들에게 미적 감각과 예술에 대한 향유 여부를 결정해 준다는 점에서 그 중요성과 가치를 인정받고 있다(최윤재, 1992).

미술 교과 교육은 미술교육의 역사가 오래된 만큼 세부적인 교육 내용의 변화도 활발히 이루어져 왔다. 이는 시대의 흐름에 따라 교육과정의 내용, 방법, 교수 · 학습의 체계 등이 역동하였다는 것을 의미한다. 특히 교육에서의 미술은 예술의 시대적 변화와 맥을 같이하고 있으며 다양한 미술 사조가 교과 내용에 많은 영향을 끼쳤다(홍창호, 2004). 그만큼 미술교육을 하나로 정의하기는 어렵지만, 창의성, 창조성 등의 용어와 함께 창의성 발현이라는 측면은 1차 교육과정에서부터 강조하고 있으며, 조형적인 측면, 인성교육의 측면 등에서 중심적 기능을 담당하고 있다.

이처럼 변함없이 미술과를 구성하는 몇몇 본질적인 요소들이 변함없이 유지되고 있는데, 그중에서도 우리나라 미술과 교육과정에 가장 큰 영향을 끼친 것은 바로 창의성과 학생들의 경험이라는 개념이다(류지영 외, 2016; 박병기, 1998). 창의성과 경험은 미술과 교육과정의 다양한 변화 속에서도 그 본질을 유지하는 뼈대와 같은 역할을 하였다. 또한 창의성 중심 미술교육은 학교 현장에서 매우 중요한 역할을 하고 있다.

창의성과 경험 개념이 우리나라 미술과 교육과정에 전면적으로 등장한 계기는 제1차·제2차 교육과정에서의 변화와 관련이 있다. 특히 교육과정의 변화는 미군정기, 한국전쟁과 같은 정치적·사회적 격동기 속에서 이루어졌다는 점에서 상당한 의미를 찾을 수 있다. 이를 극명하게 보여주는 사례는 1950년도 후반에 정부의 초청으로 내한한 피바디사범대학(George Peabody College for Teacher, 현 Peabody College Vanderbilt University Nashville) 교육사절단(Peabody Education Mission, 단장 W. E. Goslin)에서 찾을 수 있다. 피바디사범대학은 1952년 10월부터 1953년 6월까지 우리나라의 교사들을 대상으로 부산과 서울에서 강연회를 개최하였다. 여기서는 치젝(Cizek, F.), 듀이(Dewey, J.), 로웬펠드(Lowenfeld, V.) 등 당시 미국에서 중요하게 다루어지던 창의성 중심 미술교육 활동에 관한 교수·학습 이론과 방법 등을 직접 강습하였다. 이를 계기로 창의성 미술 학습 이론이 제2차 교육과정에 적용되었고, 교과 중심에서 경험 중심 교육과정으로 교육과정의 전체적인 방향이 변화되었다(임정기 외, 2013). 결과적으로 당시 미국의 미술교육 경향은 우리나라 미술과 교육과정과 관련된 다양한 이론적·실제적 연구가 창의성과 경험이라는 대 주제로 이루어지는 역사적 배경이 되고 있다.

그럼에도 불구하고 현재 이루어지는 미술과 교육과정과 관련된 다양한 연구는 교육과정 구성의 배경과 맥락에 대한 이해가 부족하다. 창의성, 학생들의 경험, 창조주의 등의 용어를 잘못 이해하거나 혼용하기도 한다. 제1차·제2차 교육과정의 배경과 시사점에 관한 내용이 새로운 연구에 제대로 반영되지 않고 있다. 이러한 현상이 나타나게 된 원인은 우리나라 미술과 교육과정에서 창의성과 경험을 강조하게 된 근원에 대한 실제적, 역사적 탐구가 제대로 수행되지 않았다는 데 있다. 제1차·제2차 교육과정 시기의 중요한 사건들, 이에 대한 교육학적 해석, 당시 교육과정의 변화를 체험한 인물들의 이야기에 관한 정보가 거의 알려지지 않는 탓에 최근 연구들은 새로운 철학과 방법론들을 별다른 비판 없이 수용하고 있다. 간혹 교육과정 개발 및 적용과 관련하여 제1차·제2차 교육과정에 관한 분석적 연구가 있으나, 교육과정을 실제 실행하고 체험하였던 당사자들의 이야기가 부재함으로써 당시 교육과정이 반영된 실제 교육 현장 현황을 제대로 밝혀내는 데 미흡한 부분이 있다.

이러한 문제의식은 연구자가 미술과 교육과정에 관한 역사적 탐구라는 주제에 관심을 갖는 계기로 작용하였다. 당시의 변화가 매우 역동적이고 학술적 의미가 있음에도 시대적 변화나 발달에 대한 학술적 분석이나 논의가 거의 없었다는 것은 미술교육 연구자로서 분명 아쉬운 부분이었다. 단순한 사건과 사실 중심의 연구가 아닌, 그 당시 미술교육 연구자들과 실천가들의 목소리를 통하여 당시 교육 상황 속에서 미술교육의 양상이 어떻게 변화하였는지 심층적으로 이해하는 작업이 필요했다. 이를 위해 문헌을 고찰하여 제1차·제2차 교육과정에 나타난 미술과 교육과정의 철학적이고 개념적인 특성을 파악하고 당시 미술교육 분야에 상당한 영향을 끼친 미술교육 연구자와 당시 교육과정을 직접 체험한 교사들을 선정하여 생애사와 심층 면담을 도구로 연구를 수행하였다. 널리 알려지지 않은 교육과정 문서들로부터 교육과정에 대한 시대적 요구와 사명을 파악하고, 연구자와 교사의 삶의 이야기를 통하여 교육과정이 교육 현장에 어떻게 받아들여졌으며 그 결과는 어땠는지를 사실적으로 파악하고자 한다.

요약하면, 본 연구는 우리나라 미술교육에 가장 큰 영향을 끼친 제1차·제2차 교육과정의 내용, 특징, 장·단점, 철학, 평가, 시사점을 종합적으로 규명하는 역사적 탐구이다. 우리나라 미술과 교육과정을 질적으로 심도 있게 분석하는 작업은 새로운 연구 영역을 개척하고 다음 교육과정 개정을 위한 중요한 토대가 된다는 측면에서 의미가 있으며, 궁극적으로 한국 근대 미술교육의 철학적 배경과 사상을 평가할 수 있을 것으로 기대된다.

제1차 · 제2차 미술과 교육과정의 전개 및 가치

우리나라 교육과정은 주요한 개정 절차에 따라 1954년부터 1962년 시기를 제1차 교육과정, 1963년부터 1972년까지의 시기를 제2차 교육과정이라고 지칭한다(문교부, 1963). 제1차 · 제2차 교육과정에는 미술뿐만 아니라 국어, 수학과 같이 학생들이 학교에서 학습하는 모든 교과가 포함되지만, 본 연구에서는 연구의 편의상 개념의 범위를 미술과 교육과정에만 한정하도록 한다.

제1차 · 제2차 교육과정의 실제 운영과 적용 과정을 다루고 있다. 교육과정의 실제적인 의미와 가치를 확인하기 위해 가장 필요한 조건은 바로 교육과정이 교육 현장에서 어떻게 활용되었는지에 대한 정보였다.

미술과 교육과정의 전개 과정에 관한 탐색 결과를 이론적 바탕에 놓고, 구체적인 자료수집 방법으로 문서 분석과 생애사 탐구를 선택하였다. 이를 통하여 제1차 · 제2차 교육과정이 한국 미술교육에 끼친 영향을 명료하게 드러내고자 하였다. 특히 미술과 교육과정에서 중요했던 철학적, 이론적 강조점, 이전의 미술교육과 비교하였을 때 변화된 점, 학교 미술과 미술 수업에 끼친 영향 등을 중점적으로 분석하였다.

당시 교육 이론가, 실천가들의 경험에 대한 심층적인 분석을 통하여 제1차·제2차 미술과 교육과정의 실천이 우리나라 초등 미술과 교육과정의 실천과 이론화에 끼친 영향을 분석하여 그 결과를 정리하였다. 특히 그 당시 태동했던 창의성과 경험에 근거한 미술교육이 어떻게 교육과정의 기본 개념으로 장기간 유지되었는지에 초점을 맞추어 분석하였다. 이러한 분석 내용을 종합하여 미술과 교육과정의 바람직한 방향과 철학에 대해 논의할 수 있었다.

제1-7차 미술과
교육과정의 변천

가. 제1차 교육과정 시기(1954-1963)

제1차 교육과정은 「국민학교¹, 중학교, 고등학교, 사범학교 교육과정 시간 배당 기준령」(문교부, 1954)이 제정 공포된 것을 시작으로 하며, 「중학교 교과과정」(문교부, 1955a)이 제정 공포되었다. 이것은 법령상으로는 교과과정이었고, 교과 중심 교육과정이라고도 하였다. 진보주의 교육의 영향을 받아 학생의 일상생활, 경험을 기반으로 구성되었다. 따라서 제1차 교육과정에서는 실제 생활에 필요한 지식, 적용 가능한 태도 및 습관 등을 교육하도록 하였고, 학습하고자 하는 내용도 일상생활 속에서 선정하려고 하였다.

교육과정의 구성 체제는 국민학교 미술과의 일반 목표, 각 학년의 미술과

---

1. 일본에서 1941년의 초등학교 교령에 의해 성립한 소학교를 대신하는 초등 교육기관이다. 한국에서는 일제강점기부터 광복 이후에도 사용해 오다가, 1996년 초등학교로 명칭을 변경하였다(정치학대사전편찬위원회, 2002). 이후 본 논문에서는 '국민학교'와 '초등 교육과정'으로 통일하여 사용한다.

지도 내용으로 구분되어 있다. 각 학년의 미술과 지도 내용은 표현 활동, 이해 활동, 감상 활동, 기술 활동으로 구성하였다. 기술 활동의 항목에 지도 순서와 본 과정의 취급 방법을 서술하였다(문교부, 1955b). 또한, 교육과정의 뒷부분에 표현, 감상, 이해, 기능 숙련에 관한 교재는 별도로, 목표, 지도상의 유의, 지도 내용을 학년과 영역 및 항목별로 구체적으로 제시하였다.

국민학교 미술과의 목표를 개인으로서의 목표와 사회인 또는 국민으로서의 목표를 조화롭게 제시하고 있다. 이것은 교육적 인간상을 달성하기 위해 개인적 자아실현과 사회적 역할 간의 균형을 유지하고자 한 것이다. 제1차 교육과정의 국민학교 미술과 지도 내용은 그리기, 만들기, 쓰기 활동으로 구분되며, 활동별 교재에 지도 내용을 내용 영역과 학년별로 상세하게 제시하였다. 쓰기는 국민학교 4학년부터 지도하도록 하였다(문교부, 1955b). 그리고 교재별로 목표와 지도상의 유의점도 제시하여 지도 내용의 수준이나 범위를 상세하게 제시하였으나, 미술 용어가 정비되지 않아 중복되는 부분이 있다. 또한 표현 활동보다 이해와 감상 활동에 비중을 두었다. 지도 방법이나 평가에 관해서는 별도의 항목을 제시하지 않았다(문교부, 1955b).

교육과정에 제시된 중학교 미술과의 일반 목표는 다음과 같다.

> 일상생활과 산업에 필요한 조형 예술과 기술에 대한 일반적인 이해와 기초적인 기능을 얻어 생활을 명랑하고 여유 있게 영위할 수 있는 능력과 태도를 길러, 개인으로서, 사회인으로서 평화적이며 문화적인 생활을 할 수 있는 자질을 기르는 데 있다.
>
> 첫째, 생활에 필요한 조형품 선택 능력을 기른다. […]

둘째, 조형품을 유효하게 사용하는 능력을 기른다. […]

셋째, 조형품을 표현하며 창조하는 능력을 기른다. […]

넷째, 자연의 미, 조형의 미, 글씨의 감상 능력을 기른다. […](문교

부, 1955b, pp.10-11).

"중학교 각 학년의 미술과 내용 중 표현 교재는 묘사, 의장(意匠), 배치, 배합, 공작, 기타 공작, 제도, 서예로 나눴다. 미술과 지도 내용 범위는 미술과 지도의 범위(範圍)는 개인 생활, 사회생활, 경제생활 및 직업 생활에 필요한 조형 활동을 여러 면으로 분석하여, 표현 활동, 이해 활동, 감상 활동, 기술 활동의 네 면으로 나누어 지도하기로 하였다."(문교부, 1955b, p.111)

일상생활과 산업에 필요한 조형 감각을 강조하여 미술교육과 밀접한 관계를 이루도록 하였다. 초등 교육과정에서 남·여 교과서의 구분이 사라졌고, 보다 일반적이고 균등한 기회를 확보하였다. 학생들의 경험과 삶을 존중하는 형태의 교육을 지향하여 생활 중심·경험 중심 미술과 교육과정이 등장하게 된 것이다.

나. 제2차 교육과정 시기(1963-1973)

제2차 교육과정은 1963년 2월 문교부령 제120호 '국민학교 교육과정'으로 개정 공포되었고, 1969년 9월에 부분적으로 개정되었다. 이때 제1차 교육과정의 명칭인 교과과정을 교육과정으로 개칭하여 공포하였다. 제2차 교육과정은 경험주의 교육과정의 맥락 속에서 미술과는 학생들이 스스로 자신의 감정을 창의적으로 표현할 수 있도록 고무하며, 자주적 민주 시민으로서 풍요로운 인간성을 겸비하도록 미술교육의 이념을 도입하였다.

제2차 교육과정의 구성 체제는 국민학교 목표, 학년 목표, 지도 내용, 지도상의 유의점으로 구분하여 제시하였다. 제2차 교육과정은 제1차 교육과정과 달리 "학년 목표를 제시하였고, 지도 내용도 학년별로 묘화, 조소, 디자인, 공작, 도법 서예, 감상의 7개 영역으로 나누어 제시하였다. 또한, 지도상의 유의점을 지도 내용과 별도의 항목으로 제시하였다."(문교부, 1963, p.146) 제2차 교육과정에서 국민학교의 목표는 다음과 같다.

첫째, 일상 생활에 필요한 미술의 경험을 통하여 창의적인 표현 능력을 기르고, 이에 대한 의욕과 흥미를 만족시킨다.

둘째, 조형 능력을 일상 생활에 활용하여 자기 생활을 아름답고 합리적으로 꾸며 나갈 수 있는 능력과 태도를 가지게 한다.

셋째, 조형 활동에 필요한 용구와 재료를 유효하게 사용할 수 있는 능력을 기른다.

넷째, 자연미와 조형품을 감상함으로써 미적 정서를 길러, 조형미에 대하여 이해하고, 이를 아끼고 보존하는 마음과 태도를 가지게 한다(문교부, 1963, p.106).

제2차 교육과정에서 중학교의 목표는 다음과 같다.

첫째, 창의적인 구상과 표현을 통하여 창조 생산하는 즐거움을 가지게 하고, 표현 의욕을 높이도록 한다.

둘째, 조형 활동을 통하여 미술에 대한 이해와 감수성을 풍부히 하고, 창의적인 표현 능력과 기술을 체득하게 한다.

셋째, 조형 능력을 일상생활에 활용하여 아름답고 합리적으로 미
화 개선할 수 있는 태도와 습관을 가지도록 한다.
넷째, 조형품을 널리 감상함으로써 조형미를 이해하고 미적 정서
를 높여, 이를 아끼고 보존하는 마음과 태도를 가지도록 한다(문교
부, 1963, p.108).

학년 목표는 표현 능력, 디자인 표현 능력, 재료와 용구 사용 능력, 감상
능력에서의 학년별 목표를 제시하였다. 구체적으로 내용은 묘화, 조소, 디자
인, 공작, 도법, 서예, 감상 영역으로 구분하였다. 각각의 세부 내용으로 "묘
화는 소묘 · 회화 · 판화로, 조소는 부조 · 환조 등으로, 디자인은 배색 연
습 · 재질감의 연습 · 구성 연습 · 도안 · 배치 배합 등으로, 공작은 여러 가
지 공작 · 재료와 연모, 기능의 이해로, 도법은 용기 · 평면 도법 · 투상도 ·
전개도 등으로, 서예는 서사 · 감상으로 구분하여 제시하였다. 감상은 자연
미 감상 · 일용품 감상을 비롯하여 지역 사회의 미술품 감상 · 우리나라의
미술 · 다른 나라의 미술 · 작가와 작품에 대한 이해 등으로 제시하였다." 제
1차 교육과정의 이해 영역이 없어지고 전반적으로 표현 활동이 강화되었다
(문교부, 1963, p.108).

교육 방법과 평가를 별도 항목으로 다루지는 않았으나, 지도상의 유의점
11개 항을 통하여 학습을 계획하고 전개하는 데 필요한 사항을 구체적으로
제시하고 있다. 예를 들어, 지도 내용은 어떤 영역에 치우치지 않고 종합적
인 조형 활동이 이루어져야 하며 교과 운영의 기준을 마련하여 학습 효과
를 거둘 수 있도록 요구하고 있다. 그밖에, "지역성의 배려, 다른 교과와의
연관성 고려 등 실제 지도에서 유의할 점이 제시되었다. 평가와 관련해서는

항상 지도한 성과를 종합, 평가하고 학생들도 자기 평가를 할 수 있게 하였다."(문교부, 1963, p.146)

"학년 목표는 조형 활동을 통한 치밀한 관찰력, 개성적인 구상력과 사생적 표현 능력, 합리적인 디자인의 능력, 다각적인 재료와 창의적인 기법, 감상 능력 발전을 포함한다. 지도 내용은 묘화, 조소, 디자인, 공작, 도법, 서예, 감상으로 구분하였다. 지도상의 유의점은 학생의 개성적 창의력을 기르는 데 유의하고, 표현 재료에 대하여는 학생의 발달단계를 고려하여 지도 계획을 마련하도록 하였다."(문교부, 1963, pp.111-112)

일상생활에서 경험을 미적으로 표현하고, 감상하는 능력을 배양하도록 한다. 미술과에서 생활에 직접 필요한 과목으로 인식하고 체계적으로 지도하기 위하여 학년별 목표 의식을 명확하게 제시하였다는 것에 의의가 있다.

다. 제3차 교육과정 시기(1973-1981)

제3차 교육과정은 1973년 2월 문교부령 제310호 「국민학교 교육과정」(문교부, 1973a)으로 개정 공포되었다. 학문 중심 교육과정을 기반으로 한국에 정착한 미술교육을 정립하기 위하여 교과 내용을 체계화하고 다양한 표현 활동을 시도하였다. 이와 같은 맥락에서 미술과는 학교 급별로 다르게 사용하던 내용 영역의 명칭을 통일하고, 다양한 표현 방법과 기법의 체득, 전통 미술에 대한 내용을 강화하였다(문교부, 1973a).

제3차 교육과정의 구성 체제는 국민학교 교육과정 편제가 교과, 특별활동으로 개편되면서 반공·도덕 생활 영역은 '도덕' 교과가 되었다. 도덕 과목의 중요도를 국어보다 앞에 두어서 초등학교 교과는 도덕, 국어, 사회, 산수, 자연, 체육, 음악, 미술, 실과로 9과목이 되었다. 국민학교의 일반 목표는 다음과 같다.

> 첫째, 조형적인 흥미와 욕구를 만족시켜 미적 정서를 기른다.
> 둘째, 조형 활동을 통하여 미적 감각의 발달을 도모하고, 창조적
> 인 표현 능력을 신장시킨다.
> 셋째, 조형 능력을 생활에 활용하는 태도를 기른다.
> 넷째, 조형 활동에 필요한 기초적인 기법을 알게 하며, 재료와 용
> 구를 유효하게 사용할 수 있는 능력을 기른다.
> 다섯째, 우리나라 및 다른 나라의 조형품을 감상할 줄 알며, 아울
> 러 이를 애호하고 보존하는 마음과 태도를 기른다(문교부,
> 1973a, p.140).

중학교의 일반 목표는 다음과 같다.

> 첫째, 조형 능력을 길러, 정서를 풍부히 함과 동시에 품위 있는 인
> 격을 지니게 한다.
> 둘째, 미적 직관력과 상상력을 길러, 그것을 창의적으로 표현하는
> 기초적인 능력과 태도를 기른다.
> 셋째, 조형 능력을 일상생활에 활용하는 태도와 습관을 기른다.
> 넷째, 우리나라 및 다른 나라의 미술품에 대한 심미성을 풍부히
> 하고, 우리의 미술 문화를 애호·보존하게 하여, 민족 문화
> 발전에 이바지하려는 태도를 기른다(문교부, 1973b, p.84).

위와 같이 "학년 목표는 창작에 관련되어 창조적인 표현 능력을 제시하고 그것에 기본이 되는 기초적인 기법, 재료와 용구의 사용 능력을 제시하였다. 감상에 관련해서는 우리나라와 다른 나라의 작품을 감상하고 존중하는 태도를 제시하였다. 그리고 제3차 미술과 교육과정 목표에서 특이한 부분은 미적 정서에 관련된 영역을 제시한 것이다."(문교부, 1973a, p.140)

국민학교 내용 영역에서는 회화, 조소, 디자인, 공예, 감상, 서예로 구분하였고 서예는 4학년부터 지도하도록 하였다. 또한 디자인과 공예 영역을 분리하여 산업사회의 흐름을 반영하였다. "중학교 학년 목표는 회화의 표현 활동을 통하여 미적 직관과 상상을 솔직하게 표현하는 능력, 입체적인 아름다움, 디자인 활동을 통한 발상력과 미적 감각, 수공예품을 만드는 즐거움, 서체와 필법, 자연미와 일용품, 조형품에 대한 감상 활동으로 구성되었다. 내용 영역에서는 회화, 조소, 구성, 디자인, 공예, 감상, 서예로 구분하였고, 모든 영역에 있어 상호 유기적인 연관성을 고려하여 지도한다."(문교부, 1973a, pp.144-160)

방법 및 평가 측면에서 지도상의 유의점은 총 10개 항으로 제시하였다. 표현 활동을 중심으로 조형에 대한 종합적인 지도를 요구하고 있으며, 영역별로 지도상의 유의점이 자세히 명시되어 있다. 특히 디자인 학습에서는 국가적, 시대적 요청을 고려한 지도를 강조하고, 학년별 영역에서 협동 제작을 적의(適宜) 지도하도록 제시하였다. 평가와 관련된 항목은 제시되지 않았다(문교부, 1973a, p.144). 미술교육에서 조형 활동에 대한 강조와 조형품의 감상 능력을 배양하는 것을 중요한 목표로 삼았다. 민족 미술교육을 강조하는 시대적 흐름을 반영하여 문화재 애호와 보존에 관한 능력과 태도 육성에 역점을 두었다.

라. 제4차 교육과정 시기(1981-1987)

제4차 교육과정은 제5공화국 출범 이후 1980년 교육 개혁 조치, 사회적 변화, 제3차 교육과정의 문제점 등을 반영하여 1981년 12월 문교부 고시 제 3차 교육과정 시기(1974-1981)까지는 교육과정이 문교부령(법규 문서)으로 공포되었으나 [2] 제442호 「국민학교 교육과정」(문교부, 1981a)으로 개정 고시되었다. 이 시기는 산업화사회로 빠르게 변하는 상황에서 인간성 말살하는 사회적 문제가 제기되었고, 또한 지나치게 학문 중심 교육과정을 강조하면서 교과 간의 소통이 미흡하여 교육의 효과를 저하했다는 반성이 제기되었다. 따라서 제4차 교육과정은 인간 중심 교육과정과 학문 중심 교육과정을 결합해 개정된 것으로 학습자의 주체성을 존중하고 자율적인 활동을 강조하는 등 전인 교육을 강조하였다(문교부, 1981a). 이러한 총론 개정 방향에 따라 미술과 교육과정의 기본 방향을 첫째, 국민정신 교육의 이념 강조, 둘째, 창의성 발달 강조, 셋째, 미적 정서 강조, 넷째, 아동의 주체성 강조에 두었다(문교부, 1981a). 국민학교의 일반 목표는 다음과 같다.

조형의 즐거운 표현 및 감상 활동을 통하여 미적 정서와 창조성을 기르고, 주변 환경을 아름답게 하는 능력을 애호하는 태도를 지니게 한다.
첫째, 자기의 느낌과 생각을 즐겁게 표현할 수 있는 조형 능력을 기른다.

---

2. 제3차 교육과정 시기 중 1979년 3월 1일에 교육과정 문서 결정 체제를 문교부 고시(공고 문서) 형태로 개선하였다(교육인적자원부, 2001. 4. 15).

둘째, 우리의 자연과 조형품의 아름다움을 즐기고 애호할 수 있는
감상 능력을 기른다(문교부, 1981a, p.81).

중학교의 교과 목표는 다음과 같다.

조형의 기초적인 표현 및 감상 활동을 통하여 미적 정서와 창
조성을 길러 품위 있는 인격을 함양하고, 우리의 환경을 아름답게
꾸미며, 애호하는 능력과 태도를 지니게 한다.
1) 자기의 느낌과 생각을 의도적으로 나타낼 수 있는 표현 능력을
기른다.
2) 우리의 자연과 여러 가지 조형품의 가치를 발견, 애호할 수 있
는 감상 능력을 기른다(문교부, 1981b, p.54).

위와 같이 제4차 미술과 교육과정에서는 교육과정 목표에 두 개의 총괄
목표를 제시하고 두 가지의 하부 목표를 제시하였다. "두 개의 총괄 목표는
미적 정서와 창조성에 관한 것이다. 또한 두 가지의 하부 목표는 표현 능력
에 관한 목표이고, 나머지는 감상 능력에 관한 목표이다." 그래서 제4차 교
육과정의 내용 체계는 표현과 감상으로 구성하였고, 초등학교 1-2학년에
서는 통합 교과로 지도하다가 초등학교 3학년부터는 미술 교과가 독립하여
지도하도록 제시하였다(문교부, 1981a, pp.81-82).
내용 영역은 표현, 감상으로 나뉘며 표현 영역은 다시 회화, 조소, 디자인,
서예로, 감상 영역은 감상과 이해로 나뉜다(문교부, 1981a). 표현 및 감상 활동
에서는 우리나라의 전통 미술을 강조하여 지도하였다. 영역별 내용이 균형

있게 평가되도록 하며, 학습 과정과 결과가 잘 반영되도록 다양한 평가 방법을 활용하도록 하였다. 미적 표현을 통한 창의성 계발과 함께 자율성, 상상력, 탐구적 태도를 강조하고, 생활 주변에서 미적 현상을 보고 반응하는 개방성, 미적 정서, 학생의 발달단계에 따른 교육의 효율성을 체계화하였다. 미술에 관한 관심을 북돋고 미술적 심성을 계발하고, 미술 경험을 통한 국민의 주체성을 지닌 전인적 인간을 기르고자 하였다.

마. 제5차 교육과정 시기(1987-1992)

제5차 교육과정은 제4차 교육과정의 기본 구조를 유지하면서 종래의 교과 중심 교육과정, 생활 중심 교육과정, 학문 중심 교육과정, 인간 중심 교육과정의 장점을 조화롭게 반영하여 1987년 6월 문교부 고시 제87-9호로 개정 고시되었다(교육부, 1987). 즉 제5차 교육과정은 제4차 교육과정의 기본 정신을 계승하면서 민주화된 미래 사회에 대비할 자주적, 창조적, 도덕적인 한국인 육성을 위해 기초 교육 강화, 정보화 사회에 대응하는 교육 강화, 교육과정의 효율성 제고 등을 기본 방향으로 설정하였다(문교부, 1987). 제5차 미술과 초등 교육과정의 목표는 다음과 같다.

> 조형 활동의 경험을 통하여 표현 및 감상 능력을 길러, 창조성을 계발하고 정서를 함양하게 한다.
> 첫째, 자기의 느낌과 생각을 즐겁게 표현할 수 있는 능력을 기르게 한다.
> 둘째, 우리나라의 자연과 조형품의 아름다움을 즐기고 애호할 수 있는 능력과 태도를 기르게 한다(문교부, 1987, p.92).

위에서 살펴본 것처럼 제4차 미술과 교육과정과 같이 제5차 미술과 교육 과정에서도 교육과정 목표에 두 개의 총괄 목표를 제시하고 두 가지의 하부 목표를 제시하였다. 두 개의 총괄 목표는 '창조성'과 '정서 함양'이다. 그리고 두 가지의 하부 목표는 표현 능력에 관한 목표이고, 나머지는 감상 능력에 관한 목표이다(문교부, 1987). 교육과정의 구성 체제는 교과 목표, 학년 목표 및 내용, 지도 및 평가상의 유의점으로 제4차 교육과정의 체제를 그대로 유지하였다. 미술과의 목표는 교과 목표 아래 표현과 감상 활동의 목표를 각각 제시하고 있어서 제4차 교육과정과 크게 다르지 않다(문교부, 1987).

"내용 영역에서는 미술과 생활, 느낌 나타내기, 상상하여 나타내기, 보고 나타내기, 꾸미기와 만들기, 붓글씨로 나타내기, 작품 감상"으로 제시하였다. 지금까지의 교육과정과는 다르게 미술과 생활 영역을 신설하였다(문교부, 1987, p.92). 중학교의 경우 표현 활동에서는 재료, 용구의 효과적인 활용 방법, 지역성을 고려한 학습 지도, 표현 및 감상의 내용 영역이 고루 이루어져야 한다. 평가는 손기술에 치우치지 않도록 하며, 학습활동의 태도와 성취도 및 창의성 등을 고려하도록 하였다. 감상 영역의 평가는 지식 위주로 작품을 해석하는 것을 지양하고, 작품 감상 능력을 평가한다.

기존의 생활 중심, 학문 중심, 인간 중심 교육과정의 장점을 취합하여 체계화하였다. '문화 의식 함양', '인간 존중'이라는 기본 방향 아래 현대 미술 교육의 흐름에 부합하면서 정의로운 인격을 지닌 주체적인 국민으로 성장하도록 교육 내용을 선정하고, 파급되도록 개선하였다.

바. 제6차 교육과정 시기(1992-1997)

제6차 교육과정은 지식과 사회 여건의 급격한 변화와 교육 이론의 발전 등으로 교육 프로그램의 적절성이 논의되면서 1992년 6월 교육부 고시 제 1992-16호 「국민학교 교육과정」(1992)으로 개정 고시되었다. 미술과는 미적 교육의 정신을 반영하여 미술의 본질적 기능을 회복시키면서 미술을 통한 인간 형성이라는 입장을 강조하였다. 즉, 미술을 통한 감성적 체험에 의한 인식 과정을 통하여 전인적인 인간 형성에 기여할 수 있게 한다는 것이다(교육부, 1992).

구성 체제를 보면 제6차 교육과정에는 성격 부분이 포함되었고, 학년별 목표는 제시하지 않았다. 또한, 제4차, 제5차 교육과정에서 '지도 및 평가상의 유의점'으로 기술하던 것을 '방법'과 '평가'로 나누었다. 따라서 제6차 교육과정은 미술과의 성격, 목표, 내용, 방법, 평가로 구성되었다. '목표' 아래는 다음과 같이 하위 목표를 제시하였고, '내용' 아래는 내용 체계와 학년별 내용을 제시하였다(교육부, 1992, p.95). 제6차 교육과정에서 처음으로 포함된 '성격'에서는 미술의 정의, 미술 교과의 목적과 역할, 미술 교과의 내용 구성과 활동별 세부 목표를 제시하였다. 미술과의 목표는 네 개의 총괄 목표를 제시하고 다시 하위 목표를 네 개 제시했다. 총괄 목표는 '표현 능력', '감상 능력', '창조성', '정서'에 관한 것이고 이를 실현할 수 있는 하위 목표는 다시 '미적 지각 능력', '주제 표현 능력', '재료와 용구 사용 능력', '미술품 감상 능력'으로 제시하였다. 구체적 내용은 다음과 같다.

조형 활동 경험을 통하여 표현 및 감상 능력을 기르고, 창조성을 계발하며 정서를 함양하게 한다.

첫째, 생활 속에서 아름다움을 찾아, 애호할 수 있는 능력과 태도를 기르게 한다.

둘째, 자기의 느낌과 생각을 다양하게 나타낼 수 있는 능력을 기르게 한다.

셋째, 여러 가지 재료 및 용구의 특성을 알고, 다양하게 활동할 수 있는 능력을 기르게 한다.

넷째, 미술품의 가치를 발견하고 존중할 수 있는 능력과 태도를 기르게 한다(교육부, 1992, p.100).

제5차 교육과정까지 미술과 내용은 크게 표현과 감상으로 구분되었다. 그러나 제6차 교육과정에서는 미술과 생활을 포함하여 보고 나타내기, 느낌과 상상 나타내기, 꾸미기와 만들기, 붓글씨로 나타내기, 작품 감상의 6개 영역으로 구분하여 제시하였다. 새로 신설된 "미술과 생활은 자연 및 조형미 찾기, 생활 속 미술의 활용성 찾기를 비롯하여 우리나라와 다른 나라의 자연 및 조형물 특징 비교 등으로 구성하였다. 보고 나타내기, 느낌과 상상 나타내기, 꾸미기와 만들기는 대상의 형과 색의 특징, 구성, 구조 등을 생각하여 평면, 입체로 표현하기, 재료와 용구의 특성을 생각하여 표현하기 등으로 구성하였다. 붓글씨로 나타내기는 문자의 짜임새, 서체, 자형, 배자 등을 생각하여 나타내기와 서법, 배자, 새기는 방법을 알고 새기기 등으로 구성하였다. 작품 감상은 서로의 작품 감상과 미술품 감상으로 구성하였다."(교육부, 1992, p.95) 또한 제5차 교육과정까지는 지도상의 유의점 항목에 방법과 유의점을 구분하지 않았으나 제6차 교육과정에서는 방법 항목이 새롭게 등장한다. 방법은 13개 항으로, "학생과 학교 및 지역 사회의 특성 등을 고려한 학습 지도 계획 수립, 전통 미술에 대한 관심과 이해를 높일 수 있는 제재 선정 및 지도, 미술과의 내용 영역별 지도상의 유의점 등을 제시하였다."(교육부, 1992, p.96)

제5차 교육과정까지는 지도상의 유의점 하부에 평가가 제시되었으나 제6차 교육과정에서 새롭게 신설된 평가 항목은 일반적인 내용 네 가지와 내용 영역별 평가에 대한 유의사항 여섯 가지로 이루어져 있다. "학생의 작품 평가에서는 학습 태도, 과정 및 결과를 고루 반영할 수 있는 평가 방법을 활용할 것과 평가 기준을 제시하여 객관성을 높이고, 누가 기록하여 개인별 성장 수준을 파악하고, 평가 결과는 가능한 한 문장으로 서술할 것을 제시하고 있다. 또한, 각 내용 영역별로 주요 평가 관점을 제시하고 각 영역별 평가 관점을 재구성하여 평가할 수 있도록 제시하였다."(교육부, 1992, p.96)

조형 활동을 통하여 전인 교육을 위한 정서 함양, 감성적 체험을 통한 주변 환경에 대한 개선 의지, 전통 미술 등을 강조한다. 현대 미술교육 이론은 DBAE(Discipline-Based Art Education)을 받아들여 미학을 도입하였고, 감상 영역에서는 미술사와 함께 미술비평을 도입하였다.

사. 제7차 교육과정 시기(1997-2007)

제7차 교육과정은 1997년 12월 「초·중등학교 교육과정」(교육부, 1997)으로 개정 고시되었다. 제7차 교육과정은 학생 중심의 교육과정, 국가 수준의 공통성을 추구함과 동시에 지역·학교·개인별 수준에 따른 다양성을 존중하는 교육과정으로 '국민공통기본교육과정'과 '선택중심교육과정'으로 구성되었다. 이와 같은 맥락에서 "제7차 미술과 교육과정에서는 초등학교 3학년부터 고등학교 1학년까지를 '국민공통기본교육과정'으로 명명하고 학교 급별 연속성과 연계성을 고려하여 교육과정을 구성하였고, 고등학교 2, 3학년에서는 선택중심교육과정을 구성하였다. 또한, 학습 분량을 최적화하고 수준과 범위를 적정화하기 위하여 필수 학습 요소를 중심으로 내용을 구성하였다."(교육부, 1997, p.6)

제7차 미술과 교육과정은 학습자의 관심과 흥미, 요구를 반영한 교과 내용 구성 체제와 더불어 제6차 교육과정에서 강조하였던 개성, 창조, 정서 교육으로서의 성격이 더욱 강조되었다. "미술을 생활화할 수 있도록 생활 속에서 미술을 보고 느낄 수 있는 미적 체험이 강조되었다." 또한, 오늘날과 같은 다양한 문화 속에서 우리나라의 전통 미술을 이해함으로써 주체성을 확립하고, 세계적 미술 문화에 쉽게 접근할 수 있도록 감상 교육을 강화하였다(교육부, 1997, p.30).

제7차 미술과 교육과정의 구성 체제는 성격, 목표, 내용, 교수·학습 방법, 평가이다. 국민공통기본교육과정으로서 미술과 공통의 성격과 목표를 제시하였고, 중학교는 1, 2, 3학년의 내용을 하나로 제시하였다(교육부, 1997). 제7차 교육과정에서의 성격은 제6차 교육과정에서 제시한 "학교 교육에서 이루어지는 미술교육은 미술을 통해 인간의 성장을 돕는 데 목적이 있다." 라는 미술과의 특성과 같은 맥락이다. 한편, 제6차 미술과 교육과정에서 학교 급별로 미술과 성격을 구분한 반면 제7차 교육과정에서는 국민공통기본교육과정 기간의 미술과 성격을 통일하여 제시하였다. 성격에는 미술의 정의, 미술 교과의 목적과 역할, 미술 교과의 내용 구성과 활동별 세부 목표를 제시하였다.

제7차 교육과정에서는 "국민공통기본교육과정의 정신을 반영하여 3학년부터 10학년까지를 하나의 체제로 보고 총괄 목표 아래 미적 체험, 표현, 감상의 내용 영역별 하부 목표를 두었다."(교육부, 1997, p.10) 총괄 목표에서는 '표현 능력', '감상 능력', '창의성', '심미적인 태도'를 제시하고 다시 하부 목표를 미적 체험, 표현, 감상의 영역에 맞추어 세부적으로 다음과 같이 제시하였다.

> 미술 활동을 통하여 표현 및 감상 능력을 기르고, 창의성을 계발하며, 심미적인 태도를 함양한다.
> 첫째, 미적 대상의 가치를 발견하고 이해할 수 있다.
> 둘째, 느낌과 생각을 창의적으로 표현할 수 있다.
> 셋째, 미술품의 가치를 판단하고, 미술 문화유산을 존중할 수 있
> 다(교육부, 1997, p.8).

제7차 미술과 교육과정의 내용 면에서는 표현, 감상 영역과 함께 제6차 교육과정에서 신설된 미술과 생활 영역을 확대 발전시켜 미적 체험 영역으로 제시하였다. 또한, "제7차 교육과정의 기본 방향에 따라 적절한 학습량 및 수준, 범위를 제시하기 위하여 영역별 필수 학습 요소를 선정하여 내용을 구성하였다. 미적 체험은 자연미와 조형미의 조화 이해, 미술과 생활의 관계 이해, 표현은 주제 표현, 표현 방법, 조형 요소와 원리, 재료와 용구에서 효과적인 표현, 감상은 서로의 작품과 미술품에서 특징 비교 설명, 우리 나라와 다른 나라 미술의 특성 이해로 구성하였다."(교육부, 1997, p.27)

제7차 교육과정의 '교수 · 학습 방법'에 제시된 지도상 유의점은 제6차 교육과정과 별 차이가 없으나, 효율적인 교실 환경을 위하여 멀티미디어 등

다양한 매체의 활용이 강조되었다. "제7차 교육과정의 평가는 제6차 교육 과정과 유사한 내용으로 제시하였으며 관찰법, 감상문, 토론법, 포트폴리오 등 다양한 평가 방법을 적극적으로 활용할 것을 권장하고 있다."(교육부, 1997, pp.32-33)

7차 교육과정은 국민공통기본교육과정의 기간을 10년으로 설정하고 학 교 급별로 연계성을 유지하였다. 고등학교 2, 3학년은 선택중심교육과정으 로 운영하여 학생의 적성과 진로를 고려한 교육과정을 운영하도록 했다. 미 술 교과에서는 필수 학습 요소와 활동을 중심으로 학습 분량을 최적화하고 수준과 범위를 적정화하도록 한다. 학습자의 관심, 흥미, 요구를 반영하고, 세계화 시대에 우리나라 미술 문화의 주체성을 강조한다. 또한 멀티미디어 등을 활용하는 정보화 시대를 대비하여, 학습 목표에 호응하는 다양한 교 수·학습 프로그램, 평가 방법을 실천하도록 하였다.

아. 2007 개정 교육과정 시기(2007-2009)

2007 개정 교육과정은 수시 개정 체제 이후 4번째로 개정된 교육과정이다. 국가·사회적 요구 사항 및 사회문화적 변화를 반영하여 교육 내용 및 내용 체계를 개편하고자 하였다. 7차 교육과정 체제를 유지하며 일관성 있게 구성 하면서 주5일제 수업에 따른 수업 시수를 일부 조정하였다. 개성, 창조, 정서 교육과 더불어 미술교육의 사회적·문화적 성격을 강조하는 특성이 있다.

미술교육의 기본 방향은 '미술'에서 '시각 문화'로 학습 경험의 폭을 넓히 며, 학습자의 개인적 경험에서 의미를 갖도록 통합적으로 내용을 구성하였 다. "지역의 특수성, 학교의 실정, 학생의 실태에 알맞게 해석되어 실행하며 미적 인식 능력을 체계적으로 육성하고자 하였다. 미술과 일반 목표는 미술의 다양한 활동을 통하여 미적 감수성, 창의적 표현 능력, 비평 능력을 기르고, 미술 문화를 향수할 수 있는 능력과 태도를 기른다."(교육과학기술부, 2007, p.3). 학교 급별 목표는 다음과 같다.

○ 초등학교 3, 4학년 목표

(1) 시각적 대상이나 현상에 흥미와 관심을 가진다.

(2) 표현 활동에 흥미와 관심을 가진다.

(3) 미술 작품과 미술 문화에 관심을 가진다(교육과학기술부, 2007, p.3).

○ 초등학교 5, 6학년 목표

(1) 시각적 대상이나 현상에서 미적 특징을 발견한다.

(2) 다양한 활동을 통하여 표현의 기초를 익힌다.

(3) 미술 작품을 분석하고 미술 문화의 중요성을 이해한다(교육과학기술부, 2007, p.3).

○ 중학교 목표

(1) 생활 속에서 미술의 다양한 기능과 역할을 이해한다.

(2) 목적과 의도에 맞게 표현을 계획하고 적용한다.

(3) 미술 작품을 맥락적으로 해석하고 미술 문화의 의미를 이해한다(교육과학기술부, 2007, p.3).

○ 고등학교 목표

(1) 생활 속에서 미술의 의미를 이해하고 가치를 판단한다.

(2) 표현 활동의 탐색, 확장을 통하여 창의적으로 표현하고 소통한다.

(3) 미술 작품을 판단하고 미술 문화에 참여한다(교육과학기술부, 2007, p.4).

내용 체계를 보면 다음 표와 같다.

개정 7차 교육과정 미술과 내용 체계

영역	초등학교		중학교	고등학교
	3, 4학년	5, 6학년	7, 8, 9학년	10학년
미적 체험	(1) 자연 환경 자연 환경의 아름다움을 지각하기	(1) 자연 환경 자연 환경의 아름다움을 발견하고 그 특징을 이해하기	(1) 자연 환경 자연 환경과 시각 문화 환경의 조화에 관하여 이해하기	(1) 자연 환경 자연 환경과 조형 의식의 관계를 이해하기
	(2) 시각 문화 환경 시각 문화 환경의 아름다움을 지각하기	(2) 시각 문화 환경 시각 문화 환경의 아름다움을 발견하고 그 특징을 이해하기	(2) 시각 문화 환경 시각 문화 환경의 기능과 역할을 이해하기	(2) 시각 문화 환경 시각 문화 환경의 사회적, 문화적 가치를 판단하기
표현	(1) 주제 표현 자유로운 발상을 통해 주제 표현하기	(1) 주제 표현 주제의 특징과 느낌을 다양하게 표현하기	(1) 주제 표현 주제의 특징과 목적을 효과적으로 표현하기	(1) 주제 표현 새로운 주제, 표현 방법, 매체를 활용하여 표현하기
	(2) 표현 방법 기본적인 재료와 용구, 표현 방법을 탐색하여 표현하기	(2) 표현 방법 여러 가지 표현의 특징을 이해하고 표현 방법을 익혀서 표현하기	(2) 표현 방법 여러 가지 재료와 용구, 표현 방법을 사용하여 주제를 효과적으로 표현하기	
	(3) 조형 요소와 원리 조형 요소와 원리를 탐색하여 표현하기	(3) 조형 요소와 원리 주제와 표현 방법에 알맞은 조형 요소와 원리로 표현하기	(3) 조형 요소와 원리 조형 요소와 원리를 활용하여 주제의 특징과 목적을 효과적으로 표현하기	

표현	(4) 표현 과정 표현 과정에 관심 갖기	(4) 표현 과정 표현 과정을 탐색하기	(4) 표현 과정 표현 의도에 알맞은 표현 과정을 계획하기	(2) 표현 과정 표현 과정을 살펴보고 다음 계획에 반영하기
감상	(1) 미술 작품 미술 작품의 이해와 감상 활동에 관심 갖기	(1) 미술 작품 미술 작품의 특징을 분석하고 감상하기	(1) 미술 작품 미술 작품의 사회적, 문화적 의미를 해석하고 감상하기	(1) 미술 작품 미술 작품의 다양한 가치를 판단하고 감상하기
	(2) 미술 문화 미술 문화에 관심 갖기	(2) 미술 문화 미술 문화의 특징과 중요성을 이해하기	(2) 미술 문화 미술 문화의 기능과 역할을 이해하기	(2) 미술 문화 미술 문화의 가치를 이해하고 발전 방안을 모색하기

(출처: 교육과학기술부, 2007, p.5)

당시 사회 변화의 주기가 급속도로 단축되고, 주5일제 수업제 등 다양한 교육적 요구에 부응하기 위하여 부분 수시 개정 체제를 도입하게 된다. 7차 교육과정의 기본 철학, 체제는 그대로 유지하면서 미적 인식 능력의 체계적 육성, 시각 문화 학습의 중요성, 교육과정의 명료화, 미술 교과 내의 통합적 경험의 수용을 개정의 기본 방향으로 설정하였다.

자. 2009 개정 교육과정 시기(2009-2016)

2009 개정 교육과정은 2009년 12월 23일에 교육과학기술부 고시 제 2009-41호로 고시된 교육과정으로, 2009 개정 교육과정은 발표 당시 총론이 나오고, 2011 교과 교육과정에서 과목별 '교과과정' 각론이 나오게 되었다. 따라서 2011 교과 교육과정의 교과과정 각론은 2009 개정 교육과정에 따른 교과과정으로, 2009 개정 교육과정의 각론에 해당한다. 2011년 8월 9

일 교육과학기술부 고시 제2011-361호로 발표된 2009 개정 교육과정의 가장 큰 특성은 '공통교육과정'의 단축이다.

　2007 개정 교육과정까지 '국민공통교육과정'으로 10년, 즉 초등학교 1학년부터 고등학교 1학년까지 공통으로 편성되던 것이 '공통교육과정'으로 바뀌면서 9년으로 축소되었다. 따라서 고등학교는 학교별로 전부 선택 교육과정으로 구성된다. 또한 학교 자율성과 창의성을 강화하는 방향으로 개정되었다. 이 개정 교육과정에서는 학기당 이수 과목을 최대 5과목으로 줄이고 교과 집중이수제를 도입해 예체능 등의 과목을 특정 학기에 몰아서 수업하며 학교 자율에 따라 교육과정을 20% 범위에서 증감 운영할 수 있게 했다. 그러나 집중이수제에 대한 폐단이 너무 많아 2014년부터 학기당 이수 과목에서 예체능 과목을 제외했다. 미술과 학교 급별 교육 목표는 다음과 같다.

○ 초등학교 교육 목표
초등학교의 교육은 학생의 학습과 일상생활에 필요한 기초 능력 배양과 기본 생활 습관을 형성하는 데 중점을 둔다.

- 풍부한 학습 경험을 통해 몸과 마음이 건강하고 균형 있게 자랄 수 있도록 하며, 다양한 일의 세계에 대한 기초적인 이해를 한다.
- 학습과 생활에서 문제를 인식하고 해결하는 기초 능력을 기르고, 이를 새롭게 경험할 수 있는 상상력을 키운다.
- 우리 문화에 대해 이해하고, 문화를 향유하는 올바른 태도를 기른다.
- 자신의 경험과 생각을 다양하게 표현하며 타인과 공감하고 협

동하는 태도를 기른다(교육과학기술부, 2009, p.5).

○ 중학교 교육 목표

중학교의 교육은 초등학교 교육의 성과를 바탕으로, 학생의 학습과 일상생활에 필요한 기본 능력을 배양하며, 다원적인 가치를 수용하고 존중하는 민주시민의 자질 함양에 중점을 둔다.

(1) 심신의 건강하고 조화로운 발달을 추구하며, 다양한 분야의 경험과 지식을 익혀 적극적으로 진로를 탐색한다.
(2) 학습과 생활에 필요한 기초 능력과 문제 해결력을 바탕으로 창의적 사고력을 기른다.
(3) 자신을 둘러싼 세계에 대한 경험을 토대로 다양한 문화와 가치에 대한 이해를 넓힌다.
(4) 다양한 소통능력을 기르고 민주시민으로서의 자질과 태도를 갖춘다(교육과학기술부, 2009, p.6).

미술과 목표를 보면, 미술은 느낌과 생각을 시각적으로 표현하고, 시각 이미지를 통해 다른 사람과 소통하여, 자신과 세계를 이해하는 예술의 한 영역이다. 또, 미술은 그 시대의 문화를 기록하고 반영하기 때문에 우리는 미술 문화를 통해서 과거와 현재를 이해하고, 나아가 문화의 창조와 발전에 공헌할 수 있다. 따라서 미술 교과 교육의 목표는 미적 감수성과 직관으로 대상을 이해하고 삶을 창의적으로 향유하며 미술 문화를 계승, 발전시킬 수 있는 전인적 인간을 육성하는 데 있다. 이를 달성하기 위한 하위 목표는 다음과 같다.

- 자신과 주변 세계에 대한 미적 감수성을 기른다.
- 느낌과 생각을 창의적으로 표현하고 소통할 수 있는 능력을 기른다.
- 미술의 가치를 이해하고 판단할 수 있는 능력을 기른다.
- 미술을 생활화하여 미술 문화를 애호하고 존중하는 태도를 기른다(교육과학기술부, 2009, p.6).

미술과 내용의 영역과 기준에서 내용 체계는 다음 표와 같다.

2009 개정 7차 교육과정 미술과 내용 체계

영역	초등학교		중학교
	3~4학년	5~6학년	1~3학년
체험	• 지각 주변 대상을 탐색하여 느낌과 생각을 다양한 방법으로 나타내기	• 지각 주변 대상이나 현상, 자신의 특징을 발견하고 다양한 방법으로 나타내기	• 지각 주변 환경과의 관계 속에서 대상과 자신을 이해하고 조화를 발견하기
	• 소통 생활 속에서 시각 문화를 찾아보고 탐색하기	• 소통 시각 문화의 소통 방식을 이해하고 활용하기	• 소통 시각 문화의 사회적 가치를 이해하고 참여 방안을 모색하기
표현	• 주제 표현 다양한 주제를 탐색하여 자유롭게 표현하기	• 주제 표현 체계적인 발상을 통하여 주제의 특징과 느낌을 효과적으로 표현하기	• 주제 표현 창의적인 발상을 통해 주제의 특징과 목적을 표현하기
	• 표현 방법 기본적인 재료와 용구, 표현 방법을 탐색하여 표현하기	• 표현 방법 다양한 표현 방법의 특징을 이해하고 효과적으로 표현하기	• 표현 방법 표현 방법과 매체를 창의적으로 활용하고 계획을 세워 표현하기
	• 조형 요소와 원리 조형 요소와 원리를 탐색하여 표현하기	• 조형 요소와 원리 조형 요소와 원리의 특징을 이해하고 효과적으로 표현하기	• 조형 요소와 원리 조형 요소와 원리의 시각적 효과를 이해하고 창의적으로 표현하기

| 감상 | • 미술사
미술의 시대적, 지역적 배경에 흥미와 관심 갖기 | • 미술사
미술의 시대적, 지역적 특징을 알아보고 문화적 전통을 이해하기 | • 미술사
미술의 변천 과정과 가치를 문화적 맥락에서 이해하기 |
| | • 미술 비평
미술 작품에 흥미와 관심 갖기 | • 미술 비평
미술 비평 활동의 과정과 방법을 익히기 | • 미술 비평
미술 비평 활동을 통해 작품의 의미를 해석하고 판단하기 |

(출처: 교육과학기술부, 2009, p.3)

2009년 미래형 교육과정 체제를 구현하기 위하여 2009 개정 교육과정 총론이 개정 고시되었다. 미술과 교육과정은 2011년에 고시되었으나 총론의 고시 연도에 따라 2009 개정 교육과정으로 부른다. 학습의 효율화와 학습 부담을 적정화하여 창의성과 인성을 함양할 수 있는 학습 환경을 구현하겠다는 취지로 학년군, 교과군, 집중이수제, 학기당 이수 과목 축소를 시도하고, 학생과 학교의 특성을 교육과정 운영에 융통성 있게 반영할 수 있도록 교과군별 수업 시수의 20%를 증감하여 운영하도록 자율성을 크게 확대하였다. 또한 학교 교육과정 다양화를 강화하여 공통교육과정 기간을 중학교까지 축소하고 고등학교를 전면 선택 교육과정으로 운영하도록 하였다.

차. 2015 개정 교육과정(2017-)

2015 개정 미술과 교육과정은 학교 급별 목표를 제시하고 내용 체계 및 성취 기준의 체계화, 교수학습 및 평가의 방향을 제시하였다. 또한 2015 개정 교육과정에서 제시한 핵심 역량을 계승하여 미술과 교과 역량을 미술과에 적용하였다. "교육과정의 핵심 역량은 자기 관련 역량, 지식정보처리 역량, 창의융합 사고 역량, 심미적 감성 역량, 의사소통 역량, 공동체 역량이다. 이것을 다시 미술과의 특성에 맞추어 미적 감수성, 시각적 소통 능력, 창의

융합 사고 능력, 미술 문화 이해 능력, 자기주도적 미술 학습 능력으로 계승하였다."(교육부, 2015b, p.3)

미술과 목표에서는 총괄 목표로 미술 문화를 향수할 수 있는 능력을 제시하였다. 구체적인 것은 다음과 같다.

- 주변 세계를 미적으로 인식하고 시각적으로 소통하는 능력을 기른다.
- 자기 주도적인 미술 활동을 통해 창의 · 융합적으로 사고하고 표현할 수 있는 능력을 기른다.
- 미술 작품이 지닌 특징을 이해하고 비평할 수 있는 능력을 기른다.
- 미술을 생활화하며 문화의 다원적 가치를 존중하는 태도를 기른다(교육부, 2015b, p.3).

초등학교 미술에서는 미술의 기초 능력 함양을 위하여 다음과 같은 점에 중점을 둔다.

- 자신과 주변 대상에서 미적 특징을 발견하고 소통하며, 미술을 생활과 관련지을 수 있는 능력을 기른다.
- 주제를 다양한 방식으로 탐색하고 자유롭게 작품을 제작하는 능력을 기른다.
- 미술 작품의 특징과 배경을 탐색하고 이해하는 능력을 기른다.
- 미술 활동에 흥미와 관심을 가지고 자발적으로 참여하는 태도를 기른다(교육부, 2015b, p5).

이와 같은 미술과 목표는 미술과 핵심 역량인 미적 감수성, 창의융합 능력, 자기 주도적 미술 학습 능력, 미술 문화 이해 능력, 시각적 소통 능력 함양을 위하여 의도적으로 구성하였다. 내용 구성은 체험, 표현, 감상으로 대영역을 제시하고 대영역에 관련된 핵심 개념을 추가로 제시하였다. 체험에서는 지각, 소통, 연결이고, 표현은 발상, 제작이며, 감상은 이해, 비평이다. 핵심 개념의 하부 영역으로는 일반화된 지식, 내용 요소, 기능을 위계적으로 제시하였다.

내용 체계를 보면 초등학교, 중학교는 다음 표와 같다.

2015 개정 교육과정 초등학교 미술과 내용 체계

영역	핵심 개념	일반화된 지식	내용 요소		기능
			3~4학년	5~6학년	
체험	지각	감각을 통한 인식은 자신과 환경, 세계와의 관계를 깨닫는 바탕이 된다.	자신의 감각	자신과 대상	감각 활용하기 탐색하기 반응하기 발견하기 나타내기 관련짓기
			대상의 탐색		
	소통	이미지는 느낌과 생각을 전달하고 상호 작용하는 도구로서 시각 문화를 형성한다.		이미지와 의미	
	연결	미술은 타 학습 영역, 다양한 분야와 연계되어 있고, 삶의 문제 해결에 활용된다.	미술과 생활	미술과 타 교과	
표현	발상	주제를 다양한 방식으로 탐색, 상상, 구상하는 것은 표현의 토대가 된다.	다양한 주제	소재와 주제	관찰하기 상상하기 계획하기 방법 익히기 발전시키기 구체화하기 표현하기
			상상과 관찰	발상 방법	
	제작	작품 제작은 주제나 아이디어에 적합한 조형 요소와 원리, 표현 재료와 용구, 방법, 매체 등을 계획하고 표현하며 성찰하는 과정으로 이루어진다.	표현 계획		
			조형 요소	조형 원리	
			표현 재료와 용구	표현 방법	
				제작 발표	

감상	이해	미술 작품은 시대와 지역의 배경을 반영하고 있어 미술 작품에 대한 이해는 시대적 변천, 맥락 등을 바탕으로 작품의 특징을 파악하는 활동으로 이루어진다.	작품과 미술가	작품과 배경	이해하기 설명하기 비교하기 분석하기 존중하기
	비평	미술 작품의 가치 판단은 다양한 관점과 방법을 활용한 비평 활동으로 이루어진다.	작품에 대한 느낌과 생각	작품의 내용과 형식	
			감상 태도	감상 방법	
감상	이해	미술 작품은 시대와 지역의 배경을 반영하고 있어 미술 작품에 대한 이해는 시대적 변천, 맥락 등을 바탕으로 작품의 특징을 파악하는 활동으로 이루어진다.	작품과 미술가	작품과 배경	이해하기 설명하기 비교하기 분석하기 존중하기
	비평	미술 작품의 가치 판단은 다양한 관점과 방법을 활용한 비평 활동으로 이루어진다.	작품에 대한 느낌과 생각	작품의 내용과 형식	이해하기 설명하기 비교하기 분석하기 존중하기
			감상 태도	감상 방법	

(출처: 교육부, 2015b, p.6)

2015 개정 교육과정 중학교 미술과 내용 체계

영역	핵심 개념	일반화된 지식	내용 요소	기능
체험	지각	감각을 통한 인식은 자신과 환경, 세계와의 관계를 깨닫는 바탕이 된다.	자신과 환경	탐색하기 발견하기 상호 작용 하기 활용하기 모색하기 관련짓기
	소통	이미지는 느낌과 생각을 전달하고 상호 작용하는 도구로서 시각 문화를 형성한다.	이미지와 시각 문화	
	연결	미술은 타 학습 영역, 다양한 분야와 연계되어 있고, 삶의 문제 해결에 활용된다.	미술과 다양한 분야	
			미술 관련 직업	

표현	발상	주제를 다양한 방식으로 탐색, 상상, 구상하는 것은 표현의 토대가 된다.	주제와 의도	탐색하기 계획하기 점검하기 활용하기 표현하기
	제작	작품 제작은 주제나 아이디어에 적합한 조형 요소와 원리, 표현 재료와 용구, 방법, 매체 등을 계획하고 표현하며 성찰하는 과정으로 이루어진다.	표현 과정과 점검	
			조형 요소와 원리의 효과	
			표현 매체	
감상	이해	미술 작품은 시대와 지역의 배경을 반영하고 있어 미술 작품에 대한 이해는 시대적 변천, 맥락 등을 바탕으로 작품의 특징을 파악하는 활동으로 이루어진다.	미술의 변천과 맥락	설명하기 이해하기 해석하기 활용하기 전시 기획하기
	비평	미술 작품의 가치 판단은 다양한 관점과 방법을 활용한 비평 활동으로 이루어진다.	작품 해석	
			작품 전시	

(출처: 교육부, 2015b, p.7)

지금까지 미술과 교육과정을 제1차 교육과정부터 2015 개정 미술과 교육과정까지 시대순으로 비교하고 고찰한 결과를 성격, 목표, 내용, 교수 · 학습 순으로 다음과 같이 정리할 수 있다.

먼저, 미술과 교육과정의 성격을 살펴본 결과 다음과 같은 시사점을 얻었다. 첫째, 미술과 교육과정 문서에서 성격 부분은 미술교육의 의미와 미술과 교육과정의 방향과 목적 등을 제시하는 것으로, 미술과 교육과정의 시대적 배경, 구성, 사회적 임무에 대하여 전체적으로 조감하는 역할을 하여야 한다. 빠르게 변화하는 사회에 기여하는 미술과 교육과정의 임무를 수행하기 위해서 '성격' 부분에 등장하는 '내용'에 시대적 사명을 반영하여야 한다.

둘째, 미술교육에 대한 사회문화적 요구를 받아들여 교육해야 할 내용과 방법을 논의해야 한다. 21세기 세계화, 정보화 사회에서 문화 교육의 중요성, 문화 교육의 성격, 미술교육에서의 문화 교육 요소 등에 대한 진지한 논의와 미술교육의 내용성을 구체적으로 제시해야 한다.

또한, 미술과 교육과정의 목표를 살펴본 결과 다음과 같은 변화 과정이 있다. 첫째, 교육 목적이 사회 맥락성을 반영하여 교육 목표들이 등장하였다. 예를 들어 '예술을 통한 교양이나 인격 형성'과 '사회 경제적 재건을 위한 직업 기술의 학습' 등이다. 둘째, 미술교육의 본질적인 분야인 미술의 능력을 교육 목표로 삼았다. 미국 창조주의 미술교육과 경험 중심 미술교육의 영향으로 미술품 제작의 창의성, 자아 심상의 표현을 강조하였고, 미적 경험, 표현 능력, 감상 및 비평, 매체의 선정 및 활용법 등이 있다.

셋째, 미술교육의 교육 목표는 시대성을 반영하며, 동일한 용어라도 수용하는 주체에 따라 의미가 상이함을 알 수 있다. 예를 들어, 1차 교과과정부터 현재 2015 개정 교육까지 '창의성', '창조성', '창조 능력' 등 계속 등장하는 '창의성'은 기본적으로는 동일한 개념에 기반하지만, 각 교육과정의 개정 배경에 따라 조금씩 다른 것을 알 수 있다.

또한 미술과 교육과정의 내용에는 다음과 같은 특성이 있다.

첫째, 교육 내용은 교육 목표가 확연히 변화하는 것과 다르게, 사회적 영향을 크게 받지 않으며 큰 변화가 없는 것으로 보인다. 예를 들어, 미술교육은 교육과정 문서상 개정의 배경, 구성 체제 등 제시된 내용은 자세하고 구체적으로 제시되는 반면, 실제 학교 현장에서 교육하는 주요 내용은 그리기, 만들기, 꾸미기, 쓰기를 중심으로 이루어졌다.

둘째, 사회적 변화는 오히려 내용의 구성 방식에 영향을 주었다. 특히 1차 교육과정의 내용은 연장을 다루는 등 현재 기술 교과에서 교육하는 내용도 상당 부분 포함되어 있으며, 현재 미술과 교육 내용의 성격과 차이가 있다. 교육 내용에는 지도 목표와 지도 내용, 지도상의 유의점 등이 포함되어 왔다.

셋째, 현대 미술교육 이론 DBAE(Discipline Based Art Education)의 영향을 받아 미술의 본질적인 구조를 파악하고, 교육해야 한다는 주장이 강해지고 있다. 미술 형식은 DBAE에서 제시하는 미술의 4가지 영역 중 미술 제작에 관련된 내용이다. 그러나 6차 교육과정에서 '미술과 생활', 7차 교육과정에서 '미적 체험' 등의 영역을 포함하면서 미술교육의 내용 영역은 미술품 제작의 측면을 뛰어넘어 '일상생활', '사람과 자연과의 소통'을 기반으로 미술의 본질을 파악하고자 한다.

넷째, 미술교육의 내용을 지지하고 구성하는 가장 중요한 요소는 학문적 요구이다. 따라서 미술교육은 미술계의 변화를 예의 주시하고 미술교육에서 학습해야 할 내용을 반영할 필요가 있다. 즉 미술교육은 현대미술의 영역 확장과 표현의 가능성을 적극적으로 수용하여 새롭게 구성되어야 한다. 이는 내용뿐만 아니라 사고방식 및 표현 매체의 확대를 포함한다. 또한, 7차 미술과 교육과정에서는 교수·학습 방법과 평가가 구분되어 있으나, 4차 교육과정부터 등장하는 체제이다. 초창기에는 미술교육의 내용을 지도하면서 생성되는 유의점을 경계하는 수준으로 제시되고 있다.

마지막으로 미술과 교육과정의 교수·학습에는 다음과 같은 특성이 있다. 첫째, 현행 미술과 교육과정상에서 교수·학습 방법으로 제시된 부분은 이전의 교육과정에서는 미술을 지도하면서 유의해야 하는 점들을 정리한 지도상의 유의점 성격을 띠고 있었다. 미술과 내용 영역을 지도하기 위하여 효율적인 다양한 교수·학습 프로그램을 개발하고, 효과성을 검증하는 것이다. 미술과 교육과정에서 교수·학습 프로그램의 역할, 학습자의 수준과 관심을 반영한 교과 지도 내용, 범위에 대한 논의가 필요하다.

둘째, 미술과 교육과정 상에서 평가 영역은 제4차 교육과정에서 도입되었다. 일반적인 단순한 발문 위주의 내용이 대부분이었으나, 7차 교육과정에서 수행평가 개념이 도입되고 교수 · 학습 프로그램에 맞는 평가법을 구안하면서 서로 상보적인 입장에서 효율성을 높이고 있다. 평가는 단지 결과만을 측정하는 척도가 아니라 교육 목표와 호응하여 전체적인 수업의 과정에서 중요한 역할을 수행하고 있다.

제1차 · 제2차 교육과정에 따른 국민학교 미술과 교과서 분석

한국전쟁 이후 우리 손으로 교육과정 개정에 맞추어 교과서를 제작하였다. 교과서는 교육과정을 구현하는 실체이기 때문에 그 내용을 살펴보면 교육과정의 세세한 부분까지 파악할 수 있다. 미술 교과서가 도판 중심으로 구성되어 도판 이미지만으로 창의성을 보기는 곤란하지만, 교과서 본문과 함께 교육과정에 접근할 수 있다. 제1차 · 제2차 교육과정 교과서는 내용별, 형식별로 분류하여 분석한다. 내용별 분류와 분석은 단원 구성과 제재를 통해 영역과 학습 내용의 구성을 분석하고, 각 단원의 이미지가 내용에 어떻게 부합하는지를 살펴보기 위해 교과서의 내용에 속한 참고 도판을 위주로 점, 선, 면, 색채 등 조형적인 면을 분석하였다. 아울러 형식별 분석은 미술 영역의 분류에 의하여 이루어질 것이다.

가. 제1차 교육과정에 따른 미술과 교과서

1953년 3월 11일 '제1차 교육과정 제정합동위원회'는 교수요목 및 교과서 계획을 발표하였다. 1953년 교과서 발행 제도가 마련되고 1955년부터 1958년까지 4년 계획으로 초·중등학교 국정교과서 발행을 추진하였다.

제1차 교육과정(1955-63) 국민학교 국정교과서 발행 현황

연도	학교 단계	내용
1955년 30종	국민학교	국어, 산수, 사회생활, 자연(1-3학년용 24종) 미술(1-6학년용 6종)

제1차 교육과정 국민학교 미술 교과서의 저자는 문교부, 발행은 대한문교서적, 발행연도는 1956년이다. 1950년에서부터 한국전쟁까지, 1953년 휴전 직후 1955년 최초의 교육과정(교과과정)을 제정·공포한 초등 교육과정과 교과서들에서 본 아동 작품들, 여기에 게재된 작품은 어린이 작품이 아니고 어른의 그림을 제시하고 모사하도록 한 전통주의 미술교육의 전형 작품이다. 형식을 보면 표지는 좌철의 국판본에 4색 컬러로 석판 인쇄하였으며, 1학년에서부터 6학년까지 같은 표제와 학년마다 다른 디자인으로 구성되었다. 크기는 가로 21cm, 세로 14cm로 현재 활용하는 교과서보다 작은 크기이다. 미술 활동을 통해 미술에 대한 감각과 개념을 이해하도록 구성하였다. 생활 속의 소재를 바탕으로 색에 대한 인식, 사물에 대한 관찰, 여러 가지 표현과 구성 등 학생들의 작품으로 이루어져 있으며, 컬러로 인쇄되어 있다. 일반교과서 마지막 장에는 국제연합 한국재건위원회(United Nations Korean Reconstruction Agency)에서 교과서 인쇄용지를 기증했다는 내용이 한글과 영문으로 다음과 같이 쓰여 있다.

단기 4237년

저자: 문교부

발행: 대한문교서적주식회사

이 책은 국제연합한국재건위원단(운끄라)에서 기증한 종이로 박은 것이다.

우리는 이 고마운 도움에 감사하는 마음으로, 한층 더 공부를 열심히 하여, 한국을 부흥 재건하는 훌륭한 일꾼이 되자.

대한민국 문교부 장관

This book printed with paper donated by the United Nations Korean Reconstruction Agency. Let us his book workers for the rehabilitation of our country by studying this book carefully. In this way, we can show our gratitude for this kind assistance of the United Nations. Minister of Education(문교부, 1955).

1차 교육과정 국민학교 미술 1학년 교과서 머리말을 보면 1항에 "우리도 이 책에 실린 것들을 그대로 그리거나 만들지 말고, 자기 마음대로 나타내 봅시다."(문교부, 1956, p.1)라고 한다. 이것은 창의성으로 해석할 수 있는데, 상상력과 결부된 창의력을 시도했다고 본다. 교과서 표지 안쪽에는 전제적으로 사용상의 유의점을 제시하고 있다. 미술과 교과서 편찬은 위에 제시된 교육과정의 미술과 목표를 바탕으로 하여 만들어졌으며, 목표에 따라 편찬된 방향은 다음과 같다.

(1) 일상생활에 필요한 미술의 경험을 통하여 창의적인 표현 능력

을 기르고, 이에 대한 의욕과 흥미를 만족시킬 수 있도록 편찬하였다. 미술교육에서는 표현 능력을 기른다는 점이 중요한 목적으로 알고 있으나, 특히 창조적 표현 능력을 기른다는 것이 주목적이 되어야 한다. 그러기 위해서는 어린이의 개성적 표현을 조장하여 어린이 스스로 생각하여 자기가 계획하고 표현하는 자주적이고 의욕적인 학습이 되도록 해야겠다는 것이다. (중략)

(2) 조형능력을 일상생활에 활용하여 자기 생활을 아름답고 합리적으로 꾸며 나갈 수 있는 능력을 체득하도록 편찬했다. (중략) 과거의 미술교육은 대개의 경우, 다만 도화지를 크레용이나 그림물감으로 칠하여 메우는 따위의 지도나 임화교육, 또는 모방적 공작지도였으며, 따라서 어린이들의 실제 생활과는 너무나 멀리 떨어져 있었다. 그러므로, 새 교과서에서는 디자인과 구성적 표현을 위한 제재를 많이 제시했으며, 그리하여 어린이를 현실 생활과 밀접하게 연결될 수 있는 미의식과 스스로 창작할 수 있는 생활인으로 육성하도록 하였다(2차 교육과정 국민학교 교사용 교과용 도서 미술1, 문교부, pp.15-16).

편찬의 기본 방침은 구체적인 면에서 볼 때 다음과 같다.

(4) 어린이의 생활과 직결된 제재를 수록하여 표현하고자 하는 욕구와 흥미를 만족시킬 수 있게 하였다.

(6) 자발적인 활동으로 창의성을 기를 수 있게 하였다(2차 교육과정 국민학교 교사용 교과용 도서 미술1, 문교부, p.12).

교과용 도서 미술1(1970)에 의하면, 초등교육에서 미술교육은 미술가를 만들기 위한 교육이 아니라는 점이 지극히 명백하게 드러난다. 그러므로 미술과의 학습 지도 방법은 이러한 기본적인 목표를 벗어나지 않는 방향에서 모든 계획을 세우고 실천하도록 하여야 한다는 점이 드러난다. 즉, 이 시기의 교육 활동의 바탕은 피교육자인 어린이들의 창조적인 개성을 충분히 신장시켜 주는 데 커다란 가치가 있다고 할 수 있다.

어린이의 창조적 표현력을 발전시키기 위한 학습 지도의 과정에서 개개인의 경험 중 감동적인 장면을 되살려 발표하고 협의하는 발상 과정을 강조하였다. 도입(Introducing) 단계는 동기유발(Motivation)과 목표설정(Proposing) 단계를 포함하는데, 무엇을 어떻게 할 것인가를 지각하고 작업에 대한 흥미와 관심을 불러일으키도록 하였다. 미술과의 학습은 개인의 창조적인 표현을 신장시켜 주는 것이 목적이므로, 도입 단계에서는 발상 지도를 철저히 하여, 설정된 제재를 자기의 감정이나 개성에 맞게 형상화하고, 구체화할 수 있게 해주어야 한다고 명시되어 있다.

이러한 방향에 따라 가장 두드러지는 변화를 보이는 부분이 바로 새로운 작품 제작 기법이 등장하였다는 점이다. 특히 꾸미기 영역에서 본 비교를 보면 데칼코마니, 몽타주 등 여러 가지 새로운 기법과 구성 등을 많이 제시하였으며, 리듬, 하모니 등 조형 감각을 기르기 위한 기초 연습으로서의 제재도 제시하였다.

이러한 목표와 편찬 기준에 따라 학년별로 제시되었던 교과서의 표지와 단원 구성은 다음과 같다.

학년	표지	단원 구성 (차례)	쪽수
1		1. 꽃잎놀이 2. 아름다운 꽃 3. 색종이 4. 다른 나라 그림 5. 우리학교 6. 흙놀이 7. 수수깡 8. 여름 9. 그림일기 10. 매미잡기 11. 과일 12. 종이오리기 13. 우리 집 14. 운동회 15. 나뭇잎놀이 16. 소풍 17. 작품 정리 18. 눈이 온다 19. 설 20. 학예회	62
2		1. 여러 가지 색 2. 우리 학교 3. 어린이날 4. 여름 5. 우리 집 6. 여러 가지 무늬 7. 여러 가지 색 8. 모양꾸미기 9. 시골 10. 추석 11. 운동회 12. 카아드놀이 13. 가게 놀이 14. 눈 15. 설 16. 학습 발표 17. 교실을 깨끗이 18. 봉투만들기 19. 신체검사 20. 동물원	71
3		1. 우리 동네 2. 우리 고장 3. 필요한 물건 4. 아침 해 5. 밝은 색과 어두운 색 6. 우리 학교 7. 여름 8. 동물원 9. 일 시중 10. 새보기 11. 추석 12. 즐거운 소풍 13. 비행기 14. 전화놀이 15. 무늬 16. 포스터 17. 사진틀 18. 눈 19. 종이무대 20. 작품 정리	72
4		1. 우리 학교 2. 꽃 3. 어린이날 4. 농촌의 우리 집 5. 흙 6. 마을의 광경 7. 여러 가지 색 8. 여름 9. 광복절 10. 운동회 11. 항공일 12. 추석 13. 가을 14. 눈 15. 설 16. 학습 발표회 17. 정리	74
5		1. 우리 학교 2. 환경 정리 3. 무늬글자 4. 꽃꽂이 5. 색과 무늬 6. 어린이 7. 헝겊 공작 8. 그림잡기 9. 우리 고장의 산물 10. 대바구니 11. 우리 집 12. 전등 13. 운동회 14. 가을 일 15. 항공일 16. 연말 17. 새해 맞이 18. 학급 발표회	69
6		1. 우리 학교 2. 마을 3. 그림의 변화 4. 색의 성질 5. 손가방 6. 여름 7. 고장의 발전 8. 우리집 9. 색의 변화 10. 여러가지 공작 11. 자연의 미 12. 정물화 13. 비행기 14. 가을 15. 연말 16. 새해 17. 그림일기	69

(출처: 문교부, 1955)

나. 제2차 교육과정에 따른 미술과 교과서

제2차 교육과정 교육과정부터 국민학교 미술 교과서는 어린이 작품으로 편찬되었다. "제2차 교육과정 당시 미술 교과서부터는 전국 국민학교 아동화를 모집한 후 이 중에서 알맞은 작품을 선정하여 교과서에 수록하였다. 아동화에 의한 교과서 편찬의 취지는 아동의 발달 과정에 따라 예술적 소양을 높이는 것에 있었다."(박휘락, 1998, p.325) 국민학교 교과서를 개발하는 데 학생의 작품을 게재한 것은 진정성 있는 학생의 미술 작품을 존중하고, 학교 미술 수업에 실제 도움을 줄 수 있다는 점에 진일보한 일이다. 제1차 미술 교과서에 비해 제2차 교육과정 당시 미술 교과서에서 아동화가 참고 작품으로 대부분 등장하는 것으로 보아 아동의 지각 수준이나 경험, 정서, 인식 능력을 최대한 수용하고자 애쓴 것으로 보인다.

교과서 형식을 보면 표지는 좌철의 국판본에 4색 컬러로 석판 인쇄하였으며, 1학년에서부터 6학년까지 같은 표제와 학년마다 다른 디자인으로 구성되었다. 크기는 15×21cm, 저자 및 발행은 문교부, 쪽수는 64페이지, 제작연도는 1971년이다. 실생활과 관련된 작품을 그리거나 제작을 강조하여 학생들의 상상력과 창의력을 표현할 수 있도록 하였다.

2차 교육과정(1963-1973)에 국민학교 미술 교과서는 1964년과 1969년 2번 발행되었고, 내용은 같다. 실생활과 관련된 작품을 직접 그리거나 제작하는 것을 강조하여 학생들의 상상력과 창의력을 표현할 수 있도록 하였다. 단원에 제시된 삽화는 대부분 컬러로 작품을 생동감있게 전달하고 있다. 교과서는 1차 교육과정 교과서와 다르게 학년마다 표지 안쪽에 전제적으로 사용상의 유의점을 제시하고 있다. 이 중 1, 2학년 및 3, 4학년은 각각 동일하며, 5, 6학년의 경우 전반부는 같지만 6학년 뒷부분에서는 만드는 방법,

재료의 성질, 연모 다루는 방법 등의 경험을 언급하고 있다. 전체적으로 보고 느낀 것을 마음대로 그려보도록 권장하며, 빈 상자나 빈 병, 찰흙이나 수수깡, 무엇이든지 우리 주위에서 찾을 수 있는 여러 가지 재료를 찾아보도록 한다. 머리글과 실제 교과서의 모습은 다음과 같다.

1학년 어린이들에게

즐거운 미술시간입니다. 우리들이 보고 느낀 것을 마음대로 그려 봅시다. 색종이로도 아름답게 붙여봅시다. 빈 상자나 찰흙, 조개껍데기, 수수깡으로 얼마든지 재미있는 것을 만들 수 가 있습니다(문교부, 1955, 머리글).

2학년 어린이들에게

즐거운 미술시간입니다. 우리들이 보고 느낀 것을 마음대로 그려 봅시다. 색종이로도 아름답게 붙여봅시다. 빈 상자나 찰흙, 조개껍데기, 수수깡으로 얼마든지 재미있는 것을 만들 수 가 있습니다(문교부, 1955, 머리글).

3학년 어린이들에게

우리들이 먹고 입고 쓰는 것들은, 아름답고 쓸모가 있어야 합니다. 우리들도 자기가 그리고 싶은 것을 마음대로 그려 봅시다. 빈 상자, 빈 병, 찰흙이나 수수깡, 무엇이든지 우리 주위에서 찾을 수 있는 여러 가지 재료를 찾아서, 우리들의 꿈의 세계를 마음껏 꾸미고 만들어 봅시다. 우리들의 생각대로 만든다는 것은 참으로 즐겁고 유쾌한 일입니다(문교부, 1955, 머리글).

4학년 어린이들에게

우리들이 먹고 입고 쓰는 것들은, 아름답고 쓸모가 있어야 합니다. 우리도 이 책에 실린 것들을 보고 그대로 그리거나 만들 것이 아니라, 우리가 생각하고 원하는 바를 자유롭게 꾸며 보자. 빈 상자나 빈 병, 찰흙이나 수수깡, 무엇이든지 우리 주위에서 찾을 수 있는 여러 가지 재료를 찾아서, 우리들의 꿈의 세계를 마음껏 나타내 보자. 자기의 생각대로 만든다는 것은 참으로 유쾌하고 즐거운 것이다(문교부, 1955, 머리글).

5학년 어린이들에게

우리 생활을 즐겁게 하여 주는 여러 가지 미술 작품은 색과 모양의 아름다움을 지니고 있다. 우리도 이 책에 실려 있는 것들을 참고로 하여 우리들의 생활을 마음껏 그려 보고 만들어 보자. 먼저 무엇을 어떻게 표현할 것인가를 생각하고, 여기에 알맞은 재료를 선택하여 보자. 그리고, 그 재료의 성질을 살려서 만드는 방법을 자기 나름으로 생각하여 표현해 보자(문교부, 1955, 머리글).

6학년 어린이들에게

우리 생활을 즐겁게 하여 주는 여러 가지 미술 작품은 색과 모양의 아름다움을 지니고 있다. 우리도 이 책에 실려 있는 것들을 참고로 하여 우리들의 생활을 마음껏 그려 보고 만들어 보자. 먼저 무엇을 어떻게 표현할 것인가를 생각하고, 여기에 알맞은 재료를 선택하여 보자. 그리고, 그 재료의 성질을 살려서 자유롭게 표현하여 보자. 자기의 힘으로 만드는 가운데 만드는 방법이나 재료의 성질, 연모 다루는 방법 등도 아울러 경험하게 된다(문교부, 1955, 머리글).

제2차 교육과정 국민학교 미술 교과서 분석

학년	표지	단원 구성 (차례)	쪽수
1		1. 좋아하는 그림 2. 아름다운 색 3. 재미있는 놀이 4. 종이로 만들기 5. 비오는 날 6. 즐거운 소풍 7. 여름 8. 흙놀이 9. 여러 가지 그림 10. 장난감 만들기 11. 겨울 12. 이야기 그림	50
2		1. 즐거운 미술 시간 2. 재미있는 놀이 3. 아름다운 색 4. 우리 학교 5. 종이로 만들기 6. 흙놀이 7. 여름 8. 여러 가지 만들기 9. 재미있는 그림 10. 가을 11. 여러 가지 동물 12. 겨울 13. 꾸미기놀이 14. 즐거운 장난감	62
3		1. 즐거운 우리 학교 2. 산 3. 종이로 만들기 4. 우리 집 5. 여러 가지 무늬 6. 재미있는 놀이 7. 여름 8. 아름다운 색 9. 비행기 10. 가을 11. 밝은색 어두운 색 12. 꾸며 세우기 13. 판화 14. 만들기 15. 감상	60
4		1. 즐거운 생활 2. 아름다운 색 3. 종이로 꾸미기 4. 우리 마을 5. 아름다운 무늬 6. 여러 가지 만들기 7. 재미있는 판화 8. 여름 9. 색의 성질 10. 장난감 만들기 11. 가을 12. 여러 가지 꾸미기 13. 다 같이 만들기 14. 필요한 물건 15. 감상	64

| 5 | | 1. 재미있는 발견 2. 상상의 나라 3. 구성의 아름다움 4. 배색 5. 판화 6. 여름 7. 벽면구성 8. 가을 9. 생활의 미학 10. 조형의 미 | 54 |
| 6 | | 1. 재미있는 표현 2. 즐거운 생활 3. 구성의 미 4. 배색 5. 여러 가지 만들기 6. 판화 7. 협동제작 8. 찰흙으로 만들기 9. 인형 10. 자연미와 조형미 11. 감상 12. 환경 미화 | 60 |

(출처: 문교부, 1963)

제2차 저학년 미술 교과서에서는 인물을 소재로 한 단원은 없었다(문교부, 1965a). 제2차 4학년 미술 교과서에서는 인물의 동세를 잘 살려 표현하도록 하였다(문교부, 1965b, 3). 제2차 5학년 미술 교과서에서는 인물이 서 있는 모습 뿐 아니라 씨름하는 모습도 그리게 하여 비례 표현과 동세를 잘 살려 표현하도록 했다(문교부, 1965c, 3). 제2차 교육과정 미술과 관찰화 교육 내용을 살려본 결과 저학년 시기에는 단순한 도식적 표현을, 중학년 시기부터는 비례 표현과 동세에 중점을 두어 표현력 향상을 꾀하였다. 본문에는 다른 지문은 없고, '꾸미기', '모래놀이' 등 단원 제목만 제시되어있다. 도판 이미지를 보면 1학년 '꾸미기', '모래놀이'의 경우 자연물을 관찰하고 단순화하여 창의적으로 표현해 보는 단원, 선재, 면재, 양재 등의 재료를 이용하여 창의적으로 입체 구성을 하는 단원이 등장하였다.

제2차 교육과정 당시 미술 교과서에서도 제1차 미술 교과서와 마찬가지로 아동의 주체적인 인식을 바탕으로 한 관찰화가 아니라 사생의 의미가 더 강하게 나타났다. 그러나 제2차 미술 교과서부터는 과거 도안을 마련해 그리던 것을 지양하고, 모사나 모작 없이 교사의 지도 사항과 순서에 맞게 지도하도록 하였다. 특히 제2차 교육과정 당시 미술 교과서에서는 정해진 표현 순서를 따르도록 하였으며, 전체적인 비례 표현, 동세와 같이 같은 조형 요소와 원리가 잘 나타나게 그리도록 하였다. 국민학교 교과서는 학습자의 정서나 내면세계의 상상력을 기반으로 하고 있다. 기존의 도상을 따라 그리는 것에서 벗어나 자기 마음에서 우러나오는 이미지를 표현하는 창의성 표현의 진일보한 형태이다.

Part 2

제1차 · 제2차 미술과
교육과정의 역사적 변천과 실천

일제강점기부터 제1차 · 제2차 교육과정 시기에 변혁을 거치면서 미술교육에서는 학생들의 생활 경험과 개성을 존중하면서 경험주의 미술교육이 도입되고, 창의적인 시각으로 작품을 제작하는 창의성의 개념이 도입되고 실천하고자 하는 노력이 있었다. 당시 새로운 사조가 유입되었고 학교 현장에서 어떻게 접목되어 전개되었는지, 학교 선생님들과 학생들의 반응, 확산하는 미술실기대회의 양상, 영향력 및 실천 의지에 대하여 문서에서 부족한 부분을 찾아보고자 한다. 미술교육에 대한 현상은 모든 것을 해결해 주는 열쇠가 아니다. 긍정적인 면과 함께 우리 교육 현장에 접목하면서 나타난 부정적인 면, 힘든 면 양쪽을 살펴보고 현재 우리의 미술교육이 나아가야 할 방향을 점검해 보고자 한다.

1

시대적 상황을
극복하려는 노력

1차 교육과정 당시를 회고해 보면 일제강점기 직후 어려운 실정이었다. 먹고살기도 어려운 상황에서 미술 준비물을 가져오는 것은 사치일 수도 있는 상황이다. 일제강점기 노작교육을 강조하던 풍토가 남아 학교 경작지가 있었고, 이를 학생들이 함께 일구었다. 실과 수업과 구분하기 어려운 만들기 수업이지만, 예를 들어 철사로 석쇠를 만든다고 했을 때 석쇠 프레임이나 그물망의 모양을 디자인한다거나 철사의 굵기나 횟수를 결정하는 것은 미술의 영역으로 맡겨졌다. 지금은 기술 교과나 발명 교과인 항공기 날리기 대회는 과학의 날 행사로 남아있고, 움직이는 장난감 만들기 수업도 7차 교육과정 교과서에 등장한다.

1차 교육과정에선 학교에서 화장실을 퍼 가지고 학교 뒤에 밭이 있었는데 우리 손으로 다 뿌리고 채소 심고 그런 것을 했었어요. 엄청나죠. 6학년 되면 한 달에 한 번씩은 화장실을 퍼야 하는

데 6학년만 하는 거예요. 그래서 오죽하면 담임선생님이 너희들이라도 화장실에 안 가게 아침에는 화장실에 꼭 다녀와라. 그 버릇이 지금까지 있다니까. 며칠 동안 안 나와도 화장실에 앉아있으라는 거예요. 그러고 날마다 확인하는 거예요. 화장실에 갔어, 안 갔어? 용변 봤다고 하면 체크 안 하고 그 시간만 되면 용변 때문에 아침에 늦잠을 못 자. 집에서 봐버리고 오니까 학교에서 양이 줄 거 아니에요. 그런 식으로 아주 오죽하면 화장실 푸는 것이 애들한테 너무 지겨우니까 담임선생님이 그런 훈련까지 시키고. 기가 막혔죠.

심은 채소는 선생님들이 나눠 가지고, 노작교육 같은 차원에서 일제 잔재예요. 일본 시대 실습을 중시해서 학교에 반드시 실습지가 있었어요. 초등학교부터 농작물을 기르는 것을 시켰어요. 2차 때는 피바디 학습 자료를 만들었어요(김선태 교장과의 면담, 2018년 7월 19일).

당시 한국전쟁 직후, 교실과 교과서는 턱없이 부족했고 미국의 구호물자를 받는 상황에서 미술 교과까지 할 여력은 없었다고 한다. 국어 교과서도 한 반에 2명 있었고, 교과서 가격은 '환'이었다가 화폐개혁으로 '원'으로 바뀌었다. 생활이 어려운 상황에서 미술에 투자하는 것은 사치라고 생각할 수도 있다. 연구자 초임 때 수업 연구하는데 어떤 선생님께서 평가를 하시면서 "나는 어려서 준비물이 없어서 다른 형제들이 가져가면 그날은 못 가져가고, 준비물을 못 가져가는 날은 서러워서 나무에 올라갔었다."라고 한 기억이 있다. 이렇듯 1차 교육과정기 사회적 상황은 경제적으로 매우 어려운 시기였다.

그때는 저희는 6·25 뒤라, 56년엔가 국민학교에 들어갔잖아요. 기억에 남는 게 별로 없어요. 1차 교육과정. 거의 그때 당시 국어, 산수, 보통 일주일에 6시간 수업이 편제되어 있고, 1학년 때는 국어, 산수, 사회, 자연, 음악, 미술 정도 되었겠지. 53년에 휴전했으니까 학생들이 공책을 가지고 다니기 어려울 정도였으니까. 공책 학습장을 갖고 다니기가 어려웠어요. 함평읍에 있는 함평국 2,700명 다니는 읍 단위 학교에 다녔는데, 국어 시간에 10칸짜리 공책에다 써야 하잖아요. 공책이 없으면 그때는 뭘 공책으로 썼냐면 밀가루 포대 있잖아요. 그런 걸 잘라다가 밀가루 포대가 분홍색 비슷한 갈색이잖아요. 그때는 기술이 없으니까 코팅이 안 되어있죠. 아주 어려운 아이들은 우리 또래도 아예 학교를 못 다니고. 그때 초등학교 취학률이 낮고, 문맹률도 많고 나는 읍에 가 있고, 12km 떨어진 데 시골에 있는데 학교에 못 다니는 내 또래 친구들이 너무 많았어요. 초등학교도 못 다니니까 중학교는 읍 아니면 꿈도 못 꾸는 거지. 구호물품으로 미국에서 강냉이 가루, 우유 가루를 큰 드럼통에다가 가루로 보내주면, 학교에서는 그것을 한 되씩 배급을 주는 거죠. 그릇을 가져가면 우유를 주면은 그 가루를 집에 가져가면 우유를 끓여 먹는 게 아니라 그때는 냄비 같은, 도시락이 양은이잖아요. 양은에다가 우유를 넣고 찌면은 돌덩이처럼 굳어져요. 그러면 이렇게 녹여서 먹는 거죠. 우유를 엿같이 잘라서 먹는 거예요. 공책 못 가져오는 아이들이 있고, 연필은 가져오면 몽당연필이 되고 형편에 국민학교 다녔으니까 1차 교육과정이 세분화되지 않았지만 제 기억에는 크레용은 색이 잘 안돼요. 크레파스는 바로 색 입히기가 좋은데. 크레용은 단단하니까 벗겨져서 색칠하기도 힘들고 우리는 2,700명이 다녔으니까 1학년은 오전 오후 수업을 하는 거예요. 교실이 부족하니까. 3학년부터 오후 수업을 안 한 거 같아요. 그러니까 1, 2학년 때는 계속 교실이 바뀌는 거예요. 1, 2, 3반은 오전, 그 다음 주는 오후. 오전반 오후반 하다가도. 그래도 어떤 경우에는 함평농고 뒤에 선산이 있는 거예요. 벼슬했던 사람들 무덤이. 일개 학년씩 가서 야외학습장으로. 그런데 가서도 교실이 부족할 때는 노는 것도 아니고, 체육도 아니고(강경원 교장과의 면담, 2018년 8월 2일).

1945년 해방 후 혼란기를 거쳐 미군정이 들어서고 1956년에 피바디사범대학 사절단이 내한한다. 각 영역 도서관, 교육학, 미술교육에 기여했는데, 미술교육에서는 사범학교에 파견되어 교수·학습 프로그램, 교과서 체제를 구축했다는 것에 의의가 있다.

그럼에도 불구하고 한국의 미술교육자들은 주어진 상황 속에서 최선의 노력을 다하였다.

어려워서 1차 때는 '나가서 그려라.'라고 했는데, 이때 준비물 안 가져오면 화장실 청소하는 거죠. 아이들 그림 보면 다양한 그림이 나오잖아요. 그때만 해도 시골 애들이라서 그런지 정말 '그림 그려라.' 하며 천편일률적으로 수업받지. 특별한 표현기법이 없었어요. 선생님들도 관심이 없고. '가서 그려라.' 하고 놀고 한 시간 쉬었지. 특별히 관심이 있는 선생님만 좀 하고. 그때는 서예가 있었죠. 거의 그랬죠. 오늘은 산을 중심으로 그래 봐도 거기서 거기죠. 밀레 그림도 있지만, 감상 쪽은 선생님들이 제대로 모르는데, 선생님들이 미술 감상이라는 것을 제대로 배워본 적이 없는데 제대로 가르칠래야 가르칠 수가 없었어요. '금동대탑' 이런 것은 미술 특징이니 나도 미술 감상에 대해서 가르쳐본 시간이 거의 없었어요. 내 그림 무엇이다, 왜 그렸나 발표하는 시간은 있었죠. 보통 미술 시간은 2시간 겹치죠. 1시간 그려 가지고 끝날 때쯤 되면(김선태 교장과의 면담, 2018년 7월 19일).

 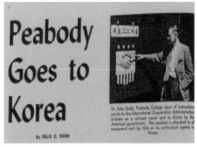

피바디사범대학 교육사절단 관련 자료(출처: Felix C. Robb, 1958)

2

경험 · 생활
중심 미술교육

가. 교육과정, 교과용 도서[1]에서의 경험주의 미술교육

제1차 교육과정은 듀이 교육철학에 영향을 받은 새교육 운동의 결실이라고 볼 수 있다. 일제강점기부터 해방된 이래 지금까지 한국의 교육학자들에 의해서 가장 자주 언급되고 가장 꾸준히 연구되고 있는 사상가는 미국의 교육 사상가인 듀이이다. 듀이에 관한 연구는 오천석, 이홍우, 박철홍 등에 의해서 한국의 교육학계에 소개된 이래 끊임없이 계속되고 있다(오천석, 1965: 이홍우, 1980, 박철홍, 1995 재인용). 미술교육에 주는 시사점은 어린이의 창의성과 조화로운 성장을 위하여 미적 경험과 자기표현을 우선시해야 한다는 점이 주목받았다는 것이다. 분석미학은 가치 중립적 진리를 추구하는 반면 듀이는 진리를 위한 진리보다는 한층 풍부하고 만족스러운 경험에 의미를 둔

---

1 교과용 도서는 학교에서 교육을 위하여 사용되는 학생용 교과서 및 교사용 지도서를 말한다.

다. 즉, 지식의 가치는 직접적인 경험을 풍부하게 하는 데 있다(Dewey, 1945;

Shusterman, 1992/2009, 42 재인용).

광복 이후 일제강점기의 군국주의 교육 이후, 당시 문교부 장관 오천석의
『민주주의 교육』, 『민주주의와 교육』이 발행된 후 듀이의 경험주의 교육 철
학적 사상에 영향을 받아 등장하였다(이홍우, 1963). 박철홍(2016)은 듀이의 자
연관과 자연관에 함의된 교변 작용을 통한 경험 분석을 바탕으로 '성장하는
교육' 개념의 성격을 재구성하고, '성장으로서의 교육' 개념의 사상적 의의
를 논의한다. 듀이는 '총체적 지식의 계속된 재구성'으로 규정되는 성장을
주장하는데, '외부로부터의 형성'과 '내부로부터의 계발'과는 구분되는 '삶
의 경험을 통한 성장'이라는 획기적인 교육 개념을 제시한 것이다.

김연희(2007)는 듀이의 예술론과 탐구론을 이어주는 질적 사유 개념에 기
초하여 예술이 갖는 교육적 함의가 있다고 주장한다. 탐구란 인간과 세계가
주어진 상황 속에서 상호 작용하면서 의미를 발생시키는 과정으로서의 지
식을 의미한다. 그리고 예술은 탐구의 연속선상에서 추구되는 탐구의 완성
이며, 경험적 사건이다. 지식교육과 예술교육의 소통 가능성을 탐색하는 것
이다.

'새교육 운동'은 일제강점기 시기의 억압적이고 지식 중심이었던 획일적
인 교육의 잔재를 청산하고 새로운 교육을 제시하기 위한 교육 운동이었다.
교육철학으로 '아동 중심'과 '생활 중심'을 표방하였으며, 1950년대 주로 국
민학교를 중심으로 수업과 학생 생활에 모두 적용하려고 활발하게 전개되
었다(강일국, 2009). 새교육은 교사가 일방적으로 억압적인 방식으로 진행하는
수업을 거부하고, 아동의 흥미와 권한을 존중하는 아동 중심적인 교육방식
이다. 미국식 교육의 무분별한 모방이라는 비판에도 불구하고 학교 현장의

교사들은 현장에 적합한 교육을 실천하기 위하여 노력하였다.

미술 교과의 활동 구성에서 아동의 실생활과 밀접하게 관련된 활동을 제시하고, 그것을 다양한 재료와 용구를 사용하여 자유롭게 표현하도록 한 것은 이러한 새교육 운동의 영향이라고 볼 수 있다. 미술과에서는 이러한 흐름에 따라 아동 중심 미술교육과 생활 중심 미술교육을 적용하려 하였으나, 실제 수업은 임화, 정물, 풍경 등을 그리는 도화가 중심이 되었던 것으로 보인다(교육과학기술부, 2008).

제1차 · 제2차 미술과 교육과정에서는 이전의 미술교육과는 다른 교육적 관점이 드러나는데, 미술교육의 목표에서 생활에 적용되는 미술교육을 강조하였고, 학생의 심신 발달단계를 고려한 교육 내용 및 방법을 제시하였다. 목표에서는 학생의 삶을 위한 미술교육, 내용 및 방법에서는 일상생활과 연계되고 학생의 현재 조건에 부합하는 방식의 미술교육이라는 새로운 미술교육의 패러다임을 도입하게 되었다.

제1차 미술과 교육과정에서 '생활과의 관련'이라는 의미를 찾아보면 '학생의 생활환경에 있는 물품에 대한 이해가 생활 경험을 풍부히 하도록 하는 것'으로 나타나고 있는데, 미술교육을 통해 가정생활, 학교생활, 사회생활에 필요한 행동과 습관을 기르도록 하는 내용이 강조되고 있다(문교부, 1986). 미술과 교육과정의 일반목표는 다음과 같다.

> 미술과의 목표는 일상생활과 산업에 필요한 조형예술과 기술에 대하여 일반적인 이해와 기초적인 기능을 얻어 생활을 명랑하고 여유 있게 영위할 수 있는 능력과 태도를 길러 개인으로서 사회인으로서 평화적이며 문화적인 생활을 할 수 있는 자질을 기르는데

있다(문교부, 1986, p.2).

또한, 국민학교 미술과 교육과정의 세부 목표는 다음과 같다.

1. 생활에 필요한 조형품을 선택하는 능력을 기른다.
    (1) 색과 형체에 대한 감각을 예민하게 한다.
    (2) 조형품의 재료 구성 방법에 좋고 옳은 것을 판단하게 한다.
    (3) 조형품의 전체미를 판단하게 한다.
    (4) 조형품의 실용과 미의 관계를 이해한다(문교부, 1986, p.2).

이러한 목표에 따라 국민학교 1학년 만들기의 경우 지도 목표에서 "지류, 찰흙, 기타 신변에 있는 사용하기 쉬운 재료를 써서 놀이에 필요한 물건을 제작시킴으로써 아동의 활동성과 표현욕을 만족시키며 생활 경험을 풍부히 한다."라고 명시되어 있다.

이처럼 1차 교육과정은 경험주의 교육과정 이론에 바탕을 둔 것으로, 미술과 목표는 일상생활과 관련된 미적 경험을 표현하고 감상하며, 이를 다시 적용하여 생활을 미화하고 합리적으로 꾸며 가려는 능력과 태도를 기르는 것이다. 경험주의 이론이 반영된, 생활에 필요한 경험을 중심으로 학년 목표를 설정하고 체계적으로 지도하도록 하였다. 1차에 연계하여 2차 교육과정 시기에도 생활·경험주의 교육과정의 영향으로 생활과 관련된 미적 경험을 강조하였고, 생활에 적용하여 미적으로 꾸미는 능력을 기르는 데 주안점을 두었다. 학생의 생활 경험을 미술로 연계하는 새로운 미술교육으로 전환하고자 하는 교육철학이었으며, 삶에서 이루어지도록 하는 미술교육을 지향하였다.

나. 경험주의가 반영된 교과서

교과서는 1차 교육과정의 총론과 미술과 각론에 따라 제작되었으며, 교수요목기의 『미술과 그림』, 『공작』의 두 권으로 구성되었던 교과서를 『미술』한 권으로 발행하였다. 미술교육의 목표에서 생활에 적용되는 미술교육을 강조하였고, 학생의 심신 발달단계를 고려한 교육 내용 및 방법을 제시하였다. 교과서 쪽수는 평균 70쪽으로 전보다 분량이 많아졌다. 교과서 크기는 14×21cm, 갱지를 사용하여 지질이 좋아졌고, 표지 다음 면에 교과서 활용에 관한 전체적인 머리글이 등장한다.

1) 교과서 편찬 취지

1955년 8월 1일 문교부령 제44, 45, 46호로 제정, 공포된 제1차 교육과정은 교과 활동과 특별활동으로 나누어져 있는데 국어, 산수, 사회생활, 자연, 보건, 음악, 미술 및 실과의 8개 교과로 되어있다. 당시 학생이었던 연구 참여자와의 면담에 의하면 미술과는 주당 2시간 정도였으며, 국민학교 미술과 과정은 미술과의 목표와 그리기, 만들기, 쓰기의 각 영역 목표와 해당 학년 목표가 제시되어 있다. 1차 교육과정기에는 '그리기, 만들기, 쓰기'라는 미술과 영역이 구분되었고 교육과정 시간 배당령에 의해 지도하였다. 교과서는 『미술』과 『글씨본』으로 편찬되었고, 교사용 지도서도 개발되었다.

1차 교육과정 교과서(문교부, 1955)의 특징과 미술교육의 흐름을 알아보기 위하여 교사용 도서에 나타나 있는 「교과서 편찬 취지」를 살펴볼 필요가 있다. 여기서 강조하고 있는 내용을 분석한 결과, 첫째 종래 모사주의적 미술

교육에서 벗어나 창조적 표현을 중시하는 미술교육으로 나아가려는 의도가 확인된다. 발행된 교과서로 모사주의 미술교육을 비판하면서 아동용 교과서에도 직접 학년마다 머리글에 「이 책을 배우는 어린이들에게」란 친절한 조언을 적어놓고 있다. 창의성에 관한 관심에서 기술된 것이라고 판단된다.

이 책을 배우는 어린이에게

1. 이 책은 우리들이 생활하는 가운데 보고 느낀 것을 아름답게 그리고 만든 것들입니다. 우리도 이 책에 실린 것들을 그대로 그리거나 만들지 말고, 자기 마음대로 나타내 봅시다.
2. 그릴 때나 만들 때는 물건을 아껴 씁시다.
3. 미술 시간의 처음 준비와 의자 정리는 반드시 그 시간에 합시다.
4. 만들 때에는 연장의 성질을 잘 알아서 다치지 않도록 합시다.
5. 그리고 만든 것은 서로 보여주고 서로 도와주어서, 미술시간을 즐겁게 지냅시다.

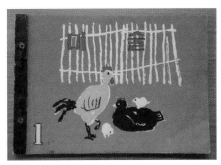

제1차 교육과정 국민학교 『미술』 1학년 교과서
(출처: 문교부, 1955, 표지 및 머리글)

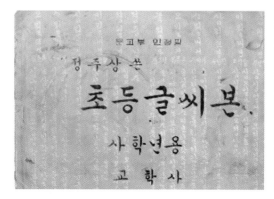

왼쪽: 제1차 교육과정 국민학교 『초등글씨본』(교학사), 4학년
오른쪽: 교과서 표지 및 『교수지도서』(친우문화사)

교사용 지도서는 내용은 찾을 수 없고 친우문화사 발행이라는 표지만 남아있다. 당시 교과서를 활용하는 수업 상황을 박휘락 교수는 다음과 같이 이야기한다.

> 일제강점기에도 사생화가 있었거든요. 자유화가 사생화[2]란 의미예요. 어떤 도서에 보면 사생화 교재지만 아이들에게 사생을 시키지 않고, 교과서를 보고 그리게 했다는 말이 있어요. 일본강점기 사생교육에 대한 기사들을 보면, 사생화, 정물 사생이지만 해방 후에 실제로 이걸 보고 그리라 했나. 선생님이 진짜로 교과서 보고 이거 그리라 안 했나 싶어요. 이때 저는 처음 나와서 선생 하면서 2학년 담임하면서 사생 지도 안 해봤어요. 이것도 보면 모두 선생님이 어른들이 그린 그림이죠. 그다음에 6학년 교과서의 이

---

2 '사생화'는 제2차 조선교육령시기 보통학교 도화과 교과서인 '보통학교도화첩(普通學校圖畵帖)'에 등장하는 용어로, 지금까지 '사생대회' 등에서도 쓰이고 있다.

것은 1학년 교사용 지도서(차례로 보여주심), 교사용 교수지도서, 국정교과서 54년도 출판된 것이지요(박휘락 교수와의 2차 면담, 2015년 10월 5일).

사생화 교육은 자연이나 사물을 보고 자신의 감정을 표현한다는 의미를 지니고 있지만, 실제 교과서에는 어른의 그림이 등장하였다.

2) 교과서 단원 체계 및 내용 이미지

자유 표현을 통한 정서적 인간 형성과 생활 경험을 강조하여, 즐거운 학교, 설날 등 일상생활과 관련 있는 제재를 선정하였다. 생활과 관련된 제목이 많고, 일상생활 속의 소재를 바탕으로 한 학생들의 경험화 그림 작품으로 이루어져 있다. 그림일기는 경험화의 대표적인 장르로, 1차 교육과정에서는 1학년, 6학년에 게재되었으며 개울에서 목욕하거나 친구들과 매미나 고기를 잡는 활동의 모습이 크레파스화 그림일기로 그려져 있다. 18단원의 '눈이 온다'는 눈사람을 만드는 장면으로 다소 큰 눈 뭉치를 뭉쳐 눈사람 쪽으로 향하는 5명의 남학생과 1명의 여학생이 그려져 있고, 눈경치는 색종이를 활용하였다.

제1차 교육과정 국민학교 『미술』 1학년 교과서

| 9. 그림 일기 | 방학 동안의 그림일기를 만듭시다. p.35 마음껏 놀고 재미있는 그림일기를 만들어서, 선생님께 보여 드립시다. |
| 18. 눈이 온다 | 눈을 뭉쳐 눈사람을 만들고 재미있게 뛰어 놉시다. 그리고 그림을 그려 봅시다. (도판: 눈사람) p.65 눈경치 색종이를 잘라서 눈경치를 만들어 봅시다. |

(출처: 문교부, 1962, p.35, pp.64-65)

2학년 교과서에는 17단원 '교실을 깨끗이'에서 '청소'라는 제목으로 교실 청소를 하는 그림을 제시한다. 교실 바닥에 엎드려 걸레를 밀고 있는 학생, 긴 막대기나 걸레로 벽을 청소하는 학생, 둘이 힘을 합하여 책상을 옮기는 그림이 있다. '청소'라는 그림은 1964년 발행본과 1969년 발행본에서 그림이 달라진 것을 볼 수 있다.

제1차 교육과정 국민학교 『미술』 2학년 교과서

| 전람회 구경 | 다른 사람의 그림을 잘 봅시다. 그림에는 손을 대지 말고 봅시다. |
| 청소 18. 봉투만들기 | 크게 만들어서 자기의 미술작품을 넣어 봅시다. |

(출처: 문교부, 1962, pp.64-65)

제1차 교육과정 국민학교 『미술』 6학년 교과서

그림일기는 일일이 읽지 않고도 곧 보고 알 수 있는 재미있는 기록이기도 합니다. 생각하는 것을 색과 형으로 구상하여 표현한다는 것은 얼마나 기쁜 일입니까.
(출처: 문교부, 1962, pp.70-71)

2차 교육과정 1학년 교과서에는 모둠별로 제작하여 2페이지에 걸쳐 길게 레이아웃되어 있는 작품이 있는데 가족, 친구들과 동물원에 간 경험을 종이로 오려 표현하였다. 반으로 나눠 위쪽에는 코끼리, 말, 새 등 실제 크기와는 다소 차이가 나지만 단순화하여 나무와 조화롭게 배치하였고, 아래쪽에는

제2차 교육과정 국민학교 『미술』 1학년 교과서

다같이 그리기 동물원에서 본 것을 그렸습니다.
　　　　　하나씩 오려서 다 같이 큰 종이에 붙였습니다.
　　　　　(도판: 동물원)

(출처: 문교부, 1963, pp.28-29)

갓을 쓴 남자, 엄마, 친구 등을 각각 크레파스로 그리고 오려서 큰 종이에 다 함께 붙였다. 경험화의 일종으로 볼 수 있다.

1차 교육과정에 이어 그림일기가 등장하여 날씨와 있었던 일을 간략한 그림과 글씨로 표현하였다. '설날'이란 작품은 색동한복을 입은 여학생이 왼편에 그려져 있고, 오른편에는 나무와 연, 얼레를 들고 있는 남자아이들이 서로 의논하며 연을 날리는 장면이다. 화면 대각선으로 연이 날아가고 연을 기점으로 뒤편에는 지나가는 사람들을 작게 그리고, 아래에는 지켜보는 강아지를 그려 공간감을 표현하였다. 4학년의 스케치는 일상생활의 경험을 채색하지 않고 단색의 선으로 그렸는데, 아이를 업은 아이와 강아지, 공을 차는 남학생, 혼자 줄넘기하는 여학생과 양쪽에서 줄을 돌리고 가운데에서 넘어가며 함께 놀고 있는 동무들이 그려져 있다.

제2차 교육과정 국민학교 『미술』 2학년 교과서

그림일기 p.52 설날 설날의 즐거웠던 일을 그려봅시다.

(출처: 문교부, 1963, p.7, p.52).

연필이나 크레용으로 동무들의 모습을 스케치하여 보자.

스케치

3

제2차 교육과정 국민학교 『미술』 4학년 교과서

스케치   연필이나 크레용으로 동무들의 모습을 스케치 하여 보자.

(출처: 문교부, 1963, p.3).

　5학년 그림에는 미술 시간의 경험을 그렸는데 앞에 모델을 서는 학생과 삼삼오오 모여서 모델 스케치를 하는 교실 장면이 있다. 특이한 점은 붓, 팔레트, 물통 등 수채화 용구의 실제 사진이 등장하고, '물감은 팔레트에서 잘 풀어서 쓰는 것이 좋다.'라는 교과서 지문으로 활용법을 학습하게 한다. 심층 면담한 결과, 당시 실제로 준비물을 살 정도로 넉넉한 형편의 학생은 많지 않을 수도 있지만, 실제로 준비는 못 하더라도 사진으로 제작 용구와 사용법을 학습한다는 의의가 있다. 스케치의 경우에는 4학년에 비하여 인물의 움직임을 잘 포착하여 빠르게 그리는 크로키 개념을 제시하여, 학년 간 심화를 둔 것으로 볼 수 있다.

제2차 교육과정 국민학교 『미술』 5학년 교과서

1. 재미있는 발견 동무들 동무들의 여러 모습을 마음에 드는 대로 그려보자.
그림물감으로 잘 어울리게 색칠을 하자. 물감은 팔레트에 잘 풀어
쓰는 것이 좋다. 펜, 그림물감)

스케치   연필, 펜, 붓으로 동무들의 모습을 재빨리 스케치하여 보자. (펜,
그림물감) (붓)

(출처: 문교부, 1963, pp.2-3)

  6학년의 경우 1단원의 단원명이 '즐거운 생활'로, 실제로 생활 경험을 그
리도록 발문이 제시되어있다. 친구들과 실내에서 탁구를 치는 학생과 양쪽
에서 서거나, 의자에 앉아 응원하는 친구들과 함께 생활 경험화를 그리도록
하였다. 겨울에 눈싸움하는 장면은 화면에 비슷한 크기로 10여 명의 아이와
눈사람, 나무를 배치하였다. 눈을 뭉치고 서로 던지며 웃고 있는 친구들, 눈
을 던지려고 팔을 뒤로 뺀 학생, 앞뒤로 미끄러지는 학생들이 다양한 자세
로 표현되어 화면 안에서 움직임을 보여준다.

  2차 교육과정은 보고 그리는 사실적인 것을 떠나가서 감성적인
  것, 자기 경험적인 거, 자기중심적인 것, 경험한 것을 어린이 생활
  경험과 감성을 중심으로 해서 교육과정이 개편이 된 거지. 그전
  에는 무엇과 비슷하냐 안 하냐 그걸 본 거구(안호범 명예교수와의 면담,
  2018년 7월 7일).

제2차 교육과정 국민학교 『미술』 6학년 교과서

| **2. 즐거운 생활** | 우리 생활에서 즐거웠던 일을 생각하며 그려 보자 탁구(펜, 그림물감) 겨울 눈싸움(그림물감) |

(출처: 문교부, 1963, p.8, p.58)

2차 교육과정은 사실적인 일상생활의 경험을 중시하고, 경험에서 우러난 어린이의 감정을 자연스럽게 표현한 것이다.

　　미술과 경험의 관계는 그 경험이 사실 미술 작품을 하는 기본이라고 봐. 경험이 그림을 그리게 하거든. 새로운 그림은 하거든. 어떤 경험을 했느냐가. 내가 옛날에 학생들 가르칠 때 일본 애들이 그린 그림, 또는 독일 애들이 그린 그림 이런 것들을 많이 받아서 애들을 보여주고 나도 보고 그랬는데 그때마다 의문이 우리나라 애들이 색을 쓰는 것이 굉장히 한정적이고, 조화가 안돼. 촌스럽다는 느낌이 드는데 외국 애들은 세련되었는데 그게 환경에서 오는 거라는 것을 알게 됐어. 집이라는 것이 붉은 벽돌집에 그린 거야. 거기서 파스텔톤을 생각해낼 수가 없는 거야. 경험과 미술에서 미술적 표현은 너무 밀접한 거야. 그 아이가 본 것을 그리는 거지. 안 본 것을 상상해서 지 마음대로 그리는 것은 상상할 수가 없

었어. 지금은 훨씬 다양하지. 선생이 보여주는 거 외에도 많은 시
각적인 경험을 하고 사니까. 지금은 그렇다고 보는데 그때는 그렇
고(류금자 교사와의 2차 면담, 2018년 7월 15일).

미술 재료가 부족했던 시절, 자연에서 함께 한 경험을 나뭇가지, 풀 등의
재료를 사용해 미술 작품으로 제작하기도 하였다.

> 열심히 한 거랑 잘한 거랑은, 아이들은 안 따졌어요. 그때는 선
> 생이 절대인데, 지금이랑은 전혀 다르죠. 다양한 것을 했을 때 좋
> 아하고. 그림 안 그리고 돌멩이 주워 가지고 뭐 하면 아주 좋아해
> 요. 나뭇가지 주워 다가 솟대를 만들어 본다고 하면 신나고 그러
> 죠. 그 다음에 나아진 점은 스스로 찾게 하는 지금의 문제해결력,
> 그림물감을 전혀 쓰지 않고 도화지만 가지고 들판에 나가서 그
> 림을 그려오라고 해요. 아무것도 없이. 그러면 이제 풀을 찧어서
> 색깔을 내기도 하고, 꽃을 찧어서 하고 그런 것도 시켜보고 했는
> 데, 좋아하기는 하는데 그것도 재주가 있는 아이들은 금방 하는데
> "어떻게 연필도 없고, 뭐도 없는데 어떻게 해요?" 하면서 돌아다
> 니는 애들도 있고. 그때 시켜보니까 재미있어하는 애들이 있어요.
> 멋지게 작품 만드는 학생도 있고요(김선태 교장과의 면담, 2018년 7월 19일).

2차 교육과정으로 바뀌면서 학교에서의 수업 방식은 제작 과정 전에 도
입 과정을 충분히 갖도록 하였다. 생활 경험한 것과 그때의 느낌, 감정을 발
표하고 공유하여 무엇을 그릴 것인지 생각하게 하고, 완성 후 제작 의도의

발표까지 연계되도록 하였다. 도입부터 제작, 감상 및 소통, 정리 정돈까지 수업 자체가 미적 경험을 하게 하는 시간이었다.

가장 중요하게 다루는 것은 자기의 생각을 기획과 구성을 잘하고, 끝난 다음에 뒷정리를 하는 것을 반드시 시켜야 해. 그리고 자기가 그린 것을 반에서는 발표를 해. 그린 것을 들고 나와서. 여기서 발표력도 신장되고, 주관의식도 신장되고 발표를 시켜.
학교에서는 잘못해 가지고 필요한 학교는 내가 가서 설명을 했지. 교육과정의 정신이 이런 거고 이 그림 교과서에 이렇게 나와 있기 때문에. 이것은 참고하지 보고 그리는 거 아니다. 그전에는 보고 그리게 시켰단 말이야. 해방 직후는 도화교육이라고 그래 가지고 일본 책을 보고 그대로 임화교육을 하다가 6 · 25 직후에 미국의 유엔의 피바디 교육사절단이 와서 그때부터 창의성 교육이 시작해서 70년도 개편하면서는 완전히 어린이 경험주의와 개성주의, 독창성 위주로 한 교육과정으로 바뀌고, 창의성을 위주로 한 교육과정을 설명을 하고, 또 가르치는 방법을 설명하는 거지. 그니까 수업 중에서 충분한 도입 시간을 갖게 해서 어린이의 경험을 되살리게 해라. 아침 식사 시간 그것만 하는 게 아니라 아침 식사 시간의 경험을 살려서 생선을 먹었나? 뭐 먹었나? 어린이의 경험을 끄집어내도록 해서 충분한 시간을 갖게 해서 밑그림을 그리고(안호범 명예교수와의 면담, 2018년 7월 7일).

작품을 완성한 후 자신의 작품을 친구들에게 보여주면서 당시의 생활 경험, 작품의 제작 의도, 구성이나 채색 등 조형적인 면, 미술 작품을 제작하면서 어려웠거나 재미있었던 일 등을 발표하고 공유하는 일이 중요하다. 수업의 과정을 중요시하며, 작품의 장단점을 서로 비교하고, 비평하는 심미안을 기르는 것이다.

3) 실제 학생 작품 수록

국민학교 교과서를 개발하는 데 학생의 작품이 게재하게 되었다는 것은 진정성있는 학생의 미술 작품을 존중하고, 학교 미술 수업에 실제 도움을 줄 수 있다는 점에 진일보한 일이다. 제1차 미술 교과서에 비해 제2차 교육과정 당시 미술 교과서에서는 실제 어린이들의 작품이 참고 작품으로 등장하는 것으로 보아 어린이의 미적 경험에 대한 자각이 드러난다고 본다. 잘된 작품만 예시로 보여주는 것이 아니라 다소 거칠고 완성도가 미흡하더라도 또래 집단의 작품을 보면서 비평할 수 있는 심미안을 기르도록 한다. 어른의 작품과는 다른 어린이의 고유한 작품 세계를 인정한 것이며 자기표현의 가능성을 제시한다. 전국 국민학교 어린이들로부터 작품을 공모하여 이 중에서 알맞은 작품을 선정하여 교과서에 실었다. 어린이들이 제작한 실제 아동화들로 교과서를 구성하였다.

> 1963년 제2차 교육과정에서부터 교과서에 실을 아동화를 공모했어요. 제가 처음 교사 발령을 받은 해가 1955년이었어요. 저는 그해 포항동부국민학교에 발령받아 제1차 교과과정(教科課程)에 의하여 교육하던 때였습니다. 같은 해 가을에 문교부에서는 새 교육과정 교과서에 실을 어린이 작품을 전국 국민학교부터 공모하였

습니다. 저는 그 다음 해 1956년 4월에 경북대학교 사범대학 부속국민학교에 이동·근무하게 되었습니다. 그런데, 1957년판『국민학교 미술(교사용)』에는 〈교과서에 실린 아동화의 저자명〉이 실리고 새 교과서부터는 어린이들의 작품이 교재로 실리기 시작했습니다. 이것은 이른바 우리나라에도 창조·표현주의 미술교육이 도입되고 있음을 알리는 신호였습니다(박휘락 교수와의 2차 면담. 2015년 10월 5일).

1차는 교과과정이라고 했어요. 학교 전반을 잡아넣어야 하는데 교과별로 지시했기 때문에 교과과정이라고 했어요. 그리고 53년 휴전 직후 55년 최초의 교육과정 교과서에서 본 어린이의 작품들은 성인의 그림을 보고 묘사하도록 한 전형이죠. 교과서가 어린이 작품으로 편찬된 것은 63년 미술교육 과정에서부터입니다. 여기 실린 이런 그림. 어른들의 그림을 보고 그린 그림. 일종의 사생화래요. 제가 교직에 나온 것은 이 교육과 2차 교육과정. 제가 있을 때에 2차 교육과정 전국적으로 직접 아동화를 편찬하기 시작했어요. 57년 2차 교육과정 포항에 첫 발령받았을 때 미술교육에 관심을 가지게 되었지요. 문교부에서 공모를 해서 모집을 했어요. 포항시 교육청에 내면 도 교육청에 내고, 문교부에 내서 선발되면 실리는 거래요. 나중에 2차 교육과정에 들어와서 교사용 지도서에 나왔어요. 사범대학 부속국민학교 아이들이 올라간 거예요. 교사용 지도서 안에 작자명 하고 소개하는데, 5학년 교과서, 그때 만들어진 교과서가 이 교과서에요(박휘락 교수와의 3차 면담, 2016년 4월 16일).

제2차 교육과정 『국민학교 미술(교사용)』

교과서에 실린 아동화의 작자명 -제5학년-

작자명	교과서 쪽지	시도	학교명
전정일	3	서울	북성국민학교
홍태희	4	전남 · 광주	대성국민학교
임태신	7	충남 · 공주	석송국민학교
정정웅	16	서울	마포국민학교
김영민	26	경북 · 대구	사대부속 국민학교
박원희	27	경북 · 대구	사대부속 국민학교
최호진	34	서울	사대부속 국민학교
전영일	37	전남 · 광주	수창국민학교
전영일	54	전남 · 광주	수창국민학교
전영일	57	전남 · 광주	수창국민학교
장신호민융기	58	전남 · 광주 충남 아산군	수창국민학교 도고고국민학교
최호진	63	서울	사대부속 국민학교
김희자	64	서울	숭덕국민학교
김남익	68	강원도 평창군	평창국민학교

왼쪽: 『판화를 통한 교육』(박휘락, 1963)
오른쪽: 제2차 교육과정 국민학교 『미술』 5학년 교과서

p.26 5. 판화 나무판이나 고무판에 그림을 새겨 먹으로 찍어 보자. 새기는 칼의 성질을 알아 두자.
(베니어판)
　　　　　　(도판 그림그리는 동무, 철공장)
p.27 두 개의 판으로 색판화를 만들어 보자 (파는 모습) (찍는 모습) (창칼 끌칼 둥근칼 세모칼) ①
파랑판 ② 먹판 ③ 완성
 (출처: 문교부, 1963, pp.26–27)

학년별 교사용 도서에 「교과서에 실린 아동화의 작자명」으로 작자, 실린 교과서 쪽수, 시·도 학교명을 분명히 밝혀놓은 것은 아동 작품에 의한 교과서 편찬의 효시가 되는 셈이다. 어린이의 개성에서 우러나온 참다운 아동화로 미술 교과서를 엮은 것이다. 제2차 교육과정 미술 교과서 5학년에 실린 판화 작품 '그림 그리는 동무'와 '철공장'은 박휘락 교수가 편집 발행한 『판화를 통한 교육(Education through Print-Making)』(1963)에 실린 작품이다.

제가 지도한 어린이들의 작품이 미술 교과서에 게재된 것은 다음의 판화 작품을 비롯하여, 몇 차 교과서인지는 확실히 확인되지는 않지만, 어린이들의 스케치 작품, 만들기 영역에 있어 경북대 사범대 부속국교 학생 작품 등 몇 점 실려 있습니다(박휘락 교수와의 추가 메일 자료, 2018년 11월 3일).

이 책 『판화를 통한 미술교육』을 발간하게 된 직접적인 동기는 초기의 아이들의 그림 '밀라노아동미술전람회'에 있어. 4학년 김문형이 1등 상을 받았는데 기념으로 이 책을 낸 거야. 우리나라는 판화 작품의 질이 만족스럽지 못해 가지구 다른 방법으로 해야겠구나, 내 지도한 방법을 강구해서 이 작품집에 실린 거야. 판화를 통한 전시, 리드의 사상에서 매력을 느껴서 그림 자체가 아니라 판화를 통해서 아이들을 교육하는, 좋은 인간을 만드는 이 책도 나오자마자 무료로 배포를 했어요. 나중에 없어 가지고 (이거 지금 가면 다 볼 수 있어요?) 춘천교대 도서관에도 있고 다른 교대에는 없어요. 68년이면 부속국민학교고 그러면 (시험 봐서 들어가요?) 자식 교육에 신경 쓰는 엄마들이 들어오면 비용 들여 지능검사 해서 들어와요. 당시 일류 선생들이 모이거든요. 미술을 지도하다 모르는 게 있으면 부속국 누구한테 물어봐라. 두 번째는 젊은 60명이었어요. 당시 80명, 70명이었어. 아이들 교실이 모자라서 (저희 때는 오전반 오후반이 있었어요.) (예, 맞아요.) 여기에 있는 작품은 세련됐어요. (한 권 드릴게요.) (이렇게 귀한 것을.) 신문에 내고, 그 기념으로 책을 만든 거지. 나중에 미술 교과서에도 실렸습니다. 칼로 긁어내 버리고 다시 요구해서 이 책이 된 것입니다. 여기에 있는 판화와는 질이 다르니까요. (보통 초등학교 때는 크레용이나 그리는 것을 많이 하는데 판화를 주로 하신 이유는요?) 판화를 매력을 느껴 가지고 아이들 지도를 한 것이죠. 교대 3학년 되면 한 과목을 이수하게 되어있어요. 아이들이 어떻게 판화를 하냐고 물어보더라구요. 미술대학에 가서 판화를 배운 것이 아니잖아요. 혼자서 연구를 해서 가르치는데 저거는 목판화지만 공판화 찍어 내잖아, 나올 때 보면 감동을 느껴요. 잉크칠해서 탁 튀어나올 때 감동. 나는 그 감동 때문에 했다 이렇게 대답한 적이 있어요(박휘락 교수와의 1차 면담, 2015년 7월 29일).

제2차 초등 교육과정 교육 내용을 살펴본 결과 저학년 시기에는 단순한 도식적 표현을 중점적으로 지도하였고, 이후 비례 표현과 동세를 강조하여 표현력이 극대화하도록 구성하였다. 제2차 교육과정 미술 교과서에서는 이러한 교육과정을 반영하여 어린이가 주체적으로 자아 인식을 하는 수준에 미치지 못하고, 보고 그리는 의미가 더 강하게 나타났다. 그러나 과거 도안을 마련해 그리던 것을 지양하고, 모사나 모작 없이 교사의 지도 사항과 순서에 맞게 지도하도록 하였다.

특히 제2차 교육과정 당시 미술 교과서에서는 정해진 표현 순서를 따르도록 하였으며, 전체적인 비례 표현, 동세와 같이 같은 조형 요소와 원리가 잘 나타나게 그리도록 하였다. 제1차 교육과정 당시 미술 교과서부터는 전국 초등학교 아동화를 모집한 후 이 중에서 알맞은 작품을 선정하여 교과서에 수록하였다. 아동화에 의한 교과서 편찬의 취지는 아동의 발달 과정에 따라 예술적 소양을 높이는 것에 있었다(박휘락, 1998; 정세명, 2013 재인용).

과거 어느 교과서에서도 볼 수 없었던 혁신적인 취지인데 어린이 모두에게 흥미를 느끼도록 동기를 유발하면서, 모사 교육을 배격하기 위함이다. 미술교육은 모방보다도 창작이 앞서기 때문에 어린이의 세계에서 어린이들만이 통할 수 있도록 하는 창조 능력의 자료 제공인 것이다. 그러므로 어린이들이 또래 친구들의 그림을 보고 통하는 점이 있을 것이며, 교과서보다 못지않은 그림을 그리려고 노력할 것이다.

다. 일상생활에서의 실용주의 강조

제1차 · 제2차 교육과정은 일제강점기 도제교육이나 임화 위주의 기능주의 미술교육에서 벗어나 학생의 생활 경험을 중요시하며, 이런 경험이 미술 교과에 반영되도록 실용적인 수업 재료나 교수학습 방법을 제시하였다.

1) 실용성을 강조하는 분위기

교과서 내용 체계를 보면 일상생활과 관련된 공작 활동과 표현 활동을 하였다. 여전히 교실 수가 부족하고 학습 준비물 등 물자가 부족한 상황에서 실용성을 강조하는 분위기가 반영되었다고 본다.

봄 되면 밖에 나가서 꽃 그리고 풍경 그리기 애들이 많으니까 나가서 선생님이 옆에 있고 아이들이 그리는 거 어떤 선생님들이 나 그걸 많이 했어. 지금은 그런 거 잘 못 하잖아. 전부 크레파스지 (이규선 교수와의 2차 면담. 2018년 7월 22일).

2차 교육과정이 상당히 실용 중심 교육과정이었던 거 같아요. 내가 생각할 때. 이때가 새마을 운동은 좀 더 뒤고. 경험과 실용적인 것을 강조하던 것은 60년대 초반에 우리나라가 경제적으로 얼마나 힘듭니까? 학교 운동장에다가 구석에다가 호박 심고, 학교 둑에다 콩 심고, 옥수수 심고 그랬었어요. 60년대 중반쯤 와서 옥수숫가루로 죽을 쒀서 가난한 집 아이들만 옥수수죽을 먹였어요. 학교에서 죽을 쒀서 점심시간에 급식으로 66년, 67년 죽을 쒔고, 68년에는 빵을 만들었어요. 학생들 배고픈 아이들 주었어요. 그래도 굶는 것보다 나으니까, 학교에서 정했죠. 의료보험이나 그런 거 없고 담임이 가정방문을 다 다녔잖아요. 형편을 다 알죠. 지금은 창피해서 안 받으려고 하는데, 그런데 그때는 그런 거 애들이 구별하지도 않았고, 그렇게 또 차별하지도 않았고, 심지어는 "야 너 빵 나 줘. 도시락 니가 먹고." 하면서 바꿔 먹기도 하고요. 이런 분위기가 실용성을 강조한 거죠. 아동미술이 사치일 수도 있지만 기술 배워서 취직하고 기계 다루고 미술교육 같은 거 소홀히 했었죠. 솔직히 말해서. 교실 내에서 미술 분위기는 특별히 좋아하는 선생님 반만 좀 새로운 활동 하고, 미술 시간이 되면 "그려라." 하고 말아버리고 그런 식이었죠(김선태 교장과의 면담. 2018년 7월 19일).

한국전쟁 직후 어려웠던 시절이었지만, 피바디사범대학 교육사절단 당시 향토 재료를 활용한 미술과 공예에 대하여 자문받아 '공작' 활동을 선택하여 3개년 계획을 수립한 영향으로 실생활과 밀접한 공예에 관한 내용이 수록되어 있다.

2) 교과서 단원 체계 및 내용 이미지

① 만들기

학교 농작지에서 농작하거나 움직이는 장난감, 전개도 등이 등장한다. 한국전쟁 직후 함석이나 철사를 활용하여 석쇠를 만드는 실습이 교과서에 게재되었고, 심층 면담 결과 수업에서도 활발하게 이루어졌다는 것을 알 수 있다.

> 공작이 지금은 실과로 많이 갔어요. 지금도 기술 · 가정 선생들이 미술 하고 있잖아. 재활용품 만들고, 그거랑 비슷한 거지. 그때는 아예 미술에서 공작 시간이었어. 실과는 톱질하는 방법 배우고, 기계 다루는 거 배우고, 공구 쓰는 거 배우고. 그런 게 실과였다면. 미술 시간에는 재료를 던져주고, 니가 하고 싶은 것을 예쁜 모양으로 만들어서. 심미적인 것이 들어가지. 디자인적인 부분, 심미적인 부분이 들어가고 창의성 개념이 독창적인 아이디어, 신선한 것을 창출해내는 사고력. 많이 다루다 보니 석쇠를 한 면만 만들던 것이 난 두 개를 엮어서 이러면서, 확산적인 사고, 수렴적인 것이 아니라. 더 좋은 방법으로(심영옥 교수와의 면담, 2018년 7월 08일).

실과의 영역과 합쳐져서 미술 수업이 이루어지고 있지만, 입체 구조, 실용적으로 편리한 디자인, 색채 및 완성도는 미술이 지니는 조형적인 측면을 강조한다고 할 수 있다.

 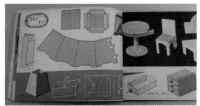

제1차 교육과정 국민학교 『미술』 3학년 교과서

3. 필요한 물건 p.13 성냥갑으로 만든다.

(출처: 문교부, 1955, pp.12-13)

2차 교육과정 5학년 미술 교과서에는 널빤지, 철사 등과 솔방울 등 자연물, 폐품을 모아서 일상생활에서 활용할 수 있는 실용적인 장난감을 만드는 단원이 있다.

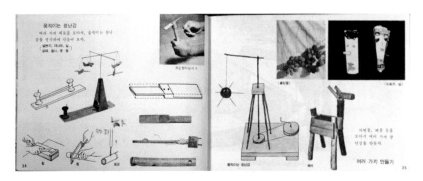

제2차 교육과정 국민학교 『미술』 5학년 교과서

움직이는 장난감　여러 가지 재료를 모아서, 움직이는 장난감을 생각하며 만들어 보자.
　　　　　　　　　(널빤지, 대나무, 실, 실패, 철사, 못 등) (도판: 프로펠러 날리기)
여러 가지 만들기 자연물, 폐품 등을 모아서 여러 가지 장난감을 만들자 (솔방울) (도화지, 실)
　　　　　　　　　　　　　　　　　　　　　　　　(출처: 문교부, 1963, pp.34-35).

제2차 교육과정 국민학교 『미술』 5학년 교과서

헝겊으로 만들기　　　헝겊이나 털실로 필요한 물건을 만들어 보자.
철사로 만들기
함석으로 만들기　　　함석이나 깡통으로 여러 가지 재미있는 것들을 만들어 보자.

(출처: 문교부, 1963, pp.40-41)

　미술 교과에서 실과와 연계된 만들기와 관련하여 심영옥 교수는 다음과 같이 이야기하고 있다.

　　일제강점기에는 이런 교육을 했어. 오히려 미술교육에서는, 초등학교만 나와도 뭘 만들어 쓸 수 있고 집에서 되박 만든다거나 석쇠 만들기 집 만들기 같은 거 공작뿐만 아니라 만들기를 하면서 집에서 유용하게 쓸 수 있는 교육을 했다는 것은, 그 당시의 일본의 교육을 그대로 받은 게 아니라 일본도 독일이나 유럽의 교육을 이어서 받아왔단 말이에요. 그러면 미술교육에서는 그렇게 터치를 하지 않고 건드리지 않았어. 우리는 식민주의 교육을 하면서 미술교육은 창의성 교육을 말살하려고 하지 않았어요. 일제강점기 교과서에도 있어요. 만들기라는 것, 제도에서 만드는 거까지 나와 있어요. 거기다가 김포공항에 가면 칠교 놀이판으로 벽화가 되어있어요(심영옥 교수와의 면담, 2018년 7월 7일).

실생활과 연계된 만들기 수업이 이루어졌으며, 현재에도 '과학의 날' 학교행사에 행글라이더 만들기 등은 이어지고 있다.

② 꾸미기 (패션, 포스터)

패션과 포스터는 아이들에게 실생활에서 가장 많이 접하는 문화적인 산물로서 미술교육의 중요한 주제가 되었다. 특히 그 당시에는 대중들을 계몽하고 국가의 정책을 홍보하는 데 포스터의 역할이 대단히 큰 역할을 수행하였으므로 미술교육 역시 이러한 실생활 주제를 반영한 교육과정 내용을 가르치려고 하였다.

제1차 교육과정 국민학교 『미술』 5학년 교과서 포스터
3. 무늬 글자

(출처: 문교부, 1955, pp.8-9)

사람 모양을 만든 후 치마, 바지, 티셔츠 등 다양한 옷을 만들어 입혀보는 패션 관련 단원을 통해 실제로 상황에 맞는 배색의 의상을 골라 입을 수 있다.

옷 갈아입히기

제2차 교육과정 국민학교 『미술』 1학년 교과서 패션
빈 상자로 사람모양을 오리고, 색종이로 여러 가지 옷을
만들어 입혀봅시다.

(출처: 문교부, 1955, p.48)

어른이 되어서도 손으로는 못 그리지만 자기 넥타이를 고를 줄
알고, 자기 몸에 맞는 옷을 고를 줄 알고 색깔과 디자인을, 자기 주
변의 벽지를 고를 수 있고, 이것이 인간이 가지고 있는 미적 감정과
사회적 표현의 능력이 있는 거야(안호범 교수와의 면담, 2018년 7월 7일).

기존의 캐러멜 제품 상자를 활용하였고, 의상을 통하여 디자인의 기본 개
념 및 색, 형, 색의 종류와 배색에 대하여 학습할 수 있다.

③ 교내외 환경 꾸미기

1차 교육과정 6학년 교과서에서는 교사, 강당, 교재원, 교장 사택 등 안내

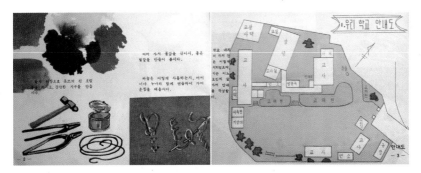

제1차 교육과정 국민학교 『미술』 6학년 교과서

p.2 여러 가지 물감을 섞어서 좋은 빛깔을 만들어 봅시다. 함석 연장으로 못쓰게 된 조림통을 가지고, 간단한 기구를 만듭시다. 바늘은 어떻게 사용하는지, 어머니나 누나와 함께 연습하여 가벼운 침을 배웁시다.

p.3 1. 우리 학교 안내도 학교 내의 여러 가지 건물은 어떻게 배치되었으며, 어느 각도인지 살펴가며 안내도를 작성합시다.

(출처: 문교부, 1955, pp.2-3)

도를 꾸미는 방법에 대한 단원이 있다.

당시 모든 학교에 있었다는 학교 정원 '교재원'을 꾸미는 단원도 찾아볼 수 있다. 꽃을 보고 그리는 회화, 학교 꽃밭에 어떤 꽃을 어떤 배치로 심을 것인지 구성해 보는 꽃밭 설계는 나무를 심고 키우는 실과 교과와는 다른 정원, 공간 디자인에 해당한다. 교재원의 모양을 여러 가지로 연구하여 설계하여 보도록 하고, 나중에 나무에 관련 포스터, 식목일 포스터 등 꾸미기와도 연계할 수 있다.

2차 교육과정 마지막 시기 1970년대 초반 김선태 교장은 전라남도에서 시행한 '아름다운 학교' 사업을 하면서 학교 정원을 꾸미는데, 실과, 수학 및 미술 교과가 융합한 일, 학교 정원에 동상 세우는 일과 관련된 경험을 다음과 같이 말한다.

왼쪽: 제1차 교육과정 국민학교 『미술』 4학년 교과서

2. **꽃** 학교 교재원에서 꽃을 따다가 재미있게 꽂아놓고, 고운 꽃색을 연구하여 갑시다. 꽃과 병, 배경 등의 색을 비교하면서 그려봅시다.
오른쪽: 제2차 교육과정 국민학교 『미술』 4학년 교과서 꽃밭설계

(출처: 문교부, 1955, pp.8-9)

꽃밭 설계 우리 학교의 정원을 잘 꾸며 보자.

(출처: 문교부, 1963, p.19)

　　2차 교육과정이 끝날 무렵쯤에서 전남에서는 '아름다운 학교' 운동이 일어났어요. 학교 공원화, 학교를 공원으로 만드는 거예요. 내가 근무하던 학교가 시범 케이스였는데 졸업생들이 필름 한 통 모자란다고 더 사러 가고 했어요. 필름 카메라 다 찍고, 그렇게 아름답게 꾸몄어요. 전남 보성남교. 그런데 그 학교가 전남에서 아름다운 학교 사례집을 펴는데 보통 내가 근무하는 두 학교 보성남교, 위로동학교는 첫 번째, 두 번째 소개될 정도고. 내가 직접 학교를 꾸몄어요. 꽃 가꾸는데 취미가 있어서 가지고. 2차 교육과정에서 열심히 했죠. 실과인데 심지어는 보성남교에서는 수학에서 써먹게 화단에다 돌로 도형을 만들기도 하고 미술은 무엇을 만들었냐면, 그때 한창 시멘트로 만든 조각상이 유행이었어요. 이순신 동상 만들고, 이승복상 그런 거 기억해요? 이런 거 한창 유행할 때 동물상을 우리 손으로 직접 만들었어요. 콘크리트를 부어서 뼈대 만들고 이렇게 부어서 맞춰서 냄새나고, 코끼리, 기린, 사자 이런

것을 선생님 둘이서 만들었어요. 그리고 이순신 장군상도 만들었는데 인준안 받은 거라고 철거하라고 난리가 나서 철거하고 했어요. 그때 이순신 장군상을 만들어서 팔아먹는 업체가 있었죠. 거기서 자기 꺼 아니니까 못 세운 게 한 거지. 업자들이 동물상 만든 것도 뜯어내라고 하더라고요. 우리가 교육청 이웃이었거든요. 선생님들이 만들었고, 너희들 만든 것보다 더 잘 만들었고 왜 그러느냐 교육청에서 항의를 해버리니까 못 뜯어냈죠. 허가 없이 만들었다고. 학교에 우리가 세우는데 팔아먹는 거 아니고, 그래서 우리가 이겼죠(김선태 교장과의 면담, 2018년 7월 19일).

생활에 편리한 집을 만들거나 관람객의 동선을 고려한 전시장 공간 구성 계획은 실내외 입체 공간에서 실용적인 면에 주목할 필요가 있다. 입체에서의 공간 구성과 분할을 염두에 두고 디자인하여 생활공간을 보다 안락하고 편리하게 꾸밀 수 있다.

제2차 교육과정 국민학교 『미술』 5학년 교과서 건축 집만들기

집만들기 여러 가지 판지나 빈 상자를 이용하여, 자유롭게 집이나 탑을 만들어 보자. (빈상자, 판지)
건축의 미 우리가 살고 있는 집은 생활에 편리하면서도 아름다운 모양으로 꾸며져야 한다. 우리도 건축의 미를 감상하여 보자. (골판지) (덕수궁 석조전, 서울)

(출처: 문교부, 1963, pp.18-19)

한편, 2차 교육과정 당시 국민학교 교사를 하였던 안호범 교수는 「교육자료」 1972년 3월호에 학급 담임을 위하여 별책 부록을 만드는데, 상담 기초자료 만들기 및 학급 상담록, 학생 명렬 등 학년초 학급 경영에 관한 내용 중에 교실 환경에 관한 조언을 한다. 교과 학습을 돕는 환경 정리를 위한 준비물, 교실 전면 디자인할 때 유의사항, 주번 청소 알림장, 달력, 학생 작품 전시회 등 학급 비품 디자인 및 교실 배치 구성에 관한 내용이다.

학년초 학급 경영 자료
(출처: 안호범, 교육자료 1972년 3월호 별책 부록)

교과학습을 돕는 환경정리-미술과
① 정면은 엄숙하고 단정해야 한다.
② 항상 잊지 않고 꼭 알아두어야 할 사항만을 제시하여야 한다.
③ 여백을 존중해서 안정감을 갖게 한다.
④ 화려한 색으로 시각에 지장을 주지 않도록 해야 한다.
⑤ 액자의 외곽선은 가늘게 한다.
⑥ 되도록 적게 붙이고 깨끗하고 바르게 붙이도록 한다.
⑦ 통일되고 간결하게 한다(안호범, 1972, 8).

라. 미술교육 전문가가 본 경험주의 미술교육

노재우(1995)는 미술과 학습 지도 방법으로 경험 학습을 들고 있다.

> 공교육에서 미술교육은 미술가가 되기 위한 교육이 아니다. 그
> 런데 지금까지 너무나 착각을 했고 지금도 그런 것이라고 생각하
> 고 있다. 그러다 보니 아이들에게 다양한 경험 기회는 없고 성적
> 위주의 미술교육만 있다. 미술은 가르치는 교육이 아니라 재료의
> 사용기법을 기초적인 것부터 하나하나 알아가는 경험교육에 중점
> 을 두어야 한다(노재우, 1995; 고숙자 외, 2003, p.394 재인용).

보여주기식의 교육을 지양하고, 내적 충실도를 높이기 위하여 학생들 스
스로 미적 아름다움과 정신의 합일에 대하여 느끼도록 하였다. 인류가 이루
어놓은 문화유산뿐만 아니라 자연 속에서 생태계의 이치를 깨닫고, 순수한
자연의 아름다움을 깨닫도록 미술 환경을 조성하는 것이 중요하다. 여기에
서 교사는 자신이 아는 것을 나열하는 것이 아니라 미적 세계로 입문할 수
있도록 스스로 탐구하는 장을 열어주어야 한다고 주장한다.

> 아이들을 잘 가르치는 합리적인 방법은 아이에게 배우는 자세
> 이다. 교사라 아는 것을 가르치는 것이 아니라 아이가 흥미를 느
> 끼고 잘 할 수 있도록 칭찬하는 것이다. '잘 했다', '너무 잘 했다',
> '아주 어려운 문제를 잘 해결했다' 등과 같은 말로서 의욕을 돋워
> 가면서 아이에게 자신감을 키워주는 것이다. 이러한 것을 바탕으
> 로 하여 1학년에서 6학년까지 수준에 맞게 확대시켜 나아가는 것

이 내적 교육이라고 할 수 있다(노재우, 1995; 고숙자 외, 2003, p.396 재인용).

경험주의 교육과 관련하여 현장실천가인 류금자는 다음과 같이 말하고 있다.

> 아이의 성장에 도움이 되어서 어른으로 가는 과정, 바람직한 과
> 정을 만들어주는 것이 창조주의라고 봐. 어떤 틀에 넣어서 하면
> 효과는 있을지 모르지만 절대로 그게 탄탄한 자아를 형성하는 것
> 은 아니야. 다양한 경험을 하면서 이루어진 형태와 훈련된 구조화
> 된 틀에서 이루어진 것은 다르다고 보거든. 이 교육은 다른 교과
> 에서도 충분히 바람직하다고 본다. 미국이 소련이 스푸트닉 쏘면
> 서 한번 충격이 오지. 학문 중심 교육과정으로 바뀌면서 그것이
> 옳기는 옳지. 하나의 뿌리를 두면서 거기서 점점 확장해 가는 거
> 방식은 어떤 방식이냐 주입식이 아니고 아이들의 경험을 그것에
> 서 이끌어 가는 방식은 이것이 좋은 거지. 경험 중심이 경험만 해
> 서 아무렇게나 했던 것은 아니야. 교육과정에서 지도해야 할 목표
> 가 있었고, 그 목표 안에서 그 아이의 경험을 통해서 교육을 했었
> 으니까(류금자 교사와의 2차 면담, 2018년 7월 15일).

즉, 경험주의 교육은 학생 개개인의 개별적인 가치관이나 삶의 방식을 반영한다는 점에서 미술교육의 한 가지 중요한 축이 되고 있었다. 미술과 교육에서 표현 과정, 표현 매체를 통한 미적 경험을 중시하고, 자신의 생활과 결부하여 확장하는 것이 중요하다.

Part 3

창의성 중심
미술교육의 등장

1

임화에서 창의성
중심 교육으로

가. 교수요목기 임화

일제강점기와 한국전쟁을 관통하는 우리 근대사는 우리 민족에게는 큰 아픔이었다. 근대사의 맥이 끊기고 도약할 수 있는 기회를 잃었다. 교육의 측면에서는 조선의 전통을 이어가면서 우리식으로 논의를 거쳐 취합하여 발전할 기회를 놓쳤다. 우리에게 영향을 미쳤던 일본과 미국의 영향을 받을 수밖에 없었다. 일본은 일제강점기 조선을 통치하기 위하여 조선교육령을 1차부터 3차까지 벌인다. 2차는 문화 정책의 일환으로 조선미술전람회를 개최하였고, 내용은 향토색 논쟁을 빚은 조선의 풍경을 그리도록 했으며 형식은 구상화 일색이었다. 미술 교과는 도화와 공작이었으며 『도화』 책은 발문이 없고 단원명만 표시되어있고, 내용은 감, 벼루, 항공기 등 색채는 없고 필선으로만 나와 있다. 교과서 해설서가 없어서 의도를 명백히 파악할 수는 없지만, 당시 자료를 분석해 보면 필선을 따라 그리도록 했을 가능성이 크다.

기술주의 교육에서 어린이 중심 도화교육으로, 방법은 아이들 가르칠 때 흑판화, 정확하게 묘사하는 그림. 그때는 선생님이 흑판에 그려 가지고 우리보고 그리라 하셨다(박휘락 교수와의 1차 면담, 2015년 7월 29일).

교수요목기 미술 영역은 도화, 공작, 습자로 나뉘었던 것을 도화, 공작으로 교과 명칭을 변경하였다. 1946년부터 『미술』로 과목명이 확정되었고, 4학년 이상은 『미술과 그림』, 『미술과 공작』 등 두 권의 미술 교과서가 있었다. 1949년 12월 31일 교육법이 공포된 이후에 미술과 지도 목표는 "심미적 정서를 함양하여 숭고한 예술을 감상, 창작하고, 자연의 미를 즐기며, 여가 시간을 유효하게 사용하여 화목 명랑한 생활을 하게 한다."라고 되어있다. 교육과정 이전의 교수요목기에는 아직 일제강점기 교육방식에서 탈피하지 못하고, 모방에 의한 임화나 아니면 정물이나 풍경을 그리게 하는 도화가 중심을 이루고 있었다. 혹은 종이접기나 실과적인 공작에 그치는 획일적인 기법 습득의 정도에 지나지 않았다.

 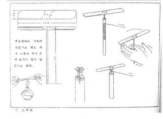

교수요목기 『공작』 교과서

이러한 임화 중심의 미술교육은 학생들에게 학습의 흥미나 동기유발을 전혀 일으키지 못한다는 점에서 상당한 문제점이 있었다.

전체적인 분위기는 애들 그림을 따로 구분해서 보지 않았어. 어른들이 그리는 것처럼 우리들이 보는 그림을 실제적인 표현을, 아이들한테도 집은 이렇게 그리는 거야, 나무는 이렇게 그리는 거야 그런 걸 도제식이라고 하나, 그런 식의 지도가 쉬웠던 때지. 초등학교 상황에서 보면 나처럼 미술에 관심이 많고 연수도 받고 열심히 하는 사람은 좀 더 앞서갔는데, 나머지 선생들은 원본 주고 그려라, 이 말하는 거지. 옛날에는 이런 게 통하던 시대거든. 본뜨기라던가 어떻게 그려, 틀을 정해놓고, 나무 이파리는 이렇게 그리는 거야. 그런 식의 그림이 공존했었어. 나처럼 그런 생각을 하고 선생을 했던 건 아닌 거 같아. 학교 분위기는 혼재하지만 흘러가는 거지(류금자 교사와의 2차 면담, 2018년 7월 15일).

전에 한때까지도 임화가 유행이었잖아. 그림 명화를 주고 그대로 베끼게 하는 거, 이것은 미술의 표현의 기법이라던 거, 이런 것을 훈련하는 데는 잠시 필요할지 모르지만 미술의 교육 목표와는 상관없는 거야, 사실은. 임화교육을 일반적으로 많이 했던 거 같아(김혜숙 교수와의 면담, 2018년 7월 7일).

미술과 경험, 이전에는 모방 교육한 게 많이 생각이 나요. 석고 원기둥, 삼각뿔 놓고 그림자와 빛을 그리게 하고 그랬어요. 상상화 그릴 때 자기 경험한 것을 재구성해서 그릴 꺼 아냐. 부모님 가족을 중심으로 그린 거죠(안준철 교장과의 면담, 2018년 7월 30일).

나. 제1차 · 제2차 교육과정의 등장과 창의성 중심 미술교육

미술에서 진일보한 발전은 어린이만의 고유한 세계를 인정하고, 독창적인 작품 세계를 존중하는 풍토가 이루어졌다는 것이다. 미술을 창작하는 작가가 아니라 미술교육에 관심을 가지고 아동미술의 중요성을 인정하는 전문가가 등장했다. 이는 일선 교사들의 자발적인 연구 풍토, 학회 창립 등 연구하는 풍토에 기인하며 이를 바탕으로 창의성 중심 미술교육이 등장하게 된다.

특히 제1차 교육과정은 듀이의 경험주의 교육철학에 영향을 받아 경험 중심, 실용성을 강조하였는데, 미술과에서도 그러한 영향이 보인다. 2차는 1차보다 체계화하였고 창의성에 눈을 뜬 시기였다. 창의성이라는 용어는 창의력, 창조성 등 용어를 달리하지만, 학문 중심 교육과정인 3차뿐만 아니라 7차에 이르기까지 일관성 있게 등장하는 용어이다. 미술 교과의 본질을 직관에 의하여 새로운 것을 창출하는 것으로 보고, 여기서 가장 중요한 요소가 창의성으로 보는 방증이다.

창의성 발현하는 데는 미술 교과만큼 좋은 건 없어요. 1977년에 있었던 이야기인데 73년 영광 법성에서도 3km를 걸어가는 문교부에서 정한 도서 벽지 학교예요. 차에서 내리면 4km 걸어가야 학교가 있어요. 78년에 학교에 전기가 안 들어왔어요, 전기가 안 들어오니까 전화도 없고. 버스 안 들어가고, 전화기도 없지. 6학년

인데 벽지 학교라 1반밖에 없어요. 극장 포스터라고 그런 걸 잘 그려요. 이름도 '이춘화'라고 지금도 안 잊어버리네. 굉장히 밝은 아이인데, 그림도 시원해요. 나중에 우연히 만났는데 "선생님이 제 그림 가져가셨잖아요?"라고 하더라고요. 미술교육이 창의성을 발현하는 데 굉장히 좋다고 생각합니다(강경원 교장과의 면담, 2018년 8월 2일).

창의성에서 가장 중요한 것은, 이종학 선생이 하는 말 중에 가장 와닿는 게, "어린이가 생각한 것을 표현할 수 있게끔 교사가 지도해 주어야 한다." 교사가 알고 있는 것을 지도해 주어야 한다는 것이 아니라 어린이가 생각한 것을 미술적으로 표현할 수 있게 지도해 주어야 한다는 취지인데, 이것을 미술교육적으로 풀어나가라. 아이가 세 살 때 표현하려는 것을 유도해 주고, 거기서 창의성이 싹터나간다. 미술로써 창의성을 길러줄 수 있다. 새로운 형상 추구 주제가 나와 생각을 하는 거야. 머리에 골똘히 생각하고 있으면 어느 순간인가 '앗! 이거면 되겠다.'라고 툭 튀어나오는 게 있어. 그게 직관력이라는 거지. 직관적 창의성, 예술에서 말하는 그것은 어디서 나오느냐는 거지, 내 말은. 미술 활동을 많이 했기 때문에 그것이 누적되어서 퍼져나간다는 거지. 확산되는 거야(이규선 교수와의 2차 면담, 2018년 7월 22일).

미술을 모르니까 하는 거지. 사람들은 기타 과목이라고 생각하잖아. 기타가 아니라니까. 인간의 심성의 문제, 내면의 문제인 거지. 인생을 길게 봐야지(류금자 교사와의 2차 면담. 2018년 7월 15일).

창의성 중심 미술교육이 전개되는 배경에는 무엇보다도 당시 피바디사범 대학 교육사절단에 의하여 로웬펠드 등 근대 미술교육에 대하여 자각하고 스스로 연구하는 교사들의 자발적인 연구 모임이 결성된 것을 들 수 있다. 결과 각 지역에 미술 관련 연수가 등장하였다.

교과서도 거기에 준해 가지고 만들었는데, 미처 자료를 못 구하 니까 내가 풍인학교 1학년한테 가서 수업하고 2학년 수업하고, 3 학년 수업하고 그래 가지고 자료를 뽑아서 교과서에 넣고. 주제에 따라 내가 수업하는 것은 획일적이 아니고 다양성을 추구하기 때 문에 각자가 다르게 개성적으로 해서 자료가 많이 나오지. 획일적 으로 스타일로 해서 가르치지만 난 다양성을 강조했거든요(안호범 명예교수와의 면담. 2018년 7월 7일).

창의성의 의미는 좀 더 독창적이고, 다르게 생각하고, 다르게 그리는 것이 다. 미술은 표현하는 영역이기 때문에 주요한 요인이다. 궁극적으로 미술에 서의 창의성이라는 것은 새롭게 표현하는 데에 본질적으로 기여한다.

왜 중요한가 하면 인간은 누구에게나 창의성이 주어져 있다구. 하나님이 주어진 창의성이 있는데, 미술은 언어 이전에 원시시대 부터 끄적거리면서 말이 나올 때 이건 고기, 물고기, 이건 사람, 이 런 표현 양식으로, 애들도 말하기 전에 종이 주면 막 긋고 그리다 보면 어쩌다 형태가 세모 네모 나오면, 동그라미 나오면 엄마, 세모 나오면 아빠, 그다음에 찍찍 그리고 까까, 이렇게 해서 이건 언어 이전에 다 누구나 자기표현할 수 있는 능력을 줬는데 성장 발달 과정에서 이것이 눈이 발달하고, 손이 발달하는데 자기 그린 건 따라가지 못할 때, 특히 3, 4학년 때. 따라가지 못하니까 그림을 안 그려. 1, 2학년 때는 거의 다 좋아서 잘 그려. 유치원이나 1, 2학년 때 다. 그래서 3, 4학년 때는 달라져 가지고, 5, 6학년 때는 기능을 배우니까 자기가 그림을 그려야겠다고 했는데 이 미술은 언어 이전에 창의성이 주어진 거다(안호범 명예교수와의 면담, 2018년 7월 7일).

교육과정에 창의성이라는 단어가 등장하고, 1차 교육과정 교과서 머리글 1항 두 번째 줄에 "우리도 이 책에 실린 것들을 그대로 그리거나 만들지 말고, 자기 마음대로 나타내 봅시다."라는 글이 있다(문교부, 1955, p.1). 창의성이라는 단어는 창조력, 창조성 등 용어는 달라지지만 같은 맥락으로 사용된다.

손의 기능이 발달하고 눈의 관찰력이 발달하고, 상상력이 좋다. 그렇게 했는데 엄마들은 생각이 얘 화가 만드는 거 안 한다고, 시간 오래 끄는 거 안 한다고, 상상력만 많이 길러주면 좋다고. 그러니까 내가 주장하는 것은 난 화가 만들려고 하는 것이 아니라 의사가 되어도 약사가 되어도 사업가가 되어도, 창의력이 풍부해야 되기 때문에. 그래서 막 개구쟁이 치고 돌아다니는 애가 약을 더 잘 짓는다고, 창의력이 많으니까 경험이 많으니까. 그래서 만져라, 봐라, 부벼라, 이렇게 해서 창의력이 많이 길러지는 거야.

어느 교과든 창의성은 다 있지. 그런데 미술은 창의력은 회화의 색채, 다른 감각이 나오고 그리면서 창의력이 나오고, 그러니까 미술이 '아트'라는 게 뭐냐면 골고루 뮤직처럼 편파적인 장르가 있는 것이 아니라, 보고 듣고 생각하고 만지고 주무르고 그래서 미술이 창의력이 가장 높다는 거야. 다빈치가 비행기 설계도 제일 먼저 만들었고, 인체 해부도 제일 먼저 했어요(안호범 명예교수와의 면담, 2018년 7월 7일).

임화의 극복은 이론적으로만 이루어지지 않고 실제적인 교육 현장에서도 이루어졌다. 교사들은 기존의 학습 방법에서 탈피하여 창의성에 관심을 가지면서 스스로 수업 방식을 개선하고자 노력했다. 특히 표현하기 전에 도입 과정을 중요시하여, 동기를 유발하는 것을 강조했다. 수업 자체를 중요시하고, 전개 과정에서 도입 과정을 강조하는 것이다.

또한 표현 활동이 끝나면 작품을 설명하고 발표하는 시간을 갖게 한다. 모든 학생에게 일일이 질문할 수는 없어도 스스로 제작 의도와 과정을 작품 뒷면에 적어 보게 하면서 스스로 평가하는 기회를 얻도록 하였다. 하나의 선을 긋더라도, 같은 형태를 보고 그리더라도 똑같은 그림은 한 점도 없다. 단순하게 보이더라도 그 기저에는 어린이의 제작 의도에 따라 다른 결과가 보인다. 주제에 관하여 생각하고 아이디어 발상 단계에서부터 형태, 채색, 완성의 전 과정에서 어린이 스스로 주도적으로 표현하게 하는 등의 방법이 새로이 생겨났다는 점에서 의미를 찾을 수 있다.

내 입장에서 보면 아이들이 자유롭게 표현하도록 하고 아이스러운 표현에 대해서 인정해 주고 나무를 이렇게 그리는 것이 아니라, 그렇게 그릴 수도 있어. 그래 해가 지면 까맣게 할 수도 있겠네, 그렇잖아. 녹색 나무를 안 그리고 까맣게 그리면 "너 왜 이렇게 그렸니?" 그러면 "밤이면 안 보이잖아요." 그것을 인정해 주는 거. 이런 식으로 지도했던 거 같아. 방임으로 흐르지 않았나? 그런데 미술은 방임은 아니야. 어디에 신경을 쓰냐면 사실은 도입 과정에 굉장히 신경을 쓰잖아. 수업에서 도입 과정에 15분이나 20분을 쓰잖아. 그 이유가 뭐야. 도입을 하면서 아이들에게 상상력과 지가 표현하게 머릿속을 열어주는 거잖아, 우리가. 그런 다음에 그것은 나름대로 표현하게 하는 거야. 남과 비교 안 되게, 내 나름대로 내 머릿속에 선생님의 설명을 열심히 소화하고. 도입을 하니까 방임은 아닌 거지. 방임을 악용하는 행정편의주의지, 미술 교과를 그렇게 이용하면 안 되는 거지. 미술 교과를 제대로 운영하지 않는 거지. 방식이 다른 거지 방임은 아닌 거지(류금자 교사와의 2차 면담, 2018년 7월 15일).

2

창의성 중심 미술교육

가. 제1차 · 제2차 교육과정기의 창의성 중심 미술교육

임화교육의 퇴조, 회화교육의 주역으로서의 사생화, 사상화 그리고 디자인의 등장 등 일련의 변화는 획기적인 큰 사실이라 할 수 있다. 이와 같은 변화의 배경에는 19세기 말에서 20세기에 걸쳐 일어나기 시작한 휴머니즘의 철학, 교육학 및 아동심리학의 발달에 따른 새로운 아동관의 확립이 있다. 미술교육에서 어린이의 창조성과 개성의 육성을 주요한 목적으로 하는 새로운 운동이 일어난 것도 같은 맥락이라고 할 수 있다.

1960년대를 거쳐 교육과정기에 임화 위주의 그리기에서 탈피하여 새로운 동향을 보여주는데, 당시 교육철학자 듀이의 사상에 입각한 새교육 운동이 실시되었다. 새교육 운동의 영향으로 2차 교육과정에 관찰화[1] 개념이 등장하

---

1 '관찰화'라는 용어는 기존의 사생화와는 다른 교육적 이념과 교육 내용 및 방법을 내포하고 있음을 의미한다. 과거 사생화는 플라톤에서부터 시작한 '자연의 모방론'에 그 뿌리를 두고 있다. 그 결과 사생화는 대상을 보고 그릴 때 표현 대상만을 중요시한다. 즉 사생화는 단지 자연과 얼마나 똑같이 표현하였는가에 중점을 두는 반면, 관찰화

면서 학습자의 고유한 미술 세계를 중시하고 창의성을 수용하는 양상을 보인다. 바로 이런 점을 통해 창의성 중심 미술교육이 태동하게 된 것을 확인할 수 있다. 기능 중심 미술교육의 반동으로 20세기 초 어린이 중심 교육 발달이 도입되었는데, 가장 큰 전제는 어린이의 미술 표현에 어른의 미술과 다른 고유한 세계가 있음을 인정하는 것이다. 교사나 부모는 선입관을 버리고 접근하여 어린이들이 자유롭게 표현할 수 있도록 동기부여를 해야 한다.

미술교육은 해방되고, 창조주의란 말이 나오고 소개되기 시작하는데, 자유화 교육 운동의 영향으로 임본을 보고 그대로 따라 그리는 것이 아니라 스스로 대상을 보면서 표현할 수 있게 되었다. 형식적으로 따라서 표현하는 교육에서 벗어나 직접 대상을 보고 인식해 그리는 교육, 자유화 교육으로 바뀌게 된 것이다. 1920년대 일본에는 임화식의 사생화 교육에서 자유화의 영향을 받은 사생화가 등장한다. 임본을 따라 그리던 시대에 학생들이 자유롭게 생각하고 표현하는 작품에 대한 중요성을 인식했다는 것은 매우 고무적인 일이다.

제2차 교육과정기까지 뚜렷한 위치로 존속해 오던 사생화란 용어는 1973년 제3차 교육과정에서는 '관찰하여 그리기'란 말로 다르게 명시하였다. 관찰화 교육은 감정, 지각과 인식에 따라 표현하는 것을 강조하는데, 사생화 교육 대신 관찰화 교육이 열리게 되었다. 자유화 교육의 영향을 받은 사생화 교육은 어린이의 개성과 창조성만을 중시하고 형식은 무시한 뼈대 없는 그림을 양산했다. 즉 '자유화'는 교사들로부터 '방종화'란 비판을 받았다. '아니다. 가르칠 것은 철저히 가르쳐야 한다.'라는 '관찰화'가 등장하게 되었다(박휘락, 1998; 정세명, 2013 재인용).

교육은 표현자의 감정, 지각과 인식에 따른 대상의 표현을 강조한다.

박휘락(1998)은 표현 대상을 닮게 그리는 것이 중요한 것이 아니라 표현 대상을 인식하는 주체의 내부 세계를 중시해야 한다고 한다. 따라서 관찰화 교육은 '모방'이나 '모사' 교육이 아니라 아동의 판단에 의한 '인식'의 교육이라 할 수 있다. 그런 측면에서 관찰화와 사생화는 비슷해 보이지만 사생화가 '표현 기술과 방법상의 문제'를 중시하는 교육이었다면, 관찰화는 아동의 주체적인 '인식'에 초점을 둔 교육이다. 관찰화 교육의 핵심은 아동이 표현의 주체가 되어 그들을 둘러싸고 있는 환경을 바르게 보고, 바르게 읽고, 바르게 표현하도록 하는 것이다(박휘락, 1998). 즉, 관찰화는 대상의 실제, 리얼리티를 구현하는 것, 대상의 참모습, 본질적으로 접근하는 것인데 창의성 중심 미술교육과 연계성을 갖는다고 할 수 있다.

> 미국 교육의 영향을 받은 창의성 중심 미술교육은 민주주의 사상과 아동의 육체적, 정신적, 감정적, 심미적, 도덕적 자유를 중시하였다. 그 결과 한국 미술교육의 흐름은 손끝의 기술을 강조하는 '미술을 위한 미술교육'에서 탈피하여 인간 형성을 위한 미술교육인 '일상생활을 위한 미술교육'으로 전환시켰다. 따라서 '자연'은 아동미술이 교실에만 갇혀 있는 것이 아니라 학교, 가정, 지역, 국가 등 사회 구석구석까지 침투할 수 있음을 의미한다(전국교대미술교재편찬회, 1987. pp.137-139).

관찰화 교육은 필수적인 감각적 자극을 다스리고 통제하고 재구성하는 일련의 인식 과정을 통해 개념 형성을 추구하는 아동기 발달에 있어 중요한 기능을 담당한다. 어린이의 자유로운 표현을 전제로 하지만 방종 상태의 것이 아니라 보는 방법 그리고 이를 효과적으로 나타내는 방법에 관하여 철저히 지도할 것을 강조한다. 다시 말해, 관찰화는 기초적인 묘사 기술을 체계적으로 가르칠 것을 중요시하며 표현 대상의 특징이나 사실성을 발견해내고 정확히 포착하는 미술 표현 발달을 기본으로 한다. 관찰화는 경험화 및 상상화에서도 필요한 기초적인 표현 능력의 향상에 기여하며, 관찰화 교육은 의미나 목표, 지도 체계에 대한 반성적 고찰이 필요하다(박휘락, 1998; 정세명, 2013 재인용).

김춘일(1989)은 자유화 교육 운동이 미술교육에 관한 학문적인 체계와 강력한 행정적 지원이 없이 교사의 개별적인 이론이나 구상에 의해 산발적이고 간헐적으로 전개되었기 때문에 목표, 내용, 방법 등에 있어서 체계화와 심화가 이루어질 수 없었다고 주장한다. 자유화는 일제강점기 이후 치적 교육 사상에 의거하여 나왔고, 자유화 교육 본질은 '자유, 창조, 개성'으로서 창의성 중심으로 연결된다. 하지만 교사는 자유화 교육에 대한 지도 체계를 구축하지 못한 상태에서 어린이를 방임 상태로 자연에 던져두었다는 비판이 제기되었다. 자유화 교육은 어린이의 정신적 해방을 내세우고, 사생화 교육은 자연을 대상으로 표현한다는 형식만을 강조하며 학습자의 시각과 개성, 자유는 그들의 표현에 반영되지 못했다. 이후 자유화 교육은 자연의 묘사만을 강조하는 사생화 교육으로 전락했다.

미술교육의 필요성이나 개념이 부족하던 시대에 학생의 상상력을 고취하고, 자유로운 표현을 이끄는 미술과 수업에서 창의성에 관심을 갖고 변화가 있었다는 것에 주목할 필요가 있다. 즉, 일제강점기와 주입식 교육제도가 만연한 상황에서 예술교육 방면의 창의성이 강조되기 시작하면서 인간의 풍요로운 정신세계를 넓혔다는 점에서 의의가 있다.

미술교육에서 창의적 사고는 스스로 사고하고 이미지를 만들고 변형시키는 탐색 과정을 통하여 형성된 생각의 유연성과 독창성을 의미한다. 창의성이란 상상력이 풍부한 행동이나 과거 경험에서 나오는 정보의 집합으로 새로운 아이디어를 생산하고 구현하는 능력을 의미한다. 창의성 중심 미술교육이 태동하게 되는 배경을 사회 맥락적으로 접근해 보면, 기능 중심 미술교육의 반동으로 20세기 초 '자유로운 표현', 어린이 중심 교육이 발달한다. 이로써 자신의 감정을 표현하고, 타자와 공감할 수 있는 예술적인 창의성을 통하여 한국적 미술교육을 모색하게 된 것이다.

나. 교육과정 및 교과용 도서에서의 창의성

생활교육 과정의 원칙에서 창의성 부분을 찾아보자면, 오천석(1975)은 우리는 모든 어린이를 오뚝이 모양으로 똑같이 다루는 획일주의적 교육을 배척하고 각 사람의 개인차를 인정하며, 그 개성을 살려 북돋는 교육을 내세웠다. 민주주의의 기본 정신은 각 사람의 개인적 존엄성을 존경하는 데 있다. 그러므로 각 개인의 가치를 무시하는 전체주의적 사고방식에 젖은 기존의 교육에서 벗어나 개인의 권리를 중요시하고, 각각의 개인적 능력, 성격, 취미, 희망 등을 존중하는 교육방식을 추구하는 것이다.

1) 교과서의 구성

창의성이 드러난 예는 교육과정과 교과용 도서에서 찾아볼 수 있다. 일반적으로 우리나라 미술교육의 교과과정은 표현기능 중심의 미술교육을 중시하는 교과 중심의 교육과정, 창의성 중심 미술교육을 중시하는 경험 중심의 교육과정, 이해 중심 미술교육을 중요시하는 학문 중심 교육과정, 인간 중심 교육과정으로 분류된다(이흥우, 1983).

듀이의 진보주의 교육은 창조주의 교육의 바탕이 되는데, 교육철학자 듀이의 사상에 입각한 새교육 운동의 영향으로 학습자의 고유한 미술 세계를 중시하면서 창의성을 수용하는 양상을 보인다. 이는 학생 중심이라는 점에서 '미술을 통한 교육'을 주장한 리드의 창조주의 미술교육의 이념과 일맥상통한다. 어린이는 태어날 때부터 창조력을 지니고 있으며, 창의성을 극대화하여 각자의 개성을 발달시키는 새로운 교육방식이다. 이로써 임화 위주의 그리기에서 탈피하여 새로운 동향을 보여주는데, 이로부터 당시 창의성 중심 미술교육이 태동하게 된 것이다.

20세기 초 기능 중심 미술교육의 반동으로 어린이 중심 교육의 발달이 도입되었는데, 가장 큰 전제는 어린이의 미술 표현에 어른의 미술과 다른 고유한 세계가 있다는 것을 인정하는 것이다. 교사나 부모는 선입관을 버리고 접근하여 어린이들이 자유롭게 표현할 수 있도록 동기부여를 해야 한다. 외국 교육 사조의 유입과 국내 미술교육의 접목을 실행한 제1차 교육과정의 미술교육 과정에서는 서양의 미술교육 사조에 대한 교육을 주요하게 다루었다. 이후 어린이의 창의성에 중점을 둔 미술교육이 유입되면서 새로운 유형의 미술교육이 시작된다. 서구 미술교육 이론과 창조성을 강조한 구성주의 관점의 미술교육이 합리적으로 상호 연계되어 상호 관계를 구축한다.

제1차 · 제2차 교육과정 미술교육은 우리나라의 정서에 부합하는 교육과정의 체계적 정립에 주력하면서 표현 방법의 다양화와 표현력 강화에 주안점을 두었다. 2차 교육과정에서는 자유로운 개성의 표현을 언급한 부분이 등장하는데, 총론에서 내용을 찾아보면 다음과 같다.

표현하는 색채, 방법, 재료 등을 지정하거나 제한하면 자유로운 개성의 표현을 바랄 수가 없다. 그러므로 여기에 구애됨이 없이 널리 개방함으로써 대담하고 다각적인 표현이 나오게 되는 것이다. 이번 개정에는 이 점을 뚜렷이 강조하였다(문교부, 1963, 2차 교육과정 총론).

1차 교육과정에서 지적인 체계가 중심이 되어있기는 하지만 생활교육을 교육과정과 교과서에 반영시키는 노력이 여러 면에서 나타남을 피력하고 있다(문교부, 1955). 교과 내용을 보면 '내용 선택은 이론 중심을 피하고, 생활 중심을 취함, 교육 목표는 주지주의보다 실용적인 것을 강조함, 학습활동은 노작교육, 창조교육으로 전환하게 함.'이라고 나와 있는 것을 보아 이를 확인할 수 있다. 1차 교육과정 국민학교 교과서에 학생들의 창의성을 중시하는 머리글이 등장한다. 교과서의 참고 도판을 그대로 따라 그리거나 만드는 것이 아니라 자기의 심상을 드러내도록 하는 것을 알 수 있다. 이는 1차 교육과정 총론의 생활 중심 철학과도 연결된다.

제2차 미술과 교육과정에서 미술교육을 통해 추구하고자 하였던 목표는 주로 창의적인 표현 능력을 기르고 이를 일상생활에 활용하여 자기 생활을 합리적으로 미화 개선할 수 있는 능력과 태도를 기르는 데에 있었다(문교부, 1986). 학년 목표와 지도 내용에서는 일상생활에 필요한 경험을 통하여 창의적인 표현을 강조하였고, 그 방법을 단계적으로 구성하려 하였다. 또한 학생 중심으로 교육 내용을 선정하였고, 지도상의 유의점을 제시하고 있는데, 이는 교과 운영과 학습 지도에 도움을 준다. 교육적 경험을 중시하고, 어린이의 흥미와 자발적인 참여를 중요시하며 문제해결 과정에서 학생 자신들의 관점과 사고, 경험을 존중해야 한다고 주장한다.

2차 교육과정 4학년 교과서 머리글에는 '우리도 이 책에 실린 것들을 보고 그대로 그리거나 만들 것이 아니라, 우리가 생각하고 원하는 바를 자유롭게 꾸며 보자.', '우리들의 꿈의 세계를 마음껏 나타내 보자. 자기의 생각대로 만든다는 것은 참으로 유쾌하고 즐거운 것이다.' 등이 실려 있다(문교부, 1963, p.1). 학년마다 교과서마다 「○학년 어린이들에게」란 제목으로 창의성, 자유와 개성적인 표현 활동을 고무시키고 권유하는 조언을 싣고 있다. 창의적 표현 활동으로 이끌려는 교육적 의지를 표현하고 있다.

제2차 교육과정 국민학교 『미술』 3학년 교과서

13. **판화** 쉬운 판화 여러 가지 재료를 써서 재미있게 판화를 만들어 봅시다.
(↑도판 설명) 책받침이나 유리판에 그림물감으로 그리고, 마르기 전에 종이를 덮고 문질러 찍어냈습니다.
(←도판 설명) 몇 가지 크레용을 도화지에 가득 칠하고, 이것을 다른 종이에 뒤집어 놓고 연필로 그렸습니다.

(출처: 문교부, 1963, pp.52–53)

2) 다양한 표현 방법을 통한 창의성 중심 미술교육

어린이 중심 교육의 영향을 받은 창의성 중심 미술교육은 1940년대에 접어들면서 로웬펠드와 리드를 중심으로 한 어린이의 창의성과 미술 표현의 발달 과정을 강조하는 미술을 통한 인간 형성으로 이어지게 된다. 또한 작가의 개성을 중시하는 현대미술의 영향을 꼽을 수 있는데, 표현주의와 초현실주의 미술 사조를 받아들이게 된다. 이는 전통적인 명암법이나 원근법을 통한 사물의 재현에서 벗어나 내면의 직접적인 표현을 강조하고 어린이의 내면세계를 자유롭게 표현하도록 하는 미술교육에 영향을 미쳤다.

1922년 조선총독부 주관으로 개최되기 시작한 조선미술전람회(朝鮮美術展覽會)는 '향토색 논쟁'이 제기되었으며 일본 식민지 정책의 일환이었다는 비판이 있지만, 당시 미술가들에게 새로운 눈으로 볼 수 있는 기회를 제공하였다. 해방 후 이를 계승한 국전을 통해 서양 미술을 받아들이는 창구가 된다. 광복 이후 한국 미술계는 국전을 통해 조형상으로는 여인 인물 좌상 등 일제강점기 양상을 이어가고 있었다. 협회 사이의 갈등으로 국전이 파행적으로 운영되고 대한미술협회의 국전 거부로 말미암아 기존 화단 정체에 반발하는 작가들이 나타나게 된다. 국전의 반발로 1957년 '현대미술가협회', '60년 미술가협회' 등을 결성하였고, 일본의 미술 잡지나 화집 등을 통해 유럽의 '앵포르멜 운동(Informel Movement)', 미국의 '추상표현주의(Abstract Expressionism)'를 접했던 방근택[2]이나 박서보 등 젊은 작가들이 우리 미술의 구상적인 방법에서 벗어나 새로운 세계 질서와 같이 호흡하는 보편적인 조형 언어를 찾고자 하는 움직임이 나타난다.

사실이나 방식을 가르치는 대신에 사로잡힌 개인의 자아를 자유롭게 하여 조형적 흥미를 유발하고, 미적 발달단계에 맞추어 표현과 관련한 동기유

---

2 방근택(1929–1992) 제주 출생으로 부산대 철학과를 졸업했으며 한국전쟁 중 육군 장교로서 교관으로 근무했다. 1955년 광주 미국공보관에서 유화 개인전을 갖기도 했다. 1978년부터 성신여사대와 인천교대 강사로 출강하던 중 병석에서 타계했다. 전후 모더니즘 열풍 한가운데서 이론적 옹호자로 나섰던 그는 「회화의 현대적 문제」(1958) 「현대미술과 앵포르멜 회화」(1960) 「국제전 참가의 문열리다」(1960)「미술비평의 확립-적극적 미술비평을 위한 미술운동」(1961) 등의 비평문을 발표한 바 있다.

발, 표현기법, 재료와 용구 등 매체의 활용법에 대하여 파악하도록 한다. 개인마다 개성을 강조하고 조형 활동을 생활화하면서 사회와 인간성이 서로 관계를 맺으며 일정하게 발전하도록 고무하는 것이다. 서울교육대학 박철준 교수 재임 시절 제자인 이규선의 증언에 따르면, 기초적인 조형교육에서 재료와 매체의 특성을 살린 표현, 다양한 표현기법, 판화 등을 지도하였다. 입체작품은 남아있지 않지만, 다음에 나타난 면담과 자료를 통해 1학기 동안 실습한 스케치북을 보면, 프로타주, 배수성을 이용한 회화, 재미있는 그림, 불기 등 다양한 표현 방법을 학습한 것을 알 수 있다.

> 1966년 박철준 선생님한테 배운 것입니다. 교과서 하나를 그대로 만드는 거예요. (작은 스케치북 보여주심) 아, 여기도 있다. 박철준 교수님이 이렇게 지도를 하셨어요. 일제 교육 도화교육하고 중간에 기능주의에 충실했던 분. '한국미술교육의 대부'이십니다. 이 스케치북은 대학교 1학년 한 학기 동안 배운 것이고, 만들기 한 것은 제 동생이 가져가서 학교에서 검사 맡아 지금은 없어요(이규선 교수와의 1차 면담. 2016년 5월 24일).

회화 분야에는 연필 소묘, 크레용으로 그리기, 복사 그림을 실습하였는데 소묘는 정육면체, 원기둥, 오각면체, 원뿔을 연필로 그려서 빛과 명암의 관계, 각 면에 따른 명암법, 연필의 농도로 면의 밝고 어두움을 표현하는 명암법, 연필의 사용법 등 소묘의 기초를 지도하였다. 또한 종이판화, 감자판화를 통하여 회화와 판화의 차이점, 판형의 종류에 따른 차이점을 이해하였다. 종이판화로 흑백의 명암 표현이 강조되는 볼록판화의 특성을 배우고, 다량

인쇄되는 복수 미술로서 판화 실습을 하였다. 스케치북에 있는 참고 작품 중 '원기둥 그리기'의 명암법 연구는 다소 고답적인 면이 없지 않다. 하지만, 창조주의 미술교육이 도입되는 시기에 기본적인 미술교육의 기초를 수학하는 것도 필요한 부분이었다고 생각한다. 성냥개비나 사진을 활용한 그림은 재료의 활용면에서 학생의 다양한 미술적 사고를 확산시킬 수 있는 방안이다. 색종이 붙이기, 불기, 프로타주는 여러 가지 표현기법을 기반으로 훗날 자신의 창작활동에 응용할 수 있는 가능성을 제시한다.

이러한 다양한 표현은 1차 세계대전 직후 현대미술 입체파인 피카소의 종잇조각들을 캔버스에 붙이는 파피에 콜레 기법, 프로타주, 뿌리기, 흘리기 등 초현실주의 화가들이 주로 사용하던 방법이었다. 감정을 억압하지 않고 프로이트 심리학의 영향으로 무의식의 세계, 자기표현을 하는 초현실주의 작가의 표현기법과 매우 유사하다. 유럽의 앵포르멜은 비정형으로 해석되며 추상적인 형상, 표현의 거친 질감이 특징인데 1960년대 일본을 통해 받아들여져 방근택, 박서보 등의 작품에 등장한다. 이러한 근대 화단의 영향이 2차 교육과정에 반영되었다고 본다. 2차 교육과정 교과서에서 무늬에 응용하거나 등장하였으며, 미술 용어인 '데칼코마니', '마아블링'은 1학년에 제시되어 있다.

근대 인상주의 이후 산업혁명 영향으로 튜브물감과 사진기가 발명되면서 사물의 재현에서 벗어나 자유로운 표현을 하는 시대가 열렸다. 수 세기 동안 지속되었던 원근법과 명암법을 탈피하여 작가 자신의 독창적인 화풍을 구축하게 된 것이다. 2차 교육과정 1학년 교과서에 등장하는 '오려서 실에 매달아 보는' 단원은 움직이는 현대 조각 '모빌'의 영향이라고 할 수 있다. 현대 조소는 마찬가지로 작가의 독창성을 공간에 확대하여 바람이나 동력에 의하여 움직이는 키네틱 아트로 발전하게 된다.

박철준 교수 지도 스케치북(1966년 지도)

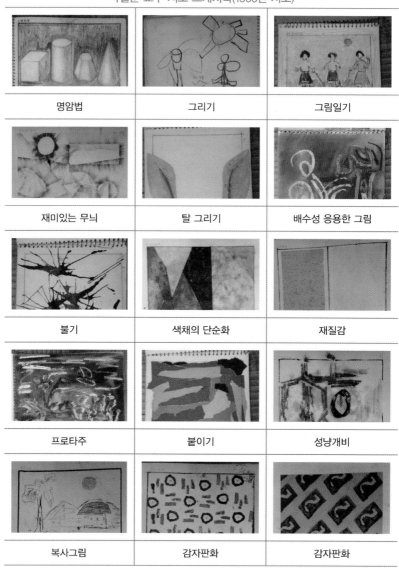

명암법	그리기	그림일기
재미있는 무늬	탈 그리기	배수성 응용한 그림
불기	색채의 단순화	재질감
프로타주	붙이기	성냥개비
복사그림	감자판화	감자판화

(출처: 이규선 교수 제공, 2016)

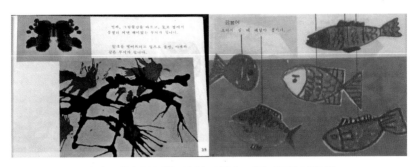

제2차 교육과정 국민학교 『미술』 2학년 교과서 다양한 표현기법

먼저, 그림물감을 바르고, 풀로 접어서 문질러 펴면 재미있는 무늬가 됩니다.
잉크를 떨어뜨리고 입으로 불면, 아래와 같은 무늬가 됩니다.
금붕어 오려서 실에 매달아 봅시다.

(출처: 문교부, 1963, p.39, p.18).

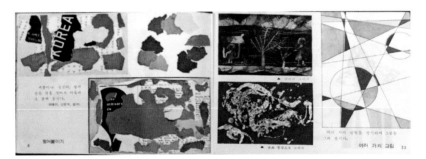

제2차 교육과정 국민학교 『미술』 3학년 교과서 다양한 표현기법

p.6 찢어붙이기 색종이나 신문지, 잡지 같은 것을 찢어서 마음대로 붙여 봅시다.
     (색종이, 신문지, 잡지)
p.33 여러 가지 그림 긁어서 그리기. 초와 물감으로 그리기. 여러 가지 방법을 생각하여 그림을
그려봅시다.

(출처: 문교부, 1963, p.6, p.33)

기억나는 것은 그림물감으로 흘리기, 불기, 접기, 물 그림, 풀 그림, 뿌리기, 떨어뜨리기 등과 크레파스로 깎아 뿌리고 놀이기, 녹여 흘리기, 무늬찍기, 탁본하기랑 나뭇잎, 모래, 자갈, 헝겊, 유리 조각, 풀잎, 갈대, 사물 붙이기 이런 것들이 있었어요. 그리는 수업 보다는 실제 수업 현장에서 새로운 기법으로 할 수 있는 것을 훈련을 시킨 거지. 수업은 그걸 다 만들었는데 수재에 떠내려 보내고. 근데 발령을 받으니까 교과서에 이 기법들이 나오더라고. 그러니까 비록 자료는 없지만 다 만들어봤잖아요. 그러니까 수업하는 데는 지장이 없었죠. 물감을 이렇게 떨어뜨려 접어서 하는 거. 그런 것을 아이들이 너무 좋아해요. 미술 시간 되면 신나죠. 그리는 것보다 이런 기법을 굉장히 좋아했죠. 그 당시는 재료는 자기가 준비하는 거죠. 사범학교 때도 준비했어요(김선태 교장과의 면담. 2018년 7월 19일).

창조 · 표현주의는 창조성과 아이들의 내부적인 표현성을 중시한다는 것인데, 창조 · 표현주의 미술교육은 교육 사상으로는 루소의 자연주의 교육관과 심리학적으로는 인간 내부의 억압, 프로이트의 무지 심리학을 바탕으로 하고 있습니다. 프로이트 정신분석학 연구, 초자연의 세계, 전의식, 의식 세계, 현실 세계 찾아보십시오. 인간의 본능이 있는 겁니다. 창조 본능이죠. 근데 아이들의 본능이 의식화되도록, 의식화되는 과정이 표현인데 본능이 올라올 때 인간이 억압하면 안 된다는 거예요(박휘락 교수와의 2차 면담. 2015년 10월 5일).

선생님이 오늘은 물감으로 그리지 말고 크레파스로 그리자. 이런 것도 재료상의 억압입니다. 나는 아버지하고 낚시한 거 그리고 싶은데, 소풍 간 거 그리자 하면 이것도 억압입니다. 모든 정신적인 것을 못 하도록 제재하는 것은 억압입니다. 이런 억압에서는 인간의 창의성이 발휘될 수 없다. 이것이 교육학에서 보는 프로이트 심리학입니다. 올라오는 것을 억누르는 것을 'REPRESS'라고 하는데 억압이라는 개념은 주요한 개념입니다. 창조 · 표현주의 미술교육은 한편으로는 억압해방론이라고 해요. 아이들에게 억압을 하지 않고, 해방하면 표현이 이루어진다(박휘락 교수와의 2차 면담. 2015년 10월 5일).

이러한 창조성의 정신은 교과서에도 그대로 반영되어 있으며 예시는 다음과 같다.

제2차 교육과정 국민학교 『미술』 4학년 교과서 다양한 표현기법

펼친무늬(데칼코마니) 종이를 반으로 접었다 편 다음 한쪽에 물감을 떨어뜨리고 다시 접어 손바닥으로 문질러서 펼치면, 재미있는 모양이 나온다.
물들이기(마아블링) 바닷물에 먹이나 물감을 떨어뜨리고, 조용히 저으면 재미있는 무늬가 생긴다. 여기에 한지나 습자지를 잠깐 놓았다가 살며시 들어보면, 먹이나 물감의 무늬가 종이에 찍혀 나온다.

(출처: 문교부, 1963, pp.50–51)

Part 4

미술교육 전문가가 바라본
창의성 중심 미술교육

미술교육 전문가가 바라본 창의성 중심 미술교육

가. 안종호의 공예교육과 창의성

안종호는 1926년 충남 서산에서 출생하여 1943년 3월 경성 사범학교1 특강과를 수료하였다. 1945년 3월부터 1945년 11월까지 국민학교 교사를 하였고, 1945년 12월부터 1962년 2월까지 중·고등학교 교사(공주사범학교), 1962년 공주사범대학 교수를 역임하였다. 경력으로는 1972년부터 1978년 까지, 1회에서 6회까지 전국관광민예품 경진대회 충남 예선 심사위원 및 심사위원장 역임, 1978년 4월부터 1979년 11월까지 문교부 지정 미술과 연구 학교인 충남 논산에 소재한 반월국민학교에서 지도하였다. 창의성에 기반한 개성적인 공예 표현, 민족 정서가 깃든 창작물을 강조하였다.

---

1 사범학교는 개화기 이후부터 1960년대 초까지 설치되었던 초등교원 양성기관이다. 개화 초기에 근대적 신학제에 의하여 국가가 설치한 최초의 근대적 교육기관인 한성사범학교에서 출발하여 60~70여 년 동안 초등학교 교원을 배출하였으며, 현재 11개 교육대학의 모체로서의 구실을 담당하였다. 1944년에는 경성사범학교와 대구사범학교를 중등교원 양성기관인 사범전문학교로 개편하였다.

안종호(1970)는 어린이의 창조성을 예술에서 말하는 창조와 다르게 생각하였다. 창조의 개념을 보통 "자율적인 예술의지라는 내적행동에 의하여 색과 형으로 제작되는 인간의 생명적 표현으로서 의지활동인 동시에, 그것은 애당초 자아로부터 부여될 수 없는 내적규준에 규제되어 제작을 지속해나가는 조형 활동이다."라고 말하고 있다. 따라서 무의식적으로 창작하는 사람조차 최후로 붓을 놓기까지 결과를 정확히 의식할 수 없는 활동이라고 보았다.

어린이의 창조성도 결과를 예측치 못한다는 점에서 공통점을 가질 것이나, 이것은 어린이의 예술과 같이 조정을 할 수 없다는 점이 예술에서 말하는 창조와는 다른 점이라고 말할 수 있다. 다시 말해서 어린이의 창조는 활동 그 자체이므로 음악, 시, 회화, 조각 등 모든 예술활동이 총합적으로 나타나게 된다. 그리고 창조적으로 아름다운 것을 표현할 때 시간적으로 불과 얼마 안 되는 동시에 표현을 하고 말기 때문에, 어른과 같이 지속성을 갖지 못하고 조정도 못 한다는 점이 어린이의 표현특징이라고 하겠다(안종호, 1986, p.172).

인간이 장기간에 걸쳐 경험과 문화 속에서 이룩해놓은 관찰법은 하나의 물체를 보는 법, 생각하는 법, 계획을 수립하는 법, 생활하는 방식 등이다. 현대 사회에서 생활 관습적인 태도, 생각들은 나름대로 중요한 의미가 있다. 하지만 창조성은 기존 고정관념을 버리고 그 속에 내포된 또 다른 가능성에 착안하고, 그것을 끄집어내어 하나의 새로운 질서를 찾아내는 것이다.

새로운 질서와 물체의 존재를 발견하여, 거기에서 높은 가치를 발견해 나간다는 것이 바로 새로운 것을 만든다고 하는 것이 된다 하겠다. 소재 속에서 찾아볼 수 있는 수많은 가능성, 그 가능성의 수많은 차원을 새로운 하나의 통일 속에 질서화시킨다고 하는 일은 창조생활의 기본적인 것이며 본질적인 것이라 하겠다. 그렇기 때문에 창조적인 인간들이 보여준 상식적 일반질서에의 비전, 그로 인하여 일어난 혼란과 곤란에의 인내, 여러 가지 가능성을 생각하는 사고력 등 이들의 성질과 경향은 다음에 열거하는 특질과 상보되어 모두 새로운 관계 속에서 현실을 재구성해 나가는 창조활동에서 극히 중요한 요인이 되고 있다 하겠다. 로우엔펠드(Lowenfeld)는 다음과 같은 창조력의 원동력이 되는 8가지의 특질을 명시해 놓고 있다. (1) 인간에 대한 감수성 (2) 모험성 (3) 융통성 (유동성) (4) 창조성 (5) 재구성 또는 재결정력 (6) 분석 또는 추상력 (7) 통합과 결합 (8) 조직의 일관성(안종호, 1986, p.172).

인간의 창의적인 발상, 상상력은 한꺼번에 만들어지는 것이 아니며 끊임없는 노력을 통하여 이루어진다. 미술교육에서도 상상력을 계발하는 다양한 시도를 활발히 전개해야 한다. 한 가지 방법으로 아이디어 산출의 원천이 되는 경험을 강조하고 있다. 안종호(1986)는 미술연구 발표회나 지방학교 참관 시찰 및 연구발표 등에 참석하면서 우리 주위에서 흔히 볼 수 있는 선풍기, 달리는 자동차, 모터, 엔진 등 목적에 따라 기능적으로 움직이는 사물을 인식하고 학교 미술교육에 반영해야 한다고 피력한다. 오늘날과 같이 과학이 진보되고 기계화된 현실에서 '움직이는 물체 제작'이라는 목표를 정하고 수업을 실시한다. 과학기술과 융합하여 해당 목표 아래 자신의 제작 의도를 정하고 보다 활발하게 전개되는 미술 수업이 이루어져야 한다고 주장한다. 이는 주제를 인식하고 새로운 매체를 찾아 적용하며 완성하는 일련의 과정을 포함하는, 진일보된 창의성의 구현이라고 볼 수 있다.

> 학교 미술교육에 있어 미술 시간을 통하여 몇 분간씩 집단 브레인 스토밍(BrainStoming)이라고 하는 다시 말해서 창의적 사고를 수련시켜 나감으로써 상상력을 풍부히 하고 자기의 상상과 훌륭한 아이디어를 개발하는 미술교육을 실천해 주기 바란다는 점이다. 이 브레인스토밍에 대한 문제를 가지고 나간 곳을 소개해본다면 1955년에 창의적인 문제해결연구기관(Creative Problem Solving Institute)인 버팔로우(Buffalo)대학교를 위시한 여러 대학교에서 처음 발족되었다고 한다. 학교 교육에서는 모름지기 어려서부터 이와 같이 창의적 사고력을 기를 수 있는 분위기를 조성시켜 줌으로 해서 사고하는 태도 양성과 함께 습관화되어야 한다는 점을 강조하는 바이다. 새로운 미술 지도(꾸미기·만들기)에 있어서 창조적 접근이라고 하는 조형활동을 철저히 다루어 나가야 하겠다는 점이다 (안종호, 1986, pp.42-43).

공예지도에 있어서 창의성을 계발하는 데 아이디어를 도출하는 사고법을 강조한다. 발상에서부터 완성에 이르기까지 모든 과정을 일관성 있게 계획하며, 제작 과정에서 문제점이 발생하면 스스로 해결책을 찾아 새로운 디자인 형태를 도출하도록 한다. 안종호(1986)는 연수 강의를 받으러 온 교사들에게

"어린이들에게 물체를 만들게 할 때 그들에게 가장 적합한 재료는 어느 것이 좋은가"라고 질문한다. 이에 대하여 대부분이 점토 재료와 종이 재료를 추천하는데, 그 이유는 점토는 가소성이 있어 어린이의 신체 발달상 손으로 마음대로 주무르거나 간단한 도구를 활용하여 다양한 조형 체험을 할 수 있기 때문이다. 또한, 자유롭게 형태가 만들어지는 특성이 있고, 자연적 소재인 흙의 물성을 느껴보는 것도 뜻깊은 일이라고 하였다.

> 공예지도에 있어서는, 사고력이나 상상력을 계발시키기 위한 집단창의적사고(Brain Storming)를 하는 수련시간을 자주 마련하여야 하겠다는 점을 강조한다. 집단창의적사고란 가장 짧은 시간을 가지고 가능한 아이디어(Idea)를 최대한으로 산출해 내는 수단으로서, 또는 창의적 수련에 대한 보충수단으로서 가장 효과적인 방법의 하나이기 때문에, 공예품 표현상의 아이디어(Idea)를 산출하고 개발하는 데에 이를 잘 활용하여 새로운 형을 발견하도록 하는 것이 보다 효과적이라는 점을 강조하는 바이다(안종호, 1986, p.52).

안종호는 로웬펠드의 저서가 번역되지 않은 상황에서 공예를 통하여 창의성 중심 미술교육을 이해하고 한국 미술교육에 기여하고자 하였다. 창의성 미술교육의 모습을 이해하고 실천한 부분이다.

나. 박철준의 표현과 창조주의 미술교육

박철준은 1927년 함경북도 신흥군에서 출생하여 1944년 함흥 영생중학교 졸업, 1945년 월남 경성중앙회화연구소 수업, 경성음악학회 본과에서 수업하였다. 1946년 9월 국립 서울대학교 예술대학 미술학부 조각과 입학하여 1951년 졸업하였고, 1953년 동 대학원 조각과를 수료하였다. 서울교육대학 교수를 역임하면서 교육자이자 조각가로 활동하였다. 주요 경력은 일본 동경예술대학 객원교수, 서울올림픽 심사위원, 전국학생미전 심사위원장, 국전추천작가, 한국교육개발원 자문교수, 서울교육대학 교수, 한양대, 단국대, 동국대, 이화여대 대학원 강사, 서울사범학교 교사, 문교부 교육과정 심의위원 등으로 활동하였다(고숙자 외, 2003).

저서로는 『아동미술의 세계』(1984), 『초등미술교육』(1968), 『회화기법백과』(1974), 『노작교육사전』(1967), 『미술과 교육 I, II』(1980), 『미술교육』(1993) 등이 있고 공저로는 『초등미술교육법 실험적 연구』(1984)가 있다. 1960년대 창조성 중심 미술교육 사조에 영향을 받아 입체적 표현 등 새로운 시도를 하게 된다. 기능 위주의 학습 안에서 학생의 문제해결력을 극대화하는 학습형태를 강조한다. 창조란 예술적 창조와 지적 창조가 있는데, 공작교육에서는 예술의 창조성보다 지적인 영역의 창조성이 더욱 중요하다고 주장한다(박철준, 1967; 고숙자 외, 2003 재인용).

박철준(1967)은 1970년대의 표현기능 중심 미술교육 사조에 부응한 것으로 미술의 주된 활동을 '표현'과 '창조'에 두고, 미술교육의 목적을 '창조성의 신장'에 두었다. 미술교육 초기 저서인 『공작교육사전』(1967)을 보면 미술교육이 그리기 교육에 치우친 점을 비판하면서 공작교육의 중요성을 강조하고 있다. '공작'이란 용어는 미술의 기초적인 기능 습득의 관점으로 '미술' 용어 이전의 '도화ㆍ공작'이라는 용어를 혼용해서 쓰는 상황이었다. 창조, 창작 혹은 조형교육의 측면에서 공작교육은 조형적 감각과 기술의 훈련 과정을 학습하는 것에 의의가 있으며 중요한 목표는 궁극적으로 창조성 신장에 있다고 보았다.

1960년대 창조성주의 미술교육 사조에 영향을 받아 새롭게 입체적 표현을 시도하게 된다. 기능 위주의 학습 안에서 학생의 문제해결력을 극대화하는 학습 형태를 강조한다. 공작교육에서는 인지적 영역을 강조하여 '지적 창조성'이 더욱 필요하다고 주장한다. 예를 들어 상자를 만든다면 '상자의 용도는 무엇인가?', '어떠한 재료가 적합한가?' 등 지적 창조성 육성에 중점을 두어 문제를 해결하는 공작 학습 형태를 사용해야 한다고 주장한다(박철준, 1967; 고숙자 외, 2003 재인용).

저서를 통해 그의 주장을 살펴보면 예술의 동향은 기술과 과학의 지배권에 대한 반발로서 인간의 주관성·비합리성을 강조하는데, 변화를 감지하고 받아들일 것을 제안한다. 현대 사회를 특징짓는 중요한 요소인 과학·기술을 배제하는 것은 옳지 않으며, 예술과 통합하여 발전하는 것을 강조한다. 또한 창조성의 근본 원리인 미적 형식이야말로 개인의 가능성을 충분히 발전시키며, 인간의 외적 자아와 내적 자아를 통합하는 특성이 있다고 주장한다. 현실 세계에서 겪은 외적 경험을 인간 내면의 세계와 연결해 완성도 있는 작품을 탐구하는 것이 바로 미적 지각 능력의 문제인 것이다.

1960년대 이후 미술교육의 목적을 미적 정서와 창의성을 길러주는 기초교육으로 보고, 인간 자신에게 새로운 자각, 새로운 관계, 새로운 가치를 부여하는 소질 그 자체를 중요시한다. 따라서 창조적 예술교육에서는 획일성, 모방성을 배제하고 자유롭게 스스로 생각하고, 느낀 바를 신념을 가지고 표현하고 감상하게 한다. 단순한 기능 위주가 아닌 '미적 교육으로서의 미술

교육'으로서 '미술 본질에 충실한 창조주의 미술교육'을 다음과 같이 밝히고 있다.

인간의 뮤우즈적인 능력의 회복은 인간 자신의 생과 환경 소재와 결합하는 생산적 교육활동 즉, 예술교육 활동의 불가분한 전제가 되는 것이다. 특히 성장하는 아동들의 창조적 소질을 눈뜨게 하고 신중하게 육성하는 것은 그들 자신의 의미 내용, 가치 내용을 깨닫게 하는 식견과 능력을 심어주는 것이 된다. 예술교육에 있어서 미적 형성 능력을 항상 새롭게 하고 발전시키는 것이야말로 그들의 인간형성, 환경에 대한 생명력있는 자기 형성으로 이끄는 것이 된다. 독일의 뮤우즈 교육 운동과 맥을 같이 하여 미국에서도 창조주의 교육의 이론과 실험이 활발하게 전개되었으며, 이것 역시 인간의 창조성을 강조함으로써 문화적 생산의 권리를 회복코자 했던 것이다. 이미 20세기 초 드레스드너(Albert Dresdner)는 교육의 원리로「창조력으로서의 예술」을 채택해야 한다고 주장하였으며, 1957년「창조력 예술교육 회의」의 의장으로 활약했던 앤드류스(M.F Andrews)는 그의 논문『미적 형식의 역동성(the dynamics of aesthetics form, 1958)』에서 예술을 통해 인간의 창조적 주체성을 회복하려고 하는 주장을 펴고 있다. 창조성의 근본 원리인 미적 형식이야말로 개인의 가능성을 충분히 발전시키며 인간의 외적 자아와 내적 자아를 통합시키는 특성이 있다(박철준, 1992, p.325).

사실이나 방식을 가르치는 대신에 자아를 자유롭게 하여 조형적 흥미를 유발하고, 미적 발달단계에 맞추어 표현과 관련한 동기유발, 표현기법, 재료와 용구 등 매체의 활용법에 대하여 학습한다. 개인마다 개성을 강조하고 조형활동을 생활화하면서 사회와 인간성이 서로 관계를 맺으며 일정하게 발전하도록 고무하는 것이다.

다. 김정의 한국적 표현주의 운동

김정은 1940년 서울 출생으로 경희대 및 동 대학원에서 서양화를 전공하였다. 독일에서 석 · 박사 융합과정 작가공방연구 4년(studim bei prof. Sandtner. H.)을 마쳤고, 국내 · 외 개인전 23회의 전시 경력이 있다. 전공 관련 학술논문은 한국학술진흥재단 등재 학술지 국제규격 논문 27편 및 기타 17편으로 총 43편을 발표하였고, 한국조형교육학회 창설 및 초대 회장을 역임하였다. 아우스부르그대학 초빙교수 역임하였고, 경희대학교, 숙명여자대학교, 이화여자대학교 대학원 강사를 지냈으며, 숭의여자대학교 교수로 정년 퇴임하였다. 현재 한독조형미술작가회 고문, 한국조형교육학회의 고문이다. 문화의 다원화, 세계화, 국제화 시대에 창의적 표현 활동, 미술 문화의 이해, 문화경쟁력 향상을 위하여 미술교육의 방향 및 연구 방법을 제시하고, 학문적인 연구의 기틀을 탐색하고자 하였다.

김정(1997)은 독일의 표현주의를 바탕으로 창의성 교육을 실천하였다. 그는 미국이나 독일 등 유럽과 융합하여 우리나라 고유의 미술교육을 만들어야 한다고 생각했다. 미국의 미술교육이 최상이고, 독일의 것이 최고가 아니라 우리의 지혜와 슬기를 합쳐서 만들어내야 한다. 한국의 정서를 이해하고, 한국인과 미술교육이 어떻게 연결되는지, 한국적인 것에 대한 신념이 있다. 조형예술에 대한 인지도와 선호도가 높은 서구의 풍토에서 미술교육에 관한 가능성을 포착하였고, 무비판적인 수용이 아니라 우리의 정서와 받아들이고자 하는 의지를 반영하여야 한다고 보았다.

우리의 언어문화는 상황에 따른 미묘한 차이를 보여주는데, 예를 들어 비의 종류, 맛의 표현에도 다양한 표현의 어구가 있어 세밀한 감정 표현이 가능하다. 정서를 대변하는 언어표현, 조형적인 요소로 소통하는 영역을 주장한다. 예술은 그 나라의 모든 근본적 내면성을 가장 똑바로 보여주는데, 한국 사람이 아무리 양복을 입고 서양식으로 먹고 산다고 해도 서양 사람이 안 되는 것과 마찬가지이다. 인간의 본바탕은 항상 그 민족의 뿌리를 간직하고 있다. 그 뿌리에서부터 우러나오는 예술은 "바로 그 나라를 표현한 것이다."라고 주장하였다(김정, 1998, p.120).

예를 들어서 아이들이 "선생님 뭐 그려요?" 그러면 미국이나 독일의 경우에는 "네가 보이는 대로 그려볼래?" 그렇게 질문을 해주고 "너는 네가 그린 빨간색으로 칠해 보아라." 우리나라의 경우 말고요. 독일에는 '비가 온다.', '안 온다.' 이런데, 우리나라는 '가랑비가 온다.', '장대비가 온다.', '이슬비가 온다.' 말도 수십 가지 섬세합니다. 또 미국의 경우도 이것은 '짜다.', '싱겁다.', 우리는 '떨떠름하다.', '미적지근하다.' 양쪽을 뭐라 그럴까 통합하는 포용력을 가지고 있어요. 이렇게 서 있는 것도 '비스듬하다.'라는 순간적인 것을 포함을 해요 독일의 경우 기차 탈 때 '갑니까?' '옵니까?' 하는데, 우리는 '올 똥 말 똥.' 하죠. 이게 뭐냐 이거야. 우리는 해석이 돼. 올 수도 있고, 갈 수도 있어. 그런데 이런 정서가 표현하고 어떻게 연결이 되는가 관심이 있어서 많이 썼어요. 청소년들이나 대학생들이나 감정 표현할 때 어떤 특징이 있나? '아리랑'을 주제로 작품도 많이 제작했지만 그런 쪽에 관심이 많았어요. 내 이야기는 이런 정도야. 그런 것을 이화여대 석사과정 지도할 때 한 14년 했는데, 90년대에는 많이 썼어요(김정 교수와의 1차 면담, 2016년 2월 5일).

그는 활동 기간 내내 어린이와 청소년의 그림에 관심을 가졌으며 각종 저서를 남겼다. 어린이 미술교육에 관하여 상대적으로 소외되었을 당시 외국 어린이와 우리나라 어린이의 그림에 관심을 가졌다. 어린이와 미술에 관계되는 글을 모은 책 『아동과 미술교육』을 출간하고, 머리말에 다음과 같이 밝히고 있다.

요즈음 유아교육에 큰 관심을 갖는 이들이 많아졌다. 반가운 일이지만 한편으로는 염려도 된다. 별안간 데워진 물이 금방 식는 것처럼 될까 봐서이다. 필자가 12년 전에 어린이 미술에 관심을 갖고 뭔가 꼼지락거릴 때만 해도 완전히 소외된 채, 누구 하나 쳐다봐 주는 사람 없었던 그늘이었다. 아동의 그림을 심리학 분야나 정신의학 쪽에서 실험대상이 되어오는 우리의 실정을 고려해, 조형적인 측면에서도 분석해 볼 필요가 있음을 느껴 쓴 것이다. 이는 평소 필자의 주장이기도 하다. 필자는 한국인으로서 한국 어린이의 정서와 그림에 관심을 갖는 것을 늘 자부하고 있다 (김정, 1983, 1).

어린이의 그림은 가장 단순한 자연의 양식을 취한 것이며 그 속에는 창조적 천재가 살고 있다고 본다. 내면의 세계와 외적 형상은 동일하다. 또한 김정은 미술을 통한 인간 능력 개발은 창의성을 발전시켜 국가와 사회에 이바지하는 데 연구 목적이 있는 것이라고 하였다. 미술은 1980년대 창의성 중심 미술교육과 미술을 통한 인간 형성을 위한 미술교육이 주류를 이루면서 기능 습득 위주의 교육이 아니라 예술적 품성을 지닌 사회인을 육성하고자 하는 관점을 취한다. 미술 문화에 대한 식견과 미술 작품을 감상하는 심미안을 바탕으로, 창의적인 사고를 하는 인간을 육성하여 자신의 분야에서 미술적 소양과 융합하는 창의성을 발휘하도록 하는 것이다.

서구 미술교육을 무조건 수용하는 것은 불가능하며, 국가에 처해 있는 정치 상황, 국민 정서 기질 등과 조절하여 시대에 맞게 적용해야 한다. 합리적수용을 위하여 연구 조사 및 타당성을 확인한 후 시행해야 하는데, 이를 위하여 교수급의 책임 있는 위치에 있는 연구자가 연구하여야 한다. 또 우리의 교육 현실에서 적용할 수 있는 합리성을 고려하여 적용해야 한다. 외래사상이 우리의 교육 현실에서 뿌리내리고, 효율적인 실천을 위하여 연구 조사로 출발한 후, 문화적 차이 외에도 국민적인 전통이나 관습을 합리적으로 이해시키며 수용해야 한다.

김정(1970)은 근대화 과정이라는 커다란 물결 속에서 미술교육에 '창의성'이 도입되는 면에서는 큰 갈등이 없었으며, 서구의 서적을 국내에 번역하여 소개하였다. 특강이나 방송 신문 등 매체를 통하여 일반 또는 학부모들에 이해시켰다. 대학 내에선 논문을 통해 창의성 중심 미술교육을 이해시키고, 조성해 나갔다. 당시 많은 학교와 가정에서 어린이의 그림은 데생과 똑같이 묘사해야 한다고 보는 견해가 많았고, 이러한 생각은 쉽게 고칠 수는 없는 부분이 있었다. 창조성과 미적 감수성이 결합한 아동의 창의적 표현에 관하여, 과학이나 기타 영역과는 다른 미술 교과만의 특별한 교육 방법을 연구하였다. 자신의 심상을 표현하는 과정에서 아이들은 충족감을 느끼게 되는 것이다.

미술교육사에는 탐구학습, 구성주의, 다원주의, DBAE 등 많은 미술교육 사조가 존재하는데, 많은 연구 방법은 미술의 창의성을 공학적으로 분석하는 현상일 것이다. 창의성 중심 미술교육은 창의성을 장려하기 위한 하나의 방법이므로 현시점에서 중심적이며, 인간주의 미술교육과 서로 밀접한 관계이므로 적절히 조절할 필요가 있다. 정치적인 영향으로 음악, 미술, 체육 교과목을 통합하고 평가를 축소 · 생략하려던 모순은 다시 발생해서는 안된다.

창의성은 입시하고 관계있는 거예요. 그럼에도 결정적으로 음악, 미술, 체육의 평가를 없애 버렸어요. 왜 없앴을까요? '사치다.' 이거야. 그래서 미술은 인간의 기본적인 자세, 감각을 키우는 것인데 너무 하대되었어요. 독일에는 미술실이 따로 있지는 않다고 하면 교실을 내어 줘요. 국민학교는 6년 동안 담임이 안 바뀐다고 하는데, 바뀔 수도 있고, 안 바뀔 수도 있고 주에 따라 다릅니다. 어느 날 유치원에 애들 그림 보러 갔는데, 남자 선생님이 있는데 충격을 받았어요. 처음에는 도와주는 사람인 줄 알았어요. 나중에 보니까 유치원 선생님이에요. 유치원 교사는 반드시 여자 선생님 이라야 하는 개념이 깨진 것입니다. 어떤 그림, 어떤 정서를 느낄 것인가 했는데 똑같아요. 공평하게 생각이 되어서 우리처럼 학원

가서 이렇게 하고, 학교에선 따로 하고 문화가 그렇게 복합적으로 생각을 하니까, 미술이 사람을 슬기롭게 키워야 하는데 말입니다 (김정 교수와의 1차 면담, 2016년 2월 5일).

김정(1998)은 창조성이라는 것은 정의하기가 매우 어려운 개념이라고 생각한다. 그것은 모든 감각기관을 다 포함하며 심지어 초감각적 지각 영역까지도 포함하기 때문이다. 창의력이나 창조성은 인간의 기질 혹은 개인의 정서와 깊은 관계가 있다. 반드시 예술적인 측면만 언급되는 사항은 아니다. 그러나 각 분야에서 창의적 발상이나 행동은 나름대로 역할을 하고 있다고 본다. 다만 창조성을 해석하는 데 있어 각기 전공자들은 본인 위주로 판단하려는 경향이 많다. 수학 교사가 보는 창의성과 미술 교사가 보는 창의성은 분명히 다를 수 있다는 것이다.

조형과 창의성의 관계를 생각해볼 때, 미술적 상황에서 창조적인 것은 보이지 않는 것을 보이게 하는 것이다. 어떤 존재를 실물로 나타낸다는 것을 말한다. 머릿속의 상상이나 철학적인 사상도 일단 가시적 수단으로 만들어낸다. 그렇게 '만든다'는 작업 과정은 평면이건 입체건, 인식할 수 있는 기호나 색깔로 창작 행위에서 가장 인간다운 면모를 발견하는 이유가 된다. 개인 능력이나 감각이 직관을 통해 어떻게 이미지화되느냐와 밀접한 것이다.

회화에서의 창의적 요소는 우선 마음이 움직여줘야 한다. 마음이 곧 어떤 것을 표현해 보고 싶다거나, 혹은 이런 식으로 한번 그려보면 어떨까 하는 등이 선행되어야 즐거운 표현 행위가 이루어진다. 마치 들판의 사자가 먹이를 사냥하기 전 어떤 동물을 어떤 방향에서 어떤 방식으로 잡아먹을까 하며 엎드려 주시하는 예비 행동과 같은 것이다. 자(尺)를 대고 긋는 것보다 약간 비뚤어진 듯한 돌담이나 추녀 끝의 부드러움, 직선도 아니고 곡선도 아닌 매주 덩어리 빚는 솜씨 등은 감각일 뿐이다. 한국인의 정서감정으로는 건방지거나 자만해서 그런 말을 한다고 볼 수 있다(김정, 1998, p.334).

그 말에는 이미 "예술적 기질이랄까 혹은 한국인의 직관적 개념이 포함되어 있는 것으로 보아야 한다. 매사를 직관으로 처리하는 경향이 많다."(김정 1994, p.196) 예술교육의 목표도 직관력을 기르는 데 있음을 강조하였다. 표현이라는 것은 어떤 고정된 틀이 아니라는 것을 느끼게 한다. 창조나 창작은 수없이 흘러가는 아이디어를 캐내는 능력이다. 대상은 상상 또는 현실을 응용한 것도 다 포함되는 것이다.

미술 표현에 대한 교육에서도 획일적인 태도보다는 개성을 살려주는 여유로움을 유도해내는 방법이 바람직하고, 앞으로의 미술교육 방향도 인간의 개인이 존중되는 프로그램 개발이 절실하다. 한국인의 정서에 알맞은 교육이 바로 우리의 예술교육이며, 이를 위한 정책이 필요한 것이다. 미적 감수성, 미술비평, 미적 가치의 이해, 미술 감상, 미술교육을 통해서 학습자의 창의적인 표현력을 키워 창의성을 키워주는 데 중점을 두고 연구를 하였다.

결국, 로웬펠드, 리드의 자료를 보면 미술을 창의적인 표현력을 함양하는 방편으로 생각하였다. 과학에서도 창의성을 이야기할 수 있고, 모든 교과가 그것을 중요하게 생각하지만, 미술 교과에서 하는 창의성은 특별하다. 다른 교과에서 할 수 없는 방법으로 정의적인 영역을 개발한다. 미술교육의 창의성은 개인의 감정이나 느낌, 생각을 창의적으로 드러나기 때문에 정답이 없는 창의성이다. 모든 사람은 표현의 욕구를 지니는데, 학생들은 미술을 학습하면서 스스로 표현하고 제작하면서 행복감을 느끼게 된다. 즐겁고 재미있는 과정 속에서, 자기표현을 통한 기쁨 속에서 창의성이 나올 수 있는 기초토양을 만든다는 점에서 다른 교과와 차별성이 있다. 김정은 이런 장점을 강조하며 창의적인 미술 표현 등 많은 연구를 지속하였다.

> 한국인의 정서에 면면히 흐르고 있는 멋은 한국 건축에서 음식에서 무용에서 엿볼 수 있다. 그 느낌은 독창성이나 예술성이 전체가 되어 있음으로 더욱 아름답다. 따라서 멋은 아름다움 이상의 그 어떤 것을 지니고 있는 것이니 바로 창조요 최고의 가치이며, 그야말로 멋인 것이다. 창조성과 멋을 관련시켜 보면 핏속에 흐르는 감(Feeling), 기(또는 끼, 정신적인 spirit이나 energy) 의지나 손끝 맛과 기술이 아닌가 한다(김정, 1998, p.120)..

김정은 1998년 한국조형교육학회 정기학술대회에 발표한 「평면표현을 통한 창의성개발」(한국조형교육학회 98 정기학술대회)을 통하여 교과 목표에서 중요한 키워드를 조형성, 정시성, 창의성으로 보고, 교과 목표의 한 영역은 미술의 도구성을 통하여 창의성을 계발하는 데 중요한 의미를 부여하고 있다고 주장한다. 미술과에서 창의성은 교과의 고유 가치이며, 미술의 근원이다. 미술교육과 창의성은 분리해서 생각할 수 없다. 예술은 본래 창조 체험이란 본성을 떠나서 존재할 수 없는 인간 정신의 소산이다. 창의성이라는 본성을 지닌 인간의 주체적 의식을 바탕으로 미술 활동이 이루어진다(김정, 1998). 평면 조형에서 느낌 표현, 상상 표현, 관찰 표현 활동에 목표를 두고, 학생의 창의성을 계발하고자 하는 방안을 연구하는 구체적 방법론을 제시하였다. 또한 창의성의 목적과 개념, 창의성 계발의 의미와 실천, 표현 활동 과정에서 의미와 문제점을 핵심적으로 부각하였다.

창의성은 새로운 관계를 지각하거나 비범한 아이디어를 산출하거나 전통적 사고 유형에서 벗어나 새로운 유형으로 사고하는 능력이며, 복합적인 정신 과정이 새로운 해결 방법으로 문제를 해결하는 것이다. 참신한 생각으로 다른 사람들에게 인정받는 가치 있는 창조물을 만들어내는 것이며, 기존의 것과 같지 않은 새로운 것을 만들어내는 힘으로 기존의 것에 새로운 가치를 부여하는 것이다.

라. 박휘락의 창의 · 표현주의 미술교육

박휘락은 1942년 출생으로 국민학교 시절 한국전쟁을 거쳤다. 학회 창립 및 미술교육학 관련 저서 등 미술교육이 상대적으로 관심이 적고 불모지였을 때 소신을 가지고 미술교육학의 근간을 세운 인물로 평가받고 있다. 한국 1세대 미술교육학자로서 논문과 저서를 합쳐 30여 편이 넘는 저작을 남긴 학자이다. 대구사범학교를 나온 뒤 영남대학교 문학부 및 계명대학교 교육대학원(미술교육 전공)을 졸업했다. 국민학교 교원과 교육전문직을 거쳐 대구교육대학교 미술교육과 교수로 재직했다. 1960년대에는 창조 · 표현주의 미술교육의 도입을 위해 한국아동미술교육연합회장과 한국아동미술협회 운영위원 등으로 활동했으며, 그 뒤 한국교육대학교 미술교육학회장, 그리고 제6, 7차 미술 교과용 도서 연구위원(한국교육과정평가원)을 거쳤다. 또한, 대

구판화협회, 대구미술가협회에 소속되어 있는 미술가이기도 하며 대구판화
협회장 등을 지냈다.

현재는 대구교육대학교 미술교육과 명예교수와 한국미술교육학회 고문
으로 있으면서 대구교육대학교와 경북대학교 교육대학원 등에 출강하고 있
으며 한국미술협회(판화분과) 회원으로 활동하고 있다. 논문은 「감상교육의
내용과 방법-새로운 미술교육론의 관점에서」,「비평적, 역사적, 심미적 감상
교육론. 보는 힘을 기르기 위한 미술감상용 self-guide의 개발에 관한 연구」
등 다수 있으며 저서로는『판화를 통한 교육 1』(1965),『판화를 통한 교육 2』
(1968),『한국미술교육사』(1998),『미술감상과 미술비평교육 연구』(2003) 등을
통하여 미술교육의 기틀을 마련하였다.

박휘락은 학교 교사로 재직하면서 로웬펠드의 번역서 등을 통하여 서양
에서 논의되고 있는 미술교육의 동향에 대하여 연구하게 된다. 당시 전통적

제5회 아동미술교육전 표지
(출처: 경북대학교사범대학
부속초등학교, 1962)

제5회 아동미술교육전

1962.12.07 ~ 10.
경북대학교사범대학 부속국민학교

인사말씀

(생략) 정상적으로 미술교육을 운영해야 하고 교과
과정의 정신 그 방향으로 나아가려고 평소 늘 다짐
해 왔습니다. 아동들의 창조적인 표현이 개성에 따
라 다방면에 걸쳐 자유롭게 나아가기를 기다려 왔
습니다. 따라서 평상시의 지도나 평가가 얼마나 옳
았는가가 문제되겠습니다.

이렇게 한데 모아서 전시하여 보는 뜻은, 이른바
미술교육의 올바른 평가와 새교육과정의 정신을 살
리려 한 그동안의 노력이 종합적으로 비판되리라는
점, 또 본교 미술교육의 system을 잡는 효과적인 시
책이 아니겠느냐는 데 있습니다. (후략)

1962년 12월 7일

인 임화 위주의 교육에서 학생의 창조성을 부각하는 새로운 움직임에 동참한다. 또한 교내 수업에서 제작한 판화 작품으로 도록을 만들고, 작품 전시회를 하였다. 이는 현재에도 보편적으로 실시하고 있는 학교 전시회의 원형으로 볼 수 있으며, 어린이의 작품을 존중하고 기록으로 남겼다는 점에서 주목할 만하다.

그의 미술교육에서 가장 주목할 부분은 바로 판화교육이다. 특히 판재에 찍혀 표현되는 판화에 매력을 느껴 학생들에게 볼록판화를 지도하고, 한국 최초의 어린이 판화 작품집인『판화를 통한 교육』(1965)을 발간하였다. 이는 어린이들 작품의 가치를 인정하고 보존하였다는 점에서 의의가 있다. 재정이 따로 확보된 것이 아닌 상황에서 학교 내에서 작품집을 발간하고 '아동미술교육전'을 개최하였다. 이 중 1962년에 개최된 '제5회 아동미술교육전' 표지가 남아있다.

> 아이들이 수업 전 늘 10분 전에 1-6학년까지 교무실에 크로키하는 시간이 있었어요. 사대부속국민학교 있을 때 제가 만들었어요. 국민학교 학생치곤 잘 그렸어요. 그렇게 나온 책들이 아까 리드의『아트(Art)』아이들이 판화를 지도하고 난 뒤에 책을 만든 거예요. 이게 우리나라에 단군 이래 최초로 발행된 아동화 작품집입니다. 이 책을 낼 때는 어디 들어간 것도 아니고, 내 돈이 들어간 것도 아니고, 학부모님들이 돈을 모아 만들었어요. 그냥 행정실 안 통하고, 교장 선생님 통해서 작품 낸 학부형들이 돈을 내서 파는 것이 아니라 빌려주기만 했어요. 엄마들 몇 권씩 주면 이걸 학교 모든 공립학교에, 전국에, 부속국민학교에, 교육대학이 없거든

요, 전부 다 준거예요. 분명히 경북대학교에서 줬을 꺼고, 다 줬는데 교대 있는가 싶어서 찾는 데 없어요. 그래서 내가 속으로 '이거 안되겠다.', '보기에는 시원찮은 책이라도 나중에 사료적으로 안되겠다.' 싶어 제가 이 책하고 다른 책 2권 있는데, 국립중앙도서관에 보냈어요. 강남에 있잖아요. 수서실에 "이 책이 제일 처음 발간된 아동 작품집이다." 했더니 보존용 자료실에 비치하였어요. 경북대학 사대 부속국민학교에는 대학과 같이 학교 미술실이 따로 있었어요. 교수연구실처럼 선생님 연구실이 있었어요. 들어앉아가지고, 그림 그리고 싶으면 그리고, 책 읽고 연구하고 싶으면 연구하고 공간이 있었어요(박휘락 교수와의 2차 면담, 2015년 10월 5일).

한국 최초의 아동 판화집인『판화를 통한 교육』의 발간사 '이 책을 내면서'를 보면 다음과 같다.

우리나라의 초등학교 미술과 교육과정에 본격적으로 판화교육이 취급되고부터 이제 겨우 두 해를 넘긴 것이다. 참으로 판화교

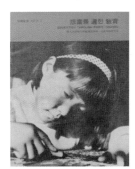

『판화를 통한 교육』
(출처: 박휘락, 1965, p.108; 국립중앙도서관 375.465 경 181)

육은 지금부터 출발하는 셈이다. 판화를 통해서 재료에 대한 경험을 쌓고, 표현의 기법만을 체득시키기 위한 지도는 벌써 낡은 미술교육이다. 판화란 특수한 미술수단에 의해서 아동의 창의성을 육성시켜 조화된 인간을 그 목표를 두지 않으면 안된다. 때문에 이 책명 자체도 『판화를 통한 교육』이라고 했다.

우리는 '미술을 통한 교육'으로 어린이의 성장발달을 촉진하고, 개인적 창조력을 발전시켜 사회에 충실히 봉사하는 인간상을 그려보는 동시, 그렇게 이뤄지길 원하고 또 우리나라 미술교육에서 새로운 분야를 개척하라는 뜻에서 여기 『판화를 통한 교육』을 내놓는다(박휘락, 1965, 머리말).

「한국 미술교육의 내용과 방법에 관한 사적 고찰」에서는 피바디사범대학 교육사절단 이후 창조주의 미술교육의 전개에 대하여 언급하고 있다. 2차 교육과정 당시 한국아동미술교육협회를 결성한 과정에 대하여 정리하였다. 「미술과 교과용 도서의 변천에 관한 연구」에서는 1960년대 한국의 미술교육 수준이 질적으로 발전·향상하였음을 보여준다. 당시 교육과정과 교과서는 이러한 창의적 표현 활동을 더욱 강조하고, 고무하였다고 볼 수 있다.

창의성, 20세기에 들어와서 학생 중심 교육과정. 우리가 살고 있는 20세기라는 거예요. 양 선생이 살고 있는 21세기는 모든 미술의 초점이 학생의 발달에 있는 거래요. 발달, 개성, 학생의 창의성 여기에 초점이 맞춰져 있어요. 학생에 초점이 맞춰져 있는 것이 창의성 미술교육, 창조주의 미술교육이라는 거래요. 최대의 목적을 학생의 창의성을 개발하는 것이, 창의성 중심, 창조주의 미술교육이죠. 표현성이 많아서 이러다가 20세기 말쯤 21세기 교육은 나타나는 모습이 DBAE, 아이스너 표현대로 본질주의 미술교육. 학생의 창의성이 문제가 아니고 창의성을 부르짖잖아요. 미술교육의 목적이 창의성에 놓인 것이 아니라는 거예요. 절대적인 교과 목적이었지만 본질주의로 바뀐 거예요. 이 가운데 뭐가 있냐면 인간, 학생이 있는 거예요. (미술교육은) 학생에게 어떤 도움을 줄 것인가 연구하는 것이잖아요(박휘락 교수와의 2차 면담, 2015년 10월 5일).

이처럼 그의 꾸준한 자유화 교육 운동의 영향으로, 주어진 임본을 따라 그리는 것이 아니라 스스로 대상에서 받은 감성을 표현할 수 되었으며, 외형만을 형식적으로 표현하는 것에서 탈피하여 직접 대상을 보고 인식해 그

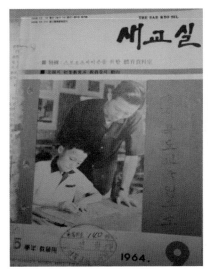

『새교실』 5학년 지도서 표지 및 기사 중 우수 사례로 등장한 박휘락과 제자(1964)

리는 교육으로 바뀌게 되었음을 알 수 있다. 1900년대 초기 미국 교육의 영향을 받은 창의성 중심 미술교육은 민주주의 사상과 어린이의 육체적, 정신적, 감정적, 심미적, 도덕적 자유를 중시하였다.

그 결과 한국 미술교육의 흐름은 손끝의 기술을 강조하는 '미술을 위한 미술교육'에서 탈피하여 인간 형성을 위한 미술교육인 '일상생활을 위한 미술교육'으로 전환하였다. 2차 교육과정은 일상생활의 경험을 중시하는 생활 중심 교육과정을 강조하였다. 더 나아가 20세기 융합 교육, 창의성 중심 미술교육에 주는 시사점이 크다.

박휘락은 교수·학습 자료를 볼 때 창의성 교육을 판화라는 도구를 활용하여 구현하였다. 판화교육의 연구 보급은 물론 현장에서의 미술교육 문제점을 해결하기 위하여 교사 연수인 미술 강습회, 세미나 등을 개최하는 등의 성과를 거두었다. 1964년 박휘락 교수와 제자는 우수 사례로 『새교실』 5학년에 게재되는데 표지 내용은 다음과 같다.

이달의 표지

지난 6월 이탈리 로오마에서 개최된 제8차 국제 아동미술전에서 경북사대부속국교 5학년생 김 문현 군(11세)의 목판화가 일등으로 당선되었다. 그러나 이 화제의 주인공 김군의 뒤에는 박휘락 교사의 숨은 공로가 있었음을 말하지 않을 수 없다.

박교사는 현재 경북 사대부국에 근무하며 김 문현군을 책임하고 나아가선 개인지도까지 맡고 있다. 일찍이 박선생은 조선일보 현대작가 초대공모전에서 2회나 입선된 바도 있으며 경북현대미술작가협회원으로서도 빛나는 활동을 전개하고 있는 교육자이다.

현재 경북 사대부국에는 큼직한 미술실이 있는데 오로지 박교사의 힘으로 운영되며 새교육과정에 의한 '우리학교의 미술교육'이란 연구실도 수차에 걸쳐 발간한 바 있다.

사진은 박 휘락 교사가 미술실에서 김 문현군을 지도하고 있는 광경이다. 〈편집자〉

마지막으로 그는 감상교육을 강조하였다. 미술교육이 조형적 기능이나 교양적 지식을 전수하는 과정에만 머물 것이 아니라 미술품을 감상하고 비평하는 심미안을 기르는 것이어야 한다고 주장하였다. 일선 교육 현장에서는 미술 교과 지도가 교사 중심의 일방적인 교육에서 벗어나 학생들 자신의 흥미와 참여를 바탕으로 해야 한다는 인식이 널리 퍼져있었다. 또한 교사나 부모와 함께 학생들이 박물관, 미술관을 찾아 직접 작품을 감상할 기회 역시 예전보다 늘어났다. 그러나 정작 미술관에서 학생들은 어떻게 작품을 감상해야 할지 몰라 막막해하는 경우가 많았다. 미술 감상의 개념과 지도 방법, 학생들에게 어떻게 미술비평을 할 것인지, 미술교육을 할 필요성이 있다고 하였다.

이러한 교과의 특성을 올바르게 이해할 때, 교육과정을 바른 방향으로 지도할 수 있으며 효율적으로 운영해 나갈 수 있을 것이다. 그러므로 미술과 수업에서 미술 감상 및 비평 교육에 대한 필요성 및 학습 방법 등 학습 모형을 모색하여야 한다고 주장한다. 미술 수업에서 발상의 과정이 중요한 이유는 학생 내면의 표현 욕구를 구체화시키는 과정으로서 학생들에게 다양한 정서적 체험을 하게 할 수 있는 점과 다각적인 연상 체험을 통하여 독창적인 아이디어가 형성되며 아름다움에 대한 자발적 사고능력이 확대되기 때문이다. 따라서 수업 현장에서 언어적 상호 작용으로 학생들의 창의적 미적 사고를 발전시키는 미술 감상과 비평 교육의 중요한 역할을 주장한다(박휘락, 1998).

먼저 작품을 자세히 살피고, 다음은 자기 나름으로 그 의미를 생각하고 난 뒤 이를 정리하여 이야기하는 형식을 취한다. 대화 중심 감상법은 미술 작품에 대한 지식과 해석을 일방적으로 전수하는 것이 아니라 감상자와의 대화를 조직화하여 교류를 형성하는 데 중점이 놓여 있는 것이 커다란 특징이다.

그는 감상에 참가하는 사람들에게 첫째 작품을 잘 관찰하도록 한다. 둘째, 관람자들이 먼저 자기가 본 대로 생각하도록 한 후 셋째 왜 그렇게 보이는지 이야기하도록 유도한다. 관중의 모든 발언에 대해서 '그렇지요.', '어떤가요.' 등 관람자의 생각을 긍정하는 것으로부터 시작한다. 어떤 질문을 어떻게 처리해야 하는지의 기법을 잘 알고 수업에 임하는 일은 창의력과 사고력 신장에 큰 영향을 미치게 된다. 미술 감상 및 비평 활동을 통하여 미술 작품을 비평적으로 감상하고, 시각예술 작품 감상을 통하여 관찰 능력을 신장시키도록 한다. 이를 바탕으로 능동적이고 비평적인 심미안을 지닌 문화인으로 성장한다.

현대 미술교육이 본질주의적 입장에서 창의성보다 미적 대상에 대한 지각과 인식, 또는 미술문화에 관한 감상 이해 등을 강력히 주장한다. 그러나, 미술활동은 창의성이란 본성을 지닌 인간의 주체적 의식을 바탕으로 논의될 성질의 것이라 볼 때, 미술교육에서 창의성을 아무리 강조하여도 이것은 별개의 문제가 아니라 이

미 예술의 근원이란 당위성을 확보하고 있는 문제이다(박휘락, 1998, p.123).

미술교육의 목적이란 창조성의 신장이며, 창의성 중심 미술교육에 대하여 공감하고 있었지만, 실제 교육 현장은 이에 미치지 못하는 부분도 있었다. 박휘락 교수는 미술, 그 자체를 교육하는 것인지 미술교육을 통한 창조교육을 해야 하는지를 대구일보 기사를 통하여 비평한다. 한국의 아동화는 태반이 난폭하고 조잡하여 성실하고 밀도가 있는 그림을 찾아보기 힘든데, 지도의 손이 못 미쳐 어린이 미술 지도에서 방임하는 부분을 지적한다. 또한 입학 초부터 상당한 시기에 걸쳐 완성된 스케치 위에 색을 칠하는 책『색칠하기 그림』으로 지도하고 있는데, 이것은 아직도 일부의 미술교육이 식민지 교육의 임화교육을 벗어나지 못한 것이라고 주장한다.

'아동화의 난폭성' 대구일보 신문 기사(1960. 6. 30.)

아동화의 난폭성 – 아동미술교육의 맹점 (박휘락)

미술교육에 있어서의 미술교육의 목적이란 창조성의 신장인 것이며『창조교육의 일환으로서 미술교육이며 또 미술교육을 통한 창조교육이다.』이것은 천부인권과 같이 아동이 날 때부터 갖고 있는 창조력을 육성시켜주는 데 있었다. 구미각국에 있어서도 아동 개성의 중시 자유로운 표현을 존중하는 방향으로 나아가며 아동화의 심리적 연구가 성행해졌다. 아동의 생리적 심동적 발달을 기반으로 해서 아동화를 이해하려고 했으며 여기에서 지도로 이루어졌다. (중략) 금일의 한국의 아동화는 태반이 난폭하며 조잡하여 성실하고 밀도가 있는 그림을 찾아보기란 힘드는 것이다. (이것은 너무 아동중심만 믿고 지도의 손을 못 미쳤는 결과라고 보면 아직도 일부의 미술교육은 식민지교육의 임화교육을 벗어나지 못하고 있다.)

이렇게 난폭한 그림은 대체로『다이나믹ㅋ』하고 박력이 있어 보여『포비즘』(야수파)을 좋아하는 지도자들은 아동화를 보고 감심하는 일이 있으나 우연적인 소산이 장합이 많은 고로 진정한 의미의『다이나믹ㅋ』한 것은 못 된다. 그러면 이렇게 난폭한 아동화를 조성한 원인은 어데 있는가 첫째 전후의 미술교육은 전술한 바와 같이 억압에서 해방으로 전환하는 입장에 서서 지도해서는 안 되는 지도자의 몰지각에서 생긴 방임과 속수무책인 것이다. 지도해서는 안 된다는 것은 종래의 특정한 형과 기술주의식, 대입모방식 교육을 해서는 안 된다는 것에 있으며 개성의 아동의 개성을 존중하는 지도는 절대 필요한 것이다. (후략)

'아동창조성의 파괴자' 대구일보 신문 기사(1960. 10. 13.)

아동창조성의 파괴자 =소위 「색칠하기 공부」의 문제=(박휘락)

국민학교에서는 엄연히 문교부에서 나온 교과과정이 있고 국정교과서가 있음에도 불구하고 입학 초에 아니 상당한 시기에 걸쳐 이『색칠하기 그림』을 시키고 있다 이것이 더 놀라운 것은 교육의 도시라고 자타가 공인하는 이 도시의 일류에 속하는 학교에서도 볼 수 있으니, 일선교사는 좀 더 자성을 하고 연구하지 않으면 안 되리라고 믿는다. 저학년의 아동을 둔 학부형들에게도 미술과의 성적이 저하되면 이『색칠하는 그림』을 아동에게 사주고 그리기를 권하는 것을 자주 볼 수 있다. 이것은 미술과의 입장에서보다도 인간교육의 입장에서도 재고되어야 할 문제이다. (후략)

1957년 입시전형 방법으로 경북대학
교사대부속중학교에서 최초로 채택·
실시한 표집고사의 미술과 평가를 보고
기고한 기사가 있다. 미술교육의 상황이
현재와 다르지만, 창의성과 미술교육의
독자성이 보장되어야 한다는 취지는 함
께 공감해야 하는 부분이다.

'아동미술교육에의 반성-
표집고사의 결과를 보고'
대구일보 신문 기사(1958. 2. 26.)

'아동미술교육에의 반성-표집고사의
결과를 보고' 대구일보 신문 기사(1958. 2. 26.)

아동미술교육에의 반성-표집고사 [2]의 결과를 보고 (박휘락)

여기에 따라 이것에 도달하는 방법으로서 그림을 그린다 무엇
을 만든다 자연과 조형물을 감상한다 할 것이다. 과거의 미술교육
을 탈피 못 한 일부 교사는 근본적인 어떤 인간 형성의 요소를 잊
어버리고 그 밑에 있는 방법론에 만나서 헤매고 자기가 교육한 결
과의 올바른 평가는 더듬어 보지도 않고 항상 그 방법에만 만족하
고 기교주의에만 치우쳐 왔기 때문에 결국 오늘과 같은 현상이 일

---

2 새로운 무시험 전형방법의 하나인 표집에 의한 평가 방법은 1957년 입시전형 방법으로 경북
대학교사대부속중학교에서 최초로 채택·실시하였다. 종래의 필답고사 및 상관회귀선법의 불
합리한 점을 제거하고 비교적 정확하고 능률적인 방법으로서 새롭게 도입된 것이다. 즉, 대
표할 수 있는 무선정표집법을 사용하여 소수의 인원 전형에서 전체의 평가를 정확히 산출
할 수 있는 통계학적 방법이다(〈비교적 정확한 입시전형 『표집에 의한 평가방법』, 동아일보,
1957.7.16.)

어났고 사회는 아무런 따뜻함이 없는 소름이 끼치는 무서운 사회가 되고 만 것이다.

그나마 그 방법조차 상실해버리고『국민학교 육학년에 미술과가 있었더냐?』는 식으로 소위『중요과목』만 취급하여 왔기 때문에 이번 고사의 미술과 성적이 평균 남자가 삼칠육, 여자가 삼구이점이란 기형적인 결과를 나타내고 만 것이다.『슬프고』,『한심하고』,『가슴이 찢어지고』,『어쩔 줄을 모르고』한다는 형용사를 빌려도 다 표현하지 못하는 인간형성이 아닌 인간파괴의 죄악을 저질러왔다는 것을 교사는 책임져야 할 것이다. (후략)

결론적으로 박휘락(1998)은 교과 목표의 한 영역에 미술이란 수단적 도구성을 통하여 창의성을 계발하는 데 중요한 의미를 부여하고 있다. 발상과 구성 과정을 중시하여 조형 표현, 특히 심상적 평면 표현에서 자기가 생각한 것이나 느낀 것 등을 경험과 상상을 바탕으로 독창적으로 발상하고 의도와 주제에 맞게 아름답고 개성적으로 구상하는 능력을 대단히 중요하다고 여긴다. 이것은 열매를 얻기 전에 좋은 씨앗을 뿌려야 하는 농사일에 비유할 수 있다고 주장한다.

미술과의 목표에서 창의성을 주장함은 교과의 고유 가치와 도구성이란 상치된 문제로 비판받고 있는 것도 사실이다. 그러나 예술은 본래 창조 체험이란 본성을 떠나서 존재할 수 없는 인간 정신의 소산임에 틀림없다. 18세기 후반은 예술의 본질이 전통적인 자연 모방의 원리로부터 인간 내면적인 것의 표현에 의해서 새로운 것을 생산한다는 창조원리의 방향으로 비약하는 전환기가 된 것이다. 예술의 이러한 자율성을 확립한 것은 비판주의 철학자 칼 (Karl)이었다(박휘락, 1998).

미술을 포함한 예술교육은 대체로 어린이의 정서 순화라는 측면에서 그 중요성이 강조되어 왔다. 예술이란 미적 대상을 다루는 정서적인 활동이므로, 그것이 순화된 정서를 함양하는 데 독특하고 중요한 역할을 한다는 것은 의심의 여지가 없다. 그러나 그러한 유미주의적 관점만으로 예술교육을 본다면 그것은 예술교육을 제대로 보는 원만한 관점이라고 말할 수는 없다. 왜냐하면 예술이란 한 인간의 미적 감각에만 호소한다기보다, 한 시대의 지성과 감성과 기술과 소망 등을 반영하는 하나의 '온전한 표현'이기 때문이다. 이렇게 볼 때 지금까지의 예술교육의 관점은 좀 더 새로워져야 한다.

마. 김춘일의 표현주의 교육과정

김춘일은 1942년 출생으로 공주사범학교, 대구대학교 특수교육과 학사, 연세대학교 교육대학원 미술교육 전공 석사를 거쳐 동국대학교 대학원 교육학에서 박사학위를 취득하였다. 대전 화우회 회원, 서울 상미술회 회원 소속으로, 2012년 이안갤러리 개인전을 비롯하여 대전 등 다수의 전시회를 하였다. 현재 대구대 명예교수, 한국창의영재연구소 상임고문을 맡고 있다. 경력으로는 한국교육개발원 책임연구원, 대구대학교 유아교육학과 교수, 대구대 교육대학원 원장, 한국조형교육학회 학회장, 한국예술영재학회 학회장, 일본 와세다대학교 교환 연구교수, 대전시립미술관 운영위원장 등을 역임하였다. 어린이의 창의성, 미술교육 동향과 흐름에 대하여 관련 문헌과 정보를 분석하여 학교 현장에 적용할 수 있는 실천 방식을 제시한다. 현대미술의 흐름에 관심을 갖고, 사회학적, 미학적, 철학적으로 접근하여 균형 있는 창의성 중심 미술교육을 시사하고 있다.

김춘일(2002)은 미술교육을 보는 관점을 미술로 국한하지 않고 예술로 범주를 넓혀야 한다고, 즉 예술교육적 관점을 취해야 한다고 주장한다. 흔히 미술교육·음악교육 등을 '예능교육'이라는 용어로 묶어서 말하는 예를 자주 보게 되는데, '예능'과 '예술'의 관점은 교육의 의도에 있어 약간 다른 개념이라고 본다. '예능'은 그림을 그린다거나 바이올린을 켠다거나 하는 특수 기능을 기르겠다는 기능·기술 중심이지만, '예술'은 미술가적 품성을 기르겠다는 '인간교육의 관점'이다. 미술교육은 미술가나 미술 장인이 되기 위한 기능을 기르는 것이 아니라, 작품 활동이나 감상을 통한 미적 경험을 함으로써 예술가적 품성이라고 생각되는 미적 감수성, 시각적 사고, 창의성 따위의 자질을 기르는 관점에 입각해야 한다고 주장한다.

또한 미술교육은 누구에게나 일반적인 내용을 가르치는 '보통교육적' 관점을 취해야 한다고 생각한다. 결국 학생들을 위한 미술교육은 아동의 성장 발달에 필요한 일반적인 내용을 누구에게나 다 경험하도록 하자는 '만인을 위한 교육(education for all)'의 노력이다. 이러한 노력의 성과는 결과적으로 학생 하나하나를 온전하게 성장시키며, 또한 사회문화를 바르게 수용하고 이해하는 통로를 열어 올바른 '사회의 일원'이 되게 하는 것이다.

인간과 자연, 인간과 인간, 그리고 자기 자신의 안에 가교를 놓아서 '통합적 조화적 인격'을 회복해야 한다. 시지각의 회복은 이 과업을 이루는 지름길이라고 본다. 시지각은 지성과 감성, 부분과 전체, 특수와 보편, 추상과 구체를 동시에 가지기 때문이다. 이러한 과업에 있어서 창조적 시지각의 상상력이 중심적인 역할을 해야 한다. 시지각이 예민한 예술가들의 임무가 오늘날 그래서 막중하다. 미술가는 그 시대의 선각자이다. 인간 조건에 남달리 예민한 감성을 지니고 있기 때문이다. 미술 표현이란 시각적 인상을 밀도 있고 완전히 살아있는 형태로 질서화하는 일이다. 선, 색, 명암, 질감 등이 감정과 부합되어, 균형 잡히고 조화되고 율동감 있는 하나의 아름다운 형태로 조직된다.

이러한 감정은 본래부터 사고의 한 영역이었다. 현상학이 주장하는 직관은 오성과 감성을 초월한 칸트의 '이성'이다. 서로 다른 두 개가 아니라, 각기 다른 기능을 가지고 서로 보완해가는 하나의 몸체이다. 예술 형태는 감각에 의해서 직접 얻어진 상징적 형태지만, 그 수준을 넘어서서 감각·감정·사고의 모든 것을 연결 지어 하나의 새로운 유기체를 구성함으로써, 보다 심오한 인식의 경지에 다다르게 한다. 우리의 현대 사회의 몰 형태를 극복할 수 있는 유일한 길은 바로 이 시지각의 '통합적' 힘이다(Arnheim, 1976). 조각난 우리 자신과 깨어진 우리의 환경을 개선하고 재창조하는 과업은 자연과 예술품의 미적 형태를 바르게, 예민하게, 풍부하게 지각하는 시지각의 힘으로부터 시작되어야 한다고 그는 피력한다.

김춘일은 탐구 중심 교육과정을 연구하였는데, 이 교육과정은 60년대 이후 피아제 등 세계적인 사상가가 창설하였다. 교사가 가르치는 것이 아니라 교사는 도와주는 것이고, 스스로 탐구하게 하는 이론이다. 탐구라는 것을 적용하였는데, 탐구 중심 교육과정은 창의성을 중시하면서 1972년에 개편되어서 후대까지 이어져 왔고, 미술교육뿐만 아니라 과학, 외국어 전 교과에 영향을 미쳤다.

1960-70년대 초 송용달 선생님 등 전국에서 꼽히는 사람들이 조직한 연수 모임. 문교부에서 연수같이 인정을 해줬다 그랬을 거예요. 그 사람이 많이 했어. 사범학교 2학년 땐가 연구주임을 하더라구요. SCIS(Science Curriculum Improvement Studies)[3] 여기에서 일주일 내내 번역해서 선생님들한테 주고, 그럼 두 달 있으면 하나 더 오고. 그럼 또 번역해서 과학 주임하고, 연구 주임하고 같이 검토를 하는 거고, 고치는 일을 했어요. 과학 중심 탐구. 과학교육 과정을 개편해서 아이들의 탐구력을 길러야 과학이 발달한다는 것이 요지였어요. 과학교육 과정 개선 연구는 과학교육사에서 굉장히 중요한 연구이죠. 미술에서는 모든 교사들이 수업을 해서 피드백을 받아요. 그 결과를 미국에 교육부에 보고하고 1970년 10월에 공개를 한다고 해서, 보고서를 써서 제출했어요. 미술에서 탐구 중심이라는 것입니다. 그때는 재미있는 게 일이 많았어요. 학교행사가 아이들이 전부 운동장에 모여서 뭔가를 주워서 그것을 중심으로 표현하는 것이었어요. 그리기도 좋고, 판화도 좋고, 꾸미기도 좋고. 그걸 가지고 복도에 전시를, 장식을 하고 특히 산에서 나온 자연 재료, 폐품 재료가 많았어요. 로웬펠드가 말한 게 거기서 나온 거예요. 놀이 도구를 만들고, 실험 도구를 만들고, 1960년대 창조성 표현주의 영향이라고 할 수 있죠. 교육과정 자체가. 교육의 과정이라고 하는 사람(Process of Education)입니다(김춘일 교수와의 1차 면담, 2016년 2월 5일).

---

3   SCIS (Science Curriculum Improvement Studies) 문서 자료는 교육부에 문의한 결과 보존 기간 10년으로 남아있지 않다.

그는 어린이의 미적 표현이 창의적인 것이 되기 위해서는 교사가 다양한 제재를 제시해야 한다며, 상담법, 투시법, 시청각법, 관찰법, 통제법을 제안 하였다. 이러한 제재 제시 방법은 고정적인 것이 아니라 교사 나름대로 얼 마든지 창조해낼 수 있으며, 적절히 변화가 있게 활용함으로써 더 훌륭한 미술 수업을 전개할 수 있을 것이라고 주장한다.

김춘일(1969)은 공주교육대학 부속초등학교 재직 당시 미술 지도에 '브레 인스토밍(Brainstorming)', '골든 메소드(Golden Method)' 등 창의적인 발상법을 활용하였다. 예를 들어, 교사가 폐품이나 플라스틱 비눗갑과 칫솔을 들고 3 학년 어린이들에게 "두 가지 물체의 성질을 자유롭게 이야기하여 보자."라 고 한다. 어린이들이 "길쭉하다.", "푸르다.", "반투명하다.", "불에 탄다." 등 물체의 성질을 자유분방하게 말하면, 기록자는 칠판에 기록한다. 다음 교사 는 "이 두 가지를 합해서 또는 한 가지를 중심으로 해서, 어떤 재미있는 것 을 만들 수 있을까?" 하고 질문한다. 이런 과정을 10분 토의, 5분 휴식, 10분 토의식으로 진행하여 브레인스토밍을 실행하는데, 어린이 자신의 아이디어 부터 모든 활동이 출발해야 한다. '브레인스토밍' 발상법으로 토의가 활발 해지고, 아이디어 창출에 도움이 될 것이다. 어린이들은 거북선, 저금통, 탑, 브로치, 단추, 기타 자연 형상이나 일상생활과 관련된 재미있는 구성 등 다 양하고 창의적인 발상을 전개한다.

이 기록을 놓고 분단별로 모여서 "우리 분단은 기록된 발상들 가운데 무 엇을 만들어 볼까? 그것을 위해서 더 필요로 하는 재료는 무엇인가? 누가 어떤 일을 분담할 것인가?" 하는 것들을 토의하여 다음 활동 과정 다음 미 술 시간이나 특별활동 시간, 또는 기타 여분 활동 시간 등에서 표현하고 만 들게 한다. 이러한 방법의 장점은 미술 활동의 처음부터 끝까지(발상에서 감상,

평가까지) 어린이가 주체가 되어 능동적 · 자율적으로 전개한다는 것과 명실 공히 '창의성'을 기를 수 있다는 가치를 갖는다(김춘일, 1989).[4]

그는 이러한 생각을 단순히 자신의 수업에만 적용하지 않았다. 당시 대한 교육연합회, 현재 한국교육개발원은 한국교육의 근대화를 위하여 새 교육 체제를 수립하여 교육의 근대화 운동을 전개하면서 교과의 지도를 과학화를 시도하였다. 김춘일은 교육개발원 예체능연구실에 있었고, 1980-83년까지 미술교육 과정을 연구하였으며, 1984-85년엔 교육과정 국제비교실장을 역임하였다. 대한교육연합회 참사[5]로 『새교실』[6]을 편찬하면서 현대미술과 아동화에 대하여 새로운 시각으로 바라볼 것을 독려하였다.

지난 10월 호에 종이판화와 종이 찢어붙이기를 제시한 바 있고, 이번 달에는 두 개의 수채화를 싣는다. 이 작품들과 견주어 보기 위한 자료로써 크레파스와 한 점도 곁들여 보았다. 우선 크레파스로 그린 '창경원'이라는 작품을 '상투적인 그림'으로 보고 나머지 작품은 좀 색다른 표현의 노력이 있는 것으로 보기도 하자. 7세 아동이 그린 '창경원'이라는 작품은 여러분의 경험에 비추어 보아도 어딘가 제 나이답지 않은 점을 발견할 수 있을 것이다. 색의 조각

---

4 김춘일, "발상법과 향토재 활용을 통한 아동의 표현력 신장 연구", 반월국민학교 미간행 등사물, 1969. 이 연구는 교생지도를 목적으로, Osborn의 '상상공학'에 소개된 발상법을 적용한 효과를 소개한 연구였다.

5 '참사'라는 직제는 현재는 없고, 부서의 연구책임자에 해당한다.

6 한국교육단체총연합회(약칭 교총, 당시 대한교련)는 창립된 이듬해인 1948년 12월 '초등교단의 수업 전문지' 성격을 표방하면서 교원의 전문성 신장에 조력할 수 있는 전문 잡지를 월간지로 창간하였다. 『새교실』은 크게 평월호 · 방학호로 구분하여 매년 평월호 9회, 방학호 3회(여름호 · 겨울호) 등 총 12회가 발행되었다.

으로 그린 지붕, 나무, 축대, 서까래의 마무리 그리고 스크래치로 여리 저리 긁어낸 점 이런 것들이 왜 자연스럽지 못하고 어색하게 느껴지는 것일까 그것은 아동의 내면 세계의 자연이 외면 세계의 가공이 서로 융합, 조화되지 못한 데서 비롯된다고 볼 수 있다. 즉 7세 아동으로써 지녀야 할 자유분방한 표현, 즉 자율신경에 의해 지배된 듯한 마음 내키는 대로 뻗어 나가 선, 사물의 크기, 세계 따위의 생동하는 그 무엇이 보여지지 아니하고, 고학년 언니들의 그림이나 어설픈 미술 교사의 지시에 따라 그린 듯한 표현, 즉 눈에 보이는 외계 자연의 시각적 사실성에 꽁꽁 얽매어 통제된 선, 크기, 균형 게다가 그 위에 어떻게 멋지게 꾸며보겠다는 가장된 채색 기술 따위가 보는 이의 눈을 거북하게 할 만큼 무감각하게 나열이 있다. 대체로 이러한 그림은 무언가 새로운 맛이 없이 판에 찍히듯이 반복되는 미술 시간에서 많이 나타난다. (중략)

요는 교사가 아동에게 '자극'을 새롭게 주느냐 하는 것이 '참신한 표현'을 낳게 하는 관건인데, 그 '자극'이란 아동발달에 맞는 제언을, 항상 탐구적으로 (적어도 두 번 이상 똑같은 것을 반복 제시하지 않는) 창안하여 제시하는 것이리라(김춘일, 『새교실』, 1972).

미술과 교육과정의 방향을 제시하여 학교 현장에 올바르게 정착할 수 있는 토대를 만들었다. 또한 미술교육의 기초 이론서를 발간하였는데 방송통신대학 교재, 월간 잡지 『미술과 생활』에 연재했던 원고, 국민학교 미술과 교사용 지도사로 썼던 원고, 대학원생들의 논문 지도, 강의 노트 등을 엮은 것이다. 미술교육에 뜻을 두고 있는 일선 교사나 학생들에게 길잡이가 되도록 좀 더 균형 잡힌 개관을 제시하였고, 미술교육 본연의 목적, 내용, 방법에 관련된 다양한 이론들을 소개하고 있다. 또한 미술 지도의 방법을 모색하도록 노력하였다.

그는 미술교육에 있어서 중요한 문제는 원리와 방법 사이에 깊은 골짜기가 가로놓여 있다는 점임을 강조하였다. 값진 이론은 곧 실제와 연결되어 결실되어야 하며, 미술교육자들의 지식이 현장 교사의 실천으로 연결되지 못할 때, 그 지식은 우리의 삶, 우리 어린이들의 삶과 단절된 '허상'으로 변질된다고 주장한다. 미술교육가들은 미술교육의 철학이나 원리를 일방적으로 교사, 학생에게 전달하는 것으로 만족해 왔다. 미술 지식을 일상생활에 적용하여 우리의 삶을 풍부하게 하는 일을 교사에게 미루면 안 된다고 주장한다.

미술 지식은 교수 · 학습 지도 방법론과는 성격이 다르지만, 현대미술 문화를 기반으로 미술교육론에서 지향하는 시사점을 뚜렷이 제시해야 한다. 김춘일은 이 점을 고려하여 지도 내용의 구성과 더불어 미술교육 지도를 위한 탐구의 새로운 방향을 제시하였다고 생각한다. 그가 재직했던 한국교육개발원은 한국교육의 근대화를 위하여 새 교육체제를 수립하여 교육의 근대화 운동을 전개하면서 교과 지도의 과학화를 시도하였다. 또한 1970년대 한국교육연합총연합회에서는 교원연구대회 교육자료 입상 제도가 있었다.

김춘일은 순수한 창의성에 대한 연구를 지속적으로 실시하였다. 『미술교육론』(1970)을 통하여 주장하고자 하는 미술교육 사상이나 이론들을 펼쳤다. 미술과의 특성은 아이디어를 시각적 형태로 표현한다는 미술 형식이라는 면에서 조형성을, 형식 속에 담기는 내용 면에서의 창의성을, 그리고 내용과 형식이 감상된다는 면에서 정서성을 들 수 있다. 미술교육은 지, 정, 의, 기가 조화되어 인간성이 육성되어야 하지만, 현대의 교육은 지나치게 지적인 면에 치중되어 왔다. 당시 미술교육학자들과 교과서에 관하여 철저한 연구가 미흡한 상황을 다음과 같이 비판한다.

> 교과서가 개정되었는데 거의 다 일본 것을 베낀 것이거나 로웬펠드가 영향을 많이 주었어요. 강조했는데 반대한 사람들이 이 사람들이야. 일본식 특히 편수관들은 나랑 생각이 전혀 달랐어요. 교과서도 작은 거 국판인데 옆으로 놓는 거, 좀 더 크게 4×6배판으로 늘리는 것도 그것도 반대야. 어디 이런 교과서가 있냐구. 일본 거 자기들이 개편하려는 것을 보여줬다고. 이게 일본 거라구 면박을 줬다구. 아무것도 모르는 거야. 영어, 한자도 모르고 일본 것도 그것도 옛날 것만 알아. 어떻게 변했는지도 모르고요(김춘일 교수와의 1차 면담, 2016년 2월 5일).

미술과뿐만 아니라 모든 교과가 의도하는 목표의 하나로서, 우리 모두에게 내재하는 잠재적인 창의력을 존중하고, 최대한으로 신장하는 것이다. 이는 빠르게 변화하는 현대 사회에서 교육이 수행해야 하는 가장 큰 임무이다. 미술과는 사고의 전환, 아이디어 발상력, 공간 구성, 주제 선정 및 매체 활용 등 일련의 과정을 통하여 창의성을 계발하는 데 가장 중요한 역할을 하는 중심 교과라고 그는 주장한다.

> 미술교육의 목적은 미적 경험의 특성에서 추출된다. 즉 미적 감각과 가치를 지각하고 표현하는 미술 경험에서, 어린이의 인격적

발달에 유익한 본질을 선택하여 그것을 미술 지도의 내용과 지표로 설정하는 것이다. 따라서 미술교육의 중심적인 목적은 어린이의 창의성, 미적 정서, 조형 기능을 기르는 데 있다(김춘일, 1988, 140).

김춘일(1992)은 창의적 행동을 유발하는 요인으로 유추, 감동, 무의식 세 가지를 제시한다. 이것은 과학적 창조나 예술적 창조 모두 해당하는데, 그중에서 '감동'은 과학에서는 결핍된 것이며 과학과 예술을 구별하는 요인이다. 과학에서는 결핍된 것을 충족시키려는 욕구가 창조의 동기가 되며 예술에서는 '감동' 그 자체가 창조 행위로 전환되는 동기가 된다. '미술을 통한 교육'은 어린이가 마음으로 느낀 것, 머리로 생각한 것 등을 평면적인 작품이나 입체적인 형태로 나타내는 표현 활동을 중심으로 이루어진다고 보았다.

미술과는 창의성의 계발을 기본 목표로 하고 있다. 미술 교과는 가지고 있는 '창의성'을 기른다는 성격을 가진다. 창의성이란 자기가 가지고 있는 것을 자신 속에 가두어 두는 것이 아니라, 밖으로 표출함으로써 발양된다. 따라서 미술 학습은 수동적인 수용 활동이 아니라 스스로 드러내는 적극적 표현 활동 중심으로 전개된다. 창의적 활동은 사람마다의 독창성(originality) 및 풍부한 상상력이 그것을 형태화하는 '표현'과 결합되어야 비로소 성립된다. 상상은 인간의 밖에 존재하는 어떤 객관적인 것이 아니고, 소재가 어떤 계기를 맞아 감성에 의하여 포착되고, 이것을 현실적 제약 없이 여러 가지로 조작하는 성격을 가진다. 이 잠재적 형태는 선

명하게 설명할 수 없는 다양성·유동성을 가진다. 이것을 어떤 질
서로 붙잡아 구체화하는 작업이 곧 창조이다. 이 창조는 풍부한
경험과 아직 경험되지 않은 상상에 의해서 구체화된다. 따라서,
창조는 개인의 감정과 사고가 중요하게 작용한다. 그래서 '개성의
신장'이라는 의미가 부여된다. 창조란 외적인 간섭이나 억압 없이
자기만의 것을 의연하게 나타내는 일이다. 이러한 표현은 '새로
운' 것으로 나타난다. 사람은 언제나 새로운 것을 찾기 때문이다.
미술과는, 누구의 것도 아닌 자기만의 자유롭고 새롭고 독창적인
표현, 즉 창의성을 다른 무엇보다도 존중하고 그것을 기본 성격으
로 한다(김춘일, 1988, pp.141-142).

미술과 학습의 지도 방향은 교육과정의 기본 정신에 입각하여 전개해야
한다. 어린이, 청소년들의 발달 과정, 관심, 흥미에 부합하는 내용을 제시하
면서 재미있고 유익한 경험으로 전개되어야 한다. 또한 창의성 발달을 주요
한 측면으로 제시하였다.

미술과가 다른 교과에 비해 상대적으로 가지는 특징은 창의성
함양에 있다. 따라서 어린이들 스스로 구상하고 표현하는 자율성,
상상력, 탐구적 태도 등을 기르는 데 역점을 두어야 한다. 그리고
70년대 이후의 폭넓은 미적 접근의 경향에서 강조하고 있는 바,
생활 주변에서 미적 현상을 폭넓게 보고 반응하는 미적 개방성을
강조해야 할 것이다(김춘일, 1988, p.212).

듀이를 비롯한 진보주의 교육학자들은 사회 변화에 적응하는 능력을 길러주는 것이 '교육'이라고 했다. 서양 선진국들은 바로 그 점에 초점을 맞추어 교육을 개혁·강화해왔던 것이다. 그런데 우리나라는 그런 것을 단지 이론으로만 다루고, 학교 현장에서는 여전히 단편적인 지식을 암기하는 교육에 열중해 왔다.

19세기까지의 단편적인 지식 전달 교육을 타파함은 물론이고, 그간 100년간 지속된 왼쪽 두뇌 중심, 논리·합리적 사고 중심의 교육 또한 대폭 수정·보완해야 한다. 그것은 곧 오른쪽 두뇌, 직관과 창의성 중심의 교육을 왼쪽 두뇌만큼 똑같은 비중으로 존중·강화해야 함을 의미한다. 이 점에서 창의성 교육은 21세기 교육학의 중심이자 교육 개혁의 핵심이 되어야 한다. 인간의 성격이나 탐구 태도가 어린 시절에 확립된다면, 인간 창의력의 기초는 어린 시절에 형성될 것이다. 이러한 측면에서 창의성 교육은 특히 유년 시절에 확실하게 이루어져야 할 것이다. 그러기 위해서는 막연하고 애매한 지도가 아니라, 구체적이고 확실한 지도가 이루어져야 한다.

김춘일은 어린이 미술을 연구하고 교육하려는 전문가들에게 그 교육의 본연을 바르게 이해하도록 돕기 위해 『미술교육론』을 집필하였다. 예술교육은 유치원 및 초·중등학교에서 기본적으로 이루어진다. 여기서 '기본적'이라 함은 한 어린이의 미적 정서만이 아니라 인식 능력의 발달을 반영하고 촉진하는, 매우 기초적이고 중요한 활동이라는 의미이다. 출생 이후 어린이에서 청소년기에 이르기까지 다양한 미술 표현을 여러 가지 측면에서 이해하도록 하였으며, 특히 미술 활동이 통합적인 '앎의 방식'이라는 점을 강조하였다.

어린이의 예술에 대한 기본적·통합적 교육의 관점은 브라우디(Broudy. H.)

나 로웬펠드(Lowenfeld), 아이스너(Eisner. E.) 등에 의해 지난 반세기 동안 일관성 있게 제기되었던 주장이기도 하다. 이들에 의하면 우리의 지식관은 소위 '인지(認知)'만을 의미하는 매우 왜곡되고 편협한 견해에 빠져있다는 것이다. 따라서 '창의적 문제해결력'이나 '직관' 같은 예술적 지성까지도 포괄할 수 있는 좀 더 폭넓고 새로운 관점으로 학교 교육관도 근본적으로 수정·보완돼야 할 필요가 있다.

> 이러한 시각으로 예술교육을 본다면, 예술교육은 단지 미적 감각이나 정서의 함양만이 아니라, 예민한 지각 능력, 사고력 및 창의적 문제해결력, 원만한 신체·감각 기능의 발달, 긍정적인 자아의식, 강한 의지 및 일에 대한 적극적인 태도의 함양까지를 두루 포함하는 '통합적인' 교육이 아닐 수 없다. (중략)
>
> 오늘날 우리는 새로운 방향전환을 필요로 한다. '미술만의 눈'이나 '심리학의 눈'으로 보려는 지엽적인 관점은 지양되어야 한다. 다시 말해 어린이의 '실존적 의미'를 바르게 이해하고, 그것을 좀 더 통합적이고 진취적인 관점으로 다루려는 자세가 필요한 것이다(김춘일, 2007, 머리말).

미술을 포함한 예술교육은 어린이의 정서 순화라는 측면에서 그 중요성이 강조되어 왔다. 예술이란 미적 대상을 다루는 정서적인 활동이므로, 그것이 순화된 정서를 함양하는 데 독특하고 중요한 역할을 한다는 것은 의심의 여지가 없다. 그러나 그러한 유미주의적 관점만으로는 예술교육을 제대로 보는 원만한 관점이라고 말할 수는 없다. 왜냐하면 예술이란 한 인간의 미적 감각에만 호소한다기보다, 한 시대의 지성과 감성과 기술과 소망 등을 반영하는 하나의 '온전한 표현'이기 때문이다. 이렇게 볼 때 지금까지의 예술교육의 관점은 좀 더 새로워져야 한다.

창의성 중심 미술교육이 수용되고 난 후 창의적인 미술교육이 모든 학교 현장에서 동일하게 이루어졌다고 볼 수는 없다. 하지만 교사들은 미술 표현에서 자기표현을 중시해야 하며, 자유로운 학습 분위기를 조성해 주어야 하고, 표현 활동을 간섭하면 창의성을 저해할 수 있다는 의식이 확산되었다. 창의적인 미술교육은 미술 교과의 특성을 살려 바람직한 인간의 성장을 도와야 한다.

따라서 미술교육은 다양한 미술 활동을 통하여 아름다움을 느끼며 향유할 수 있도록 미적 감수성을 길러주고, 창의력과 상상력을 계발하는 데 목적이 있다. 비판적인 사고 능력과 미술 문화를 이해하고 창조적으로 계승 · 발전할 수 있는 능력을 겸비한 전인적인 인간 육성에 뜻을 두고 있다. 이는 창의성 중심 미술교육은 인간 중심 미술교육과 깊은 관련이 있음을 시사한다. 창의성 중심 미술교육을 통해 21세기를 주도할 자율적이고 창의적인 인간을 육성하는 데 그 목적을 두고 있기 때문이다.

2

현장실천가가 바라본
창의성 중심 미술교육

가. 이현표의 자유주의적 창의성 교육 실천

이현표는 1945년 출생으로 서울 수도여자사범대학교 생활미술학과를 졸업하고, 성신여자대학교 교육대학원에서 미술교육 전공으로 석사학위를 받았다. 교육 경력은 1969년 서울 경동중학교에 초임 발령을 받았고, 2007년 풍납중학교에서 교장으로 정년 퇴임하였다. 미술교육에서는 재현 위주의 표현에서 벗어나 학생들의 단계별 특성에 맞는 수업 방법을 연구하였다. 학교 수업 시간에 미술 교과서를 참고하여 아이디어를 찾고 자기 나름대로 구성하여 표현한다. 감상을 통해서 서로 인정하는 방안을 찾아 자기표현이 강하고, 인정받고 싶은 학생들의 표현 욕구를 충족시켜야 한다고 주장한다. 또한 미술교육의 사회화, 사회가 미술교육에 주는 영향, 친구들과 주고받는 소통, 관심을 불러일으키는 과정이 중요하다고 피력한다. 창의성을 중심으로 재미있는 수업을 구안하는 것은 자신의 교직 경험에 비추어 보면서 스스로 연구하며 터득하였다.

이현표는 단순히 어떤 대상을 옮겨서 그리는 것 이전에 학습자의 표현에 중점을 둔 미술교육을 강조하였다. 이전에는 학생들이 표현한 것에 대한 제작 동기를 말할 기회가 없었고, 학생 작품에 의미 부여를 하지 않는 시대였다. 교사가 수업한 후 제작한 미술 작품을 보고 "내가 표현한 대로 잘했구나." 하면 끝이고, 학생이 주체가 되어 표현하지 않았다. 미술교육 초기 단계에는 예를 들어 색의 성질, 구도의 종류, 묘사력, 명암법, 원근법 등 기본적인 표현기법을 학습해야 할 필요성이 있다. 하지만 조형 원리 및 요소 등 미술 원리도 중요하지만, 재현 위주의 표현을 가르치면 미술에 대하여 포기하는 학생이 늘어난다.

교사는 학생들의 단계별 특성을 파악하고, 학생들이 원하는 바를 찾아 자발적으로 수업을 준비해야 한다. 중학생들은 자기표현이 강하고, 인정받고 싶은 시기이지만, '표현의 암흑기'라고 생각하였다. 미술 수업에서 교과서를 참고하여 아이디어를 찾고, 자기 나름대로 구상하여 독창적으로 표현한 후 감상을 통해서 서로를 인정할 수 있다. 미술은 타고나야 한다고 생각하지만, 학생들은 소질은 없어도 기본적으로 표현에 대한 욕구가 있다. 이현표는 미술 교사가 다양한 수업 기술을 도입하여 미술 시간을 운영하면 충분히 동기 유발할 수 있다고 주장하면서 다음과 같이 이야기한다.

미술 교과는 자기랑 상관없는 교과라고 생각하는 학생들이 있어요. "타고나는 재능이 있어야 해요. 원래 못해요. 미술대학 안 가요." 이런 학생들을 볼 수 있습니다. '나를 표현해 보자.'라는 주제로 한 학기에 한 작품만 나와도 되잖아요. 의사들도 악기를 다루면서 스트레스를 해소하는 분들이 많습니다(이현표 교장과의 1차 면담, 2016년 4월 29일).

이게 미술이라는 표현 교과잖아요. 뭔가 자기를 표현해야지. 거기에 포인트를 뒀어요. 그래서 난 예술이란 말 한 번도 안 했는데, 아이들이 "선생님 우리 예술 해요."라고 따라다니더라구요. 그리고 재미있는 일이 많았는데, "중학생이 되었으니 중학생 느낌을 말해 보라."라고 하는데 굉장히 말도 없고, 생기도 없는 한 학생이 일어나더니 "학교는 선생님하고 공부 잘하는 애들 주고받는 것을 구경하는 거다."라고 하더라구요. 순간 쇼크 먹었다는 느낌이 확실하더라고요. 그러면 "그걸 표현해봐라." 했어요. 어떤 아이는 쓰레기통에서 주운 거 같은 핀, 폐품 같은 걸 막 붙였어요. 그래서 아이들한테 "이건 뭘 표현한 거 같으냐?" 했더니 애들이 일어나서 자기들은 뭔지 모르지만 괴로운 느낌인 거 같다고 하는 거예요. 그러니까 자기는 너무 괴롭다는 말하구요.

경기여고 재학 당시 미술 수업은 그리는 수업이 대부분이었고, 잘 그리는 것이 중요했죠. 석고상 '아그리파'를 데생으로 정식으로 배웠어요. 포스터칼라는 나오기 전이었고, 그때는 없었어요. 특이했던 과제는 뜯어 붙이기이고, 나머지는 풍경화, 정물화 등 다 그리는 것이었어요. 미술 교과는 자기랑 상관없는 교과라고 생각하는 학생들이 있어요. "미술은 타고난 재능이 있어야 해요. 원래 못해요. 미술대학 안 가요.", "돈 없어요", "시간 없어요." 이런 학생들을 볼 수 있습니다(이현표 교장과의 1차 면담, 2016년 4월 29일).

미술적인 기능을 가르쳐야 한다는 생각에서 벗어나서 창의성을 기반으로 한 실질적인 것을 지도해야 한다. 창의적인 몇 가지 요인, 즉 뒤집어 보기,

거꾸로 보기, 연상하기 등 창의적인 기법들을 활용할 수 있다. 예를 들어, 현대미술 입체주의 피카소(Picasso, P.)의 작품 부분을 분리하여 교실에서 보여주고 연상되는 것을 발표하게 할 수 있다. 그 자체가 추상적이기 때문에, 나머지 부분을 나름대로 구상하여 완성하게 한다. 이어 그리기 또는 삼각형 하나를 주고 화면 꾸미기 등이 있다. 연상 작용도 창의성을 신장시키는 하나의 기법이다. 심리검사 중 창의성 검사를 통해서 달라지는 것을 확인한다. 자기 해석, 정서적인 안정감, 정신적인 불안감을 표출할 수 있는 시간이 필요하다. 또한 아이디어 전개 과정에서 '마인드맵' 등을 활용하여 사고의 발상을 전개하는 방법도 있다.

미술은 자기 성찰을 하면서 그것을 형과 색으로 표현하고, 감상을 통해서 미술의 요소를 배우는 과정이다. 미술 작품을 감상할 때 시대상, 사회 맥락적 의미, 제작 매체의 특성 등과 연계하여 작가의 표현 의도를 이해한다. 이를 바탕으로 재구성하여 작품을 제작한 후 자신의 의도를 친구들과 공유하면서 장단점을 고찰한다. 표현 활동과 감상은 서로 상보적인 관계를 맺고 있다. 이현표는 자신의 교직 경험에 비추어 미술교육의 사회화, 사회가 미술교육에 주는 영향, 친구들과 주고받는 소통, 미술에 관심을 불러일으키는 과정이 중요하다고 피력한다. 스스로 학생들의 흥미를 북돋는 다양한 창의적인 교수-학습 방법을 연구하였고, 서로 이야기하면서 미술이 사실적인 표현에서 벗어나 조형적인 요소로 소통하는 시각 언어(Visual Language)라는 개념으로 확대하였다는 데 의의가 있다.

나. 류금자의 어린이의 독특성 발현

류금자는 1954년 출생으로 인천교육대학교, 홍익대학교 미술대학을 졸업하였다. 동 대학원 섬유공예과에서 짚풀공예 전공으로 박사학위를 취득하였다. 교직 경력 총 40년으로 2016년 2월 진관고등학교에서 정년 퇴임하였다. 창의성 중심 미술교육은 학생들을 하나의 조화로운 인간, 완전한 인간으로 육성하는 일에 기여하였다고 할 수 있다. 당시, 대부분 고등학교 미술교사들은 표현기법과 붓을 사용하는 용필법 강의를 시범을 보이는 수업을 중점적으로 진행했다고 말한다. 하지만 류금자는 다른 교과와 달리 창의성 등 미술 본래의 기능을 중시하여야 하며, 또한 학생들의 인간성을 완성하는 데 역점을 둔 미술과 교육 활동이 이루어져야 한다고 주장한다.

그녀가 이해하는 창의성 중심 미술교육의 핵심은 어린이 미술이 성인 미술과 다르다는 것, 그리고 어린이의 발달 심리 단계에 맞게 이해하여야 한다는 것이다. 그래서 초등에서도 다시 초등 1-2학년, 3-4학년, 5-6학년 수준별로 미술 수업의 주제, 제재, 표현 용구 및 매체를 다르게 해야 한다고 주장하며, 이를 교육 활동에 적용하고자 하였다.

교육대학에서 실기 작업만 하는, 우리 인천교대에 유명한 오종욱 교수, 조각가 정몽규, 김기숙 교수가 있었어요. 황용엽과 2인 전시하고, 누드화를 그리는 정몽규 교수 등 베테랑 화가들이 포진되어 실기작업 열심히 할 때, 노재우 교수님은 우리한테 맨날 하는 말이 "외국에서 대개 유명한 사람이다. 너희들 두고 보면 알 거야. 내가 쓴 책이 나올 것이다."라고 말씀하셨어요. 나중에 보니까 미술교육을 연구한 사람이었어요. 국제 미술교육학회(INSEA)라고 하셨어요. 우리는 나가서 선생님이 될 것이니까 충실하게 들었어요.

미술교육 시간에 들은 노재우 교수 강의 중 기억나는 것은 당시, 박지만이 국민학교 시절에 그린 그림이 좋은 예시 자료라고 교육을 하셨어요. 박정희 대통령 재임 시절 방문한 존슨 대통령을 그린 박지만의 그림에는 아버지보다 훨씬 키가 큰 존슨 대통령을 박정희 대통령보다 더 작게 그렸어요. "아버지는 조그마한데 아버지는 크게 그리고 실제의 모습보다는 자기 마음속의 대상을 재해석한 아동화인데, 자기가 중요시하는 것을 크게 그린다. 어른의 그림하고는 다른 아동화에 대한 연구를 해야 한다. 관점, 사물을 보는 것이 다르기 때문에, 이것을 혼내거나 해서는 안 된다."라고 말씀하신 것이 기억납니다. 미술교육 이론 중심의 미술과 다른 아동화의 특성이 잘 나타난 사례라는 강의였어요. 교재는『미술교육론』이었는데, 학교에서 나온 책이 아니었을까 싶어요(류금자 교사와의 1차 면담, 2016년 5월 17일).

　　창의성 중심 미술교육에서는 학생들은 스스로 창의성을 타고나기 때문에 미술교육자는 학생들의 창의성이 발현되도록 산파처럼 도와주는 역할을 해야 한다고 본다. 그러다 보니 전통적인 임화 수업에서 중시하던 미술 기법이나 표현 효과를 가르치는 미술 본래의 기능적인 훈련이 부정되거나 간과되었다. 즉, 미술 본래의 기법이나 표현 효과가 등한시되어 미술 작가로서의 훈련이 많이 부족하였다고 할 수 있다. 리드가 주장한 '예술을 통한 교육(Education through Art)'과 일맥상통하는 것으로, '미술을 위한 미술(Art for Art's sakes)'이 되어서는 안 된다는 것이다. 창의성이야말로 인간이 갖는 최고의 속성이므로 인간다움을 형성하려면 예술 활동의 고취를 통한 교육이 최고의 교육이라는 내용이라고 할 수 있다.

　1977년 류금자가 국민학교 교사로 임용된 시기는 초등 교육과정에서 창의성을 중시하는 미술교육이 활발하게 이루어진 시기였다. 그래서 창의성 중심을 기반으로 한 미술교육은 다른 사조와 큰 갈등이 거의 없었다. 그러나 본인이 국민학교를 떠나서 1989년 일반 고등학교 미술 교사로 발령을 받고 미술 수업을 할 당시, 고등학교 미술교육 현장에서 미술 시간은 명화를 보고 베끼는 임화교육을 통해 미술의 기법을 익히는 수업이 중점적으로 이루어지고 있었다. 표현 대상을 그대로 그리는 재현 중심의 교육에 머물러 있었다.

　같은 시대 국민학교 교실과 고등학교 미술교육 시간에서 류금자는 많은 괴리감을 느꼈다. 당시, 대부분 고등학교 미술 교사들은 명암법, 형태 묘사 등 표현기법과 연필과 붓을 사용하는 용필법 강의를 시범을 보이면서 하는 수업을 중점적으로 진행했다. 일부 고등학교 교사들은 회화, 조소, 공예 등 전공 영역에 치중하여 자신이 경험한 미술 분야만 편협하게 가르치는 형태도 있었다고 회고한다.

　창의적인 미술교육은 인간교육을 위한 활동으로서 의의가 충분하였지만, 교사가 학생들의 미술교육 활동에서 방관자로서 수업을 방치하는 것을 합법화하는 결과를 가져왔다는 것이 가장 큰 문제라고 생각한다. 류금자는 창의성을 강조하여 학생을 하나의 인간으로 성장하게 하는 미술교육의 임무가 등한시되고, 강의 위주의 수업, 혹은 새로운 수업을 연구해도 학생들과 유리되어 '보여주기식'으로 이루어졌던 경우에 관하여 다음과 같이 말한다.

　특별한 사람들의 수업을 알아보고, 그런 선생님들 교실에 들어가

보면 난장판이었어요. 애들은 뛰고, 칠판 앞에서 설명하고 들으라고 하면 애들은 아무 소리 안 하고 듣는데 말입니다. 그렇지만 애들은 듣는 거구 이게 이론식인 거죠. 강의식 수업이라고 하는 거예요. 그런 모든 것이 대부분의 추세였어요. 특별한 선생님이 수업하면 그 반은 난장판이었어요. 그런 경우에는 학생들이 그룹별로 뭘 한다든지 이러면서 굉장히 앞선 사람이었죠. 이런 사람들이 나중에 교장, 교감으로 나간다든지 그랬던 거 같아요. 우리도 그런 것을 요구받았던 시대지요. 장학사들이 나와서 연구수업을 하라고 하잖아요. 그런 날은 그런 식으로 하려고 하죠. 억지로 끌려나와서 하는 것이지만, 현실적으로는 불가능하잖아요.

왜냐하면 학생 수가 내가 처음 나왔을 때 90명까지 받았어요. 내가 최근에 그 아이들을 만났어요. 내가 "애들아, 그때 90명이 넘었지?" 했더니 "아니요. 선생님 저 100번이 넘었어요." 하더라구요. 자기 번호는 100번이 넘어 103번인가 그랬다는 거예요. 중간에 빠진 학생이 있다고 해도, 학생이 너무나 많아서 장학사가 오면 뒷문을 열 수가 없었어요. 문이 닫아져서. 그런 현실에서 수업이 가능합니까? 불가능해요. 하라고 하니까 연극처럼 그날 하루만 특별하게 꾸며서 하면서 때우고 넘어갔던 거 같아요. 이런 교육의 이론은 현실하고 너무 동떨어진 그런 관계였던 거죠(류금자 교사와의 1차 면담, 2016년 5월 17일).

미술교육사에는 탐구학습, 구성주의, 다원주의, DBAE 등 많은 미술교육 사조가 존재하면서 현재의 미술교육을 이루고 있다. 현시점에서 창의성 중심 미술교육은 한국 미술교육의 중심이라고 생각한다. 미술 수업은 다른 교과와 달리 창의성을 중시한다는 점에서 창의성 중심 미술교육의 영향이 아직도 크게 작용하고 있다고 확신한다. 그리고 미술 수업이 인간성을 고양시켜야 한다는 점에서도, 미술 본래의 기능보다 인간을 완성시키는 데 역점을 두고 교육 활동이 이루어지고, 가치를 두어야 한다.

결론적으로, 창의성 중심 미술교육은 학생들이 하나의 조화로운 인간, 완전한 인간으로 육성되는 일에 기여하였다고 할 수 있다. 특히, 어린이는 어른의 축소판이 아니라 어린이 고유의 특성이 존재한다는 것을 인정하였다. 이를 바탕으로 아동화가 성인의 미술과 다른 차원에서 해석되는 계기가 되어 아동화에 관한 연구 활동이 활발해지고 아동 심리와 연계하여 오늘날 아동화와 미술치료에 관한 연계성을 갖는 계기가 되었다. 어린이의 미술 작품을 분석하고 미술교육을 체계화하고자 하는 연구를 하였다.

미술교육에 있어서 창의성 중심이란, 어린이들은 날 때부터 내부에 이미 창조적인 능력을 갖추고 있어서 이것을 어른이나 외부로부터의 억압되는 일 없이 본성에 따라 계발하고 신장하여야 한다는 것을 미술교육의 중요한 목적으로 삼는 사조이다. 즉, 미술교육을 통해 어린이 미술의 형성이 크게 기여하여 어린이의 창의성을 계발하고 자유로운 표현을 보장하자는 것이었다. 그 결과 어린이 미술을 새롭게 미술 분야에서 독립시키는 데 기여했으며 심리학과 연계하여 심리치료 교육의 기반이 되었다고 볼 수 있다.

Part 5

제1차 · 제2차
미술과 교육과정의 의의

1

교사의 전문성 개발

가. 미술 교사로서 정체성 찾기

제1차·제2차 교육과정의 보급과 더불어 미술교육에 대한 정체성을 확립하고 교사 개인의 미술교육 역량을 끌어올리려는 시도가 있었다. 미술교육을 담당하는 교사들은 창작하는 미술가와는 다른 영역에 있으며, 고유한 전문성이 있다고 생각하게 되었다. 이에 따라 학교를 미술가가 되고자 하는 교두보로 생각하는 교사들에 대하여 비판하거나 미술교육을 소홀히 하는 교사들을 계몽하려고 끊임없이 노력하였다. 실제 예술가로 미술 작품을 제작하는 것과 미술 작품을 제작하기 위하여 어떻게 해야 하는지 학생 수준에 맞게 가르치는 교사의 역할은 분명 차이점이 있었다. 더 나아가 미술교육이 자신의 예술 창작만을 위한 것이 아니라 학생들의 지도를 위한 준비 단계여야 한다는 생각이 널리 퍼지게 되었다. 이에 따라 미술 교사의 전문성이란 무엇인지에 대한 논의가 시작되었다.

미술대학을 나와서 미술교육에 뜻을 두고 있는지, 작가에 뜻을 두고 있는지 아니면 이중파인지? 미술교육도 하고 작가도 하겠다는 것인지, 미술 교사의 어떤 형태에 대해서 이런 것도 현장에서 모른다 이거죠. 선생님을 하고 계시지만 소위 작가 지망으로 하는 게 많아요. 작업을 해도 어떻게 가르칠 것인가. 미술실에서 해서 대전에 내서 상을 타야겠는데, 이런 사람들이 많다는 거예요. 그럼 앞에 앉은 학생들은 무엇이냐고요. 돈벌이와 수단에 지나지 않는다는 거예요. 그 때문에 아마 미학 하는, 예술철학 하는 사람들에게 중등학교 미술 교사가 화가를 지망해야 하는가 하면 다 반대라는 거예요. 예술은 지고한 가치를 두고 하는 것이고, 교육은 예술보다 다 가치로운 거래요. 그런 것을 버려버리고 자기 작업하는 데만 매진한다 그러면 "한 사람의 몸이 두 가지를 한다.", 속된 말로 "두 마리 토끼 잡으려다 한 마리도 못 잡는다." 그런 말 있잖아요. 제가 요새 경북대 학생들 교육대학원 미술교육과 온다는 것은 미술 교사를 양성하는 곳이거든요. 작가 양성하려면 미술대학에 가야 하는 거예요(박휘락 교수와의 2차 면담, 2015년 10월 5일)

이러한 교사들의 철저한 반성은 곧 모든 교육 활동의 우선순위를 학생에게 두어야 한다는 사상으로 발전하게 되었다.

미술 선생님이 그림을 그리는 것은 당연한데 어디다 가치를 둘 것인가? 그건 분명하다고 생각이 드는데, 작업을 안 하는 건 오히려 이상하다. 그런데 그 목적이 어디에 있나? 그래야 자기가 성장하겠습니까? 아이들이 성장하는 것이에요? 자기 영달보다 잘 가르치기 위해서 수단을 찾아내기 위해서 한다. 자연이라든지 과학이 들었으면 전날 오후에 과학실에 들어가 혼자 실험하는 모습 봤어요? 사전 실험이라고 하잖아요. 그 자세라야 한다는 거예요. 플라스크에 불을 붙여보고, 물을 끓여보고 하는 것은 그 사람이 과학자가 되려고 하는 것은 아니잖아요. 내일 실험을 보다 효율적으로 안전하게 실험 결과를 어떻게 도출할 것인가? 실험을 해봐야 안다는 것입니다(박휘락 교수와의 2차 면담, 2015년 10월 5일).

특히 미술은 수리적 정답이 있는 것이 아니라 다양한 영역에서 응용할 수 있는 특징이 있다. 이러한 점은 미술 교사들이 다른 교과 교사들과 본질적으로 다른 가치관을 갖게 하는 것을 가능하게 해주었다. 교사들은 시각, 청각 등 오감을 활용하며 직관적인 영역에 따라 교육을 하고자 하였다.

많은 교사가 수업 목표를 정하고 주제나 제재, 표현 매체를 상세히 지정해 주는 한편, 자유롭게 학생들에게 자신의 주제에 따라 자유로운 도구를 사용하는 것을 인정하기도 하였다. 수업 방식 또한 다른 교과와는 다르게 학생들의 질문에 답변하고, 같이 논의하면서 해결책을 모색하는 역할을 하는 등 크게 진일보한 모습을 보이게 되었다. 준비물이나 작업 도면을 정해 주고 제작 과정을 상세히 설명해 주기보다는, 아이디어를 내고 자신의 발상을 조형적으로 풀어나가며, 그 과정에서 봉착하는 문제를 함께 논의하고 해결하는 것이다.

로웬펠드 이론이 치적부터 "아이들에게 간섭하지 말아라. 아이들이 스스로 그리게 해라, 자기표현을 하게 해라." 이 말을 왜곡을 하는 거야. 간섭하면 안 돼. 아예 지도를 안 해요. 그러면 방임이잖아. 내팽개치는 거지 그러니까 초등학교 때 그림이 노인까지 똑같다니까. 도식화되어 가지고. 사람을 그리면 임화가 아니라 방임이야. 자기 그림이 고착화되는 거야. 그대로 모양이 발전이 없는 거야. 초등 저학년 때 도식화되면, 어른이 될 때까지 도식화되는 거지. 방임주의 교육이 많았어. 팽배되었지. 그 이론을 잘못 받아들여서. 초등은 미술 전공이 아니어도 배우는 것, 교대라는 것이 특수성이 있는 거죠. 모두가 9개 교과 모두가 배워야 하는 거야. 국어, 산수, 사회, 자연, 도덕, 실과, 음악, 미술, 체육 이렇게 9개 교과였어. 그중에서 자기가 좋아하는 과목을 하는 거야. 나도 미술교육을 했지. 거기서는 제대로 배워요. 많지는 않지, 전문적으로 모든 교과를 배워야 돼(심영옥 교수와의 면담, 2018년 7월 8일).

이는 방임과는 분명히 다르며, 자유롭게 던져두었을 때 예상치 못한 기발한 작품이 나오기도 한다. 이것이 미술 교사의 역량이며 전문성으로 생각되었다. 미술 교사의 전공, 관심사, 취향에 따라 학생들의 결과물은 확연히 다른 것으로 인정받게 되었다.

방식이 다른 거지 방임은 아니지. "미술선생은 좋겠다. (아이들한테) 그려라." 하면 되고. 이런 사람들한테 지보러 해보라 그래. 수업 결과가 전혀 다르잖아. 그건 내가 너무 경험을 많이 했어. 내가 한 시간을 다른 사람한테 맡겼다, 엉망인 거야. 내가 수업을 하면

절대 그렇게 나올 수가 없는 거지. 내가 느끼는 거야. 그리고 본인도 그걸 느껴. 그게 왜 똑같은 수업을 하는데, 똑같이 "그려라." 해도 수업 방식에 따라 달라. 그러니까 전문가는 따로 있는 거지(류금자 교사와의 2차 면담, 2018년 7월 15일).

2

미술교육 전문가가 바라본
창의성 중심 미술교육

가. 서구의 미술교육학에 대한 연구

창의성 중심 미술교육과 미술을 통한 인간 형성을 위한 미술교육이 주류를 이루면서, 미술교육은 기능 습득 위주가 아니라 예술적 품성을 지닌 사회인으로 육성하고자 하는 관점을 취하게 되었다. 미술 문화에 대한 식견과 미술 작품을 감상하는 심미안을 바탕으로 창의적인 사고를 하는 인간을 육성하여 자신의 분야에서 미술적 소양과 융합하는 창의성을 발휘하도록 하는 것이다.

로웬펠드의 교육의 영향으로 어른과는 다른 어린이의 미술 표현을 존중하고 어린이의 독창성을 인정하였다. 어린이 특유의 그림 표현을 중요시한 것이다. 이러한 책을 당시 몇몇 연구하는 선생님들이 일본을 통하여 받아들이고 창의성에 대하여 눈을 뜨게 되었다. 당시 대표적인 미술교육자는 박휘락 교수로 일본에서 발간된 리드의 『평화를 위한 미술교육』[1] 등을 읽게 된

---

1 H. 리드, 안동민 역, 구미신서『평화를 위한 교육』, 서울: 을유문화사, 1959(단기 4292).

다. 당시 박휘락 교수는 일제강점기 일본어 교육을 받았기 때문에 일본 책을 읽는 데는 어려움이 없었다. 로웬펠드의 책으로 서구의 미술교육 이론을 접하면서 어린이 미술의 고유한 영역과 독창성에 대하여 눈을 뜨게 된다. 어린이들의 미술에 관심이 상대적으로 빈약할 당시 어린이들만의 세계에 관심을 가졌으며, 관심 있는 교사들이 자발적으로 모였다.

거기 맞는 것이 일방적으로 그래 가지고, 이 책은 사 가지고 돌아오다가, 퇴근하고 술집에서 술도 마시고 술 취해서 골목에서 넘어져서 책을 빠뜨려버렸어요. 물이 젖어서 그런 책이에요. 하도 좋아해서. 그렇게 하다가 1968년에 대학원에 들어갔어요. 로웬펠드를 알던 당시 1968년에 입학해서 1970년에 졸업했는데, 대학원 다닐 때는 미술교육의 경향이 로웬펠드 창조주의 미술교육, 우리나라에는 1993년에 소개되었어. 얼마나 일본에서 65년 이전에 출판된 것을 이름을 몰랐던 거지. 일본이 이 책 출판하고 다른 출판사에서도 했어요. 중고 책방에서 산 것이 아니라 수입해서, 주문해서 산 거예요. 도랑에 빠져 가지고 (웃음) 그래 가지고 대학원을 졸업하면서 계명대학교 대학원 1회 졸업생입니다. 대학원을 졸업하자마자 얼마나 기쁜지 몰라요. 대구에 대학원이 없었어요. 경북대에도 없었고, 처음 생겨서 쫓아 들어갔는데, 계명대학교 대학원에 유아교육과가 있어서 강사를 나갔어요(박휘락 교수와의 1차 면담, 2015년 7월 29일).

박휘락 교수는 헌책방이나 도서관을 찾아다니며 당시 어린이 미술교육에

왼쪽: Viola, W의 저작 『Child Art』(1942)의 일본판
가운데: 제55호 『문교경북』(1979)(경상북도 교육위원회의 기관지)
오른쪽: 박휘락, 「아동미술의 발견」, pp.79~85. 『치젝의 미술교육』(1942)을 소개한 글

대한 허버트 리드, 치젝 등 외국 학자의 책을 읽으며 새로운 미술교육 동향
에 대하여 연구한다. 이중 『치젝의 미술교육』(1942)을 연구하였고, 이를 바탕
으로 1979년 발행된 경상북도 교육위원회의 기관지 제55호 『문교경북』에
「아동미술의 발견」이라는 논문을 게재하여 공유하였다.

창조주의 미술교육에서 나온 치젝 미술교육이 되기 위해서 비
엔나 미술대학에 입학하는 거예요. 하다가 같이 화가로 지망한 사
람이 오늘날까지 유명한 독일의 코코슈카란 사람이 있어요. 오후
에 모여 화가 지망생이라요. 우연히 아동미술을 발견했다. 집에
가는 하숙집에 가는 길에 아이들이 낙서를 하고, 담벼락에 그림을
그리고, 아이들이 그림을 그리는 것하고 어른들이 생각하는 것이
랑 영 다른 것을 그린 거예요. 순수하게 아이들의 본질이구나 하
고 관심을 가지고 아이들이 자기 집에 와서 그림 구경도 시켜주고
했다는 거예요. 다시 말하면 치젝이 그런 생각을 갖게 한 것도 현

대미술에 대한 사상이 배경이 있었던 거예요. 자기가 혼자 갑자기 만들어낸 것이 아니고. 그것이 분리파하고 표현주의가 있을 때요. 그때 나온 것이 창조표현주의 미술교육이지요. 오늘에 와서 다원주의 미술교육. 치젝은 죽고 난 뒤에, 살고 있는 동안 아동 미술교육을 지도하면서도 논문을 쓴 적이 있는지 모르겠지만, 저서는 없어요. 근데 윌리엄 비올라가 지은 책이에요. 『*Child Art, and Frank Cizek*』. 그런데 이때 처음으로 아동미술이란 말을 썼다 하네요. 그 전에는 인정되지 않았던 거래요. 어른들이 전통적인 상식적인 그림을 그리고, 치젝이 이런 교육을 하면서 유럽을 전시할 때 같이 돌아다니고. 열렬한 지지자였다. 이 사람(치젝)이 지었던 책을 남겨 놓은 것이죠. 이 책은 미국 아마존에 가도 없더라고요. 나이 어린 아동화로 남아있는 것은 뒤러의 아동화. 후에 손을 댔다 하더라고요. 아이들이 그린 그림은 순수하다. 여기에서 출발한 거죠(박휘락 교수와의 3차 면담. 2016년 4월 16일).

로웬펠드의 책은 1993년 서울교대 미술교육연구회에서 번역하여 『인간을 위한 미술교육』이란 제목으로 출간하게 된다. 교사들의 새로운 미술교육 동향, 수업 방법에 대한 학문적인 연구가 기반이 되었다.

우리나라에 로웬펠드가 들어오게 된 거죠. 피바디 사절단, 치젝이 들어온 거죠. 우리나라 사람들이 머리가 좋다 보니 초대 요즘 미술교육을 진두지휘하는 분들이 로웬펠드를 가지고 들어오고, 노재우 교수님이라든지 박철준 교수님이라든지 많은 사람이 그래도 외국에서 인시아(INSEA)도 들어가고 하면서 김정 교수님도 독일에서 창의성을, 2차 교육과정 때 로웬펠드 가지고 오면서, 존 듀이라던지 진보주의 사상, 당시 사회재건주의 사상 이런 걸 들어오면서 2차 때 창의성을 더 부각시킨 거 같아(심영옥 교수와의 면담, 2018년 7월 8일).

나. 교사들의 자발적인 연구회

1960년대 전국 학교에 미술교육에 대한 새로운 개념이 성립하면서 연구하는 풍토가 조성되었다. 사범학교를 졸업하고 교직에 몸담고 학생들을 가르치면서 새로운 동향에 관심을 가지고 공부를 시작하게 된다. 같은 학년들이 모여 연간 계획을 세워 주, 월 단위로 미술과에서 무엇을 가르쳐야 할 것인지 서로 정보를 공유하며 계획을 수립하였다. 학교에 있으며 각종 행정업무에 시간을 쫓기면 가장 중요한 수업 연구에 소홀할 여지가 많다. 연간계획을 수립하는 것은 현재도 이루어지고 있으며 수업과 교재의 연구를 시작하였다는 측면에서 가치 있는 일이다.

박휘락은 미술교육자로서 1963년부터 경북대학교사범대학 부속국민학교에서 미술교육에 연간지도계획안을 작성, 학교 현장에 직접 도입하여 실천하였다. 교사 연수회를 위하여 미술과 연간지도계획을 세우고 공유한다.[2] 상화의 개념, 각 학년의 그리기 지도, 단원별 지도 내용, 상화교육의 문제점을 이해한다. 기본적인 개념을 이해하고, 상화의 표현 방식과 실제 지도를

---

2   박휘락 교수가 제공한 추가자료로, 1963년부터 경북사대부국 미술과 연간지도계획에 창조표현주의 미술교육을 도입하여 작성, 학교 현장에 직접 도입 실천한 지도 자료이다.

위해 주제화, 상상화, 공상화로 나누어 단원별로 어떤 주제를 어떻게 지도할 것인지 분류하여 제시한다. 결론적으로 미술과 표현 지도의 구조, 새롭게 받아들이는 '아동의 표현', '창조'란 무엇이며, 학생들에게 미치는 영향이 무엇인가 검토해 보고, 지도방안에 대하여 실제 수업을 연구한다.

여기 보면 아동미술 시리즈 부록. 창조적 판화의 실천 지도. 미술과 연구수업 하면서 이런 이론을 가지고 연구수업을 했어요. 하나의 수업안이라. 23권, 이것도 수업안이구. 3차시 학습 지도안 같네요. 이게 그때 65년 우리 학교에서 창조성 중심으로 연구 발표할 때, 우리 학교의 뭐지, 연간지도계획안이라 저가 혼자 다 썼어요. 1-6학년까지 원고를 다 썼어요. 64년이니까 교육과정 바뀔 때 여기에서 지도한 아이들의 작품을 교과서에 많이 실었어요. 사대부국은 특수한 안이거든. 이건 상권인데 2권도 있었어요. 2권 만들어서 고치고 마지막으로 한 거. 그때는 저가 전담할 때 만들어 가지고, 월요일인가 주일마다 교사 연수가 있어요. 교사실에서 4월 1주라 하는 것은 학년별로 해설하는 것입니다. 2학년 4월 1주 인형 만들기는 이렇게 지도하고. 종이 릴리프는 이러이러 지도하고, 배워 가지고 4월 1주에 반에 들어가 지도하는 것이지요.

경북대학교 사범대학 부속국민학교는 미술실이 따로 있어 연구하기에 적합한 환경이었다. 학생들이 귀가한 방과 후에는 동료 교사들과 미술 수업에 대하여 토론하고 정보를 나누는 일종의 연수회를 조직하여 모였다. 연수회를 위하여 미술 이론에 대한 글을 쓰고, 책으로 만들어 선생님들과 공유하였다.

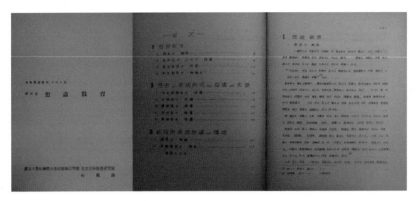

새로운 想畵教育兒童美術教育 씨리즈 ① 『새로운 想 畵 教 育』(박휘락, 1966, 미간행 자료집)
(출처: 경북대학사범대학 부속국민학교 아동미술교육연구실)

선생님들도 원해서 오는 동아리가 아니고, 의무적으로 오는 교
사 연수회. 매주 오는 학교 안에서. 본교 선생님들 사대 부속국민
학교 선생님 전체가 하는 것이지. 연구수업 했던 거, 아동미술 연
구, 이래 써 가지고 선생님이 발표하고 연극 수업이라고 했죠. 오
후에는 여기에서 교사 연수회도 하고, 반성회도 하고. 상화 지도
도 있네요. 『새로운 상화교육』66년도. 그래 가지고 상화교육하고
판화는 했구, 앞으로 상화교육, 사생 지도, 판화 협동 지도, 꾸미기
지도, 구성 지도, 만들기 교육, 아동화의 이해와 평가 이런 책을 내
겠다고 했는데, 조소와 상화만 내고 저 부국을 나가게 되었어요. 그
래서 다 못 냈어요(박휘락 교수와의 2차 면담, 2015년 10월 5일).

1964년 당시 창조주의가 도입되면서 전국사범대학 교육대학 부속국민
학교 연합회에서 연구회를 개최한 후 '한국아동미술교육협회(회장 박연권)'[3]를

---

3   박휘락(1986), 「한국 「수공과」 교육의 변천과정연구」, 『대구교대논문집』 22, p.260에는 '한국

조직했는데, 일반인이 설립한 사설 단체였다. 전국적으로 연수회를 개최하였는데, 훗날에는 이수하면 정식 연수로 인정받게 된다. 이는 교사들 스스로 필요에 의해 교수·학습 프로그램 및 교수 자료, 교수법 등을 공유할 필요성을 자각했다는 점에서 중요하다. 행정 기관이나 다른 곳에서 조직한 것이 아니라 전국의 교사들이 조직한 아동미술 단체이며, 강습회를 통하여 정보를 공유하는 장을 마련한 것이다.

『새 교육과정에 의한 우리학교의 미술교육』 (출처: 박휘락, 1964)

그런데 1964년에 보면 연구 주제를 보면 '창조주의 아동화를 이끄는 효과적인 지도 방법'에 의한, 이때 연구 주제는 창조성. 선생님들의 현장 연구도 창조성에 맞춰있었어요. 학교 연구는 부속국에서 했지만 전국 공개의 명의는 '전국사범대학 교육대학 부속국 연합회'가 주최했어요. 연합회가 있었습니다. 전국의 선생님들

아동미술교육연합회'라고 기재되어있다. 박휘락 교수가 제공한 창간 기념 신문 기사(발행연도 미확인)에 의거하여 본 논문에서는 '한국아동미술협회'로 표기하도록 한다.

초빙해서 강의했어요. 사진 같은 건 없나 모르겠어요. 이것은 그 당시에 연수하러 돌아다니는 전국 국민학교 교사 강습회, 주최 문교부, 주관 한국 아동미술협회, 이게 사설 단체라. 이 단체를, 협회장이 선생님도 아니고 일반인이었어요. 그 선생님 이름이 (자료 찾으심) 아동미술 교육의 창조. (연구회 명단 적으심)(박휘락 교수와의 2차 면담, 2015년 10월 5일).

학생들을 위한 미술과 수업 연구를 실시하였다는 것에 큰 의의가 있다고 생각한다. 이를 바탕으로 1964년 당시 창조주의가 도입되면서 전국사범대학 교육대학 부속국민학교 연합회에서 연구회를 개최한다. 회장 박연권은 '한국아동미술교육협회'를 조직하게 되는데, 일반인이 설립한 사설 단체였다. 전국적으로 이동하며 연수회를 개최하였는데, 훗날에는 이수하면 정식 연수로 인정받게 된다. 이는 교사들 스스로 필요에 의해 교수·학습 프로그램 및 교수 자료, 교수법 등을 공유할 필요성을 자각했다는 점에서 중요하다. 행정 기관이나 다른 조직한 것이 아니라 전국의 교사들이 조직한 아동미술 단체로, 강습회를 통하여 정보를 공유하는 장을 마련했던 것이다.

'한국아동미술교육협회' 회장은 박연권이라요. 그때 뭐 하는지 몰랐어요. 우리도. 고문이 권상용(당시 서울 한양국교 교장), 김영훈 서울 영훈국 교장, 원흥균 서울교대 학장, 이봉상 전 홍익대 교수, 지도위원이 박광진. 박광진 알잖아, 화가. 그림 그리는 사람. 서울교대 있었어요. 운영위원 서이너이, 열한 명 있네요. 지금 김형모 씨는 서울교대부국 하다가 일찍 돌아가셨어요. 송재희 선생님, 중대

부국, 살아계셔. 그림 그리고 있어요. 안호범도 춘천교대부국 선생
하다가 서울 올라와 그림으로 완전히 돌아가 버렸고, 오세근이 서
울사대부국 있다가 서울 은석 교장으로 갔나 모르겠네. 류덕인 살
아있을 때까지 연락했어요. 주로 아동화를 통한 성격진단 검사 같
은 것 관심을 갖고 연구를 했어요. 책도 있어요. 유영백 서울 리라,
정진명 서울사대부국 교사, 열심히 연구를 했어요. 최기혁도. 동그
라미 쳐놓은 사람들은 열심히 하는 사람들이에요. 전국에서 사대
부국하는 거는 서울대 부속국민학교랑 경북대사대부국이랑, 전국
에 공립은 두 개밖에 없어요. 나머지는 교대부속이지. 이 사람도
열심이고 퇴직해서 경기도 있는데 전화를 한다 하다 못 했는데 돌
아가셔서 연락을 못 했어요. 전부 다 국민학교 선생님인데. 우리
나라에 주요한 사실인데요, 우리나라 창조주의 미술교육 도입한
것은 국민학교 선생님들이 주동이 돼서 도입된 거라 하는 거예요
(박휘락 교수와의 2차 면담, 2015년 10월 5일).

교장단의 기부에 의해서 한국아동미
술교육협회는 1965년 4월 14일 창간호
『아동미술』을 발간하였다. 언제 폐간했
는지 정확한 정보는 없지만, 1969년 12
월 발행된 회지가 남아있다. 한국아동미
술교육협회가 주관하고, 문교부에서 주
최한 제3회 전국국민학교 교사(미술)강
습회 자료집(〈부록 7-12〉참조, 안호범 교수 제

『아동미술』 창간호 표지,
아동미술교육협회(1965.04.14.)

공), 우리나라 최초의 아동미술 연구지 『아동미술』 창간호는 표지만 있는데, "중요 논제는 미술교육과 현대(전상범), 현대미술교육의 사상과 방법(박휘락), 세계 각국의 미술교육현황(김형호), 한국아동미술교육의 과거, 현재, 미래(정진명), 한국 아동 미술교육의 부진성과 해결방안(송용달), 한국농산어촌 미술교육의 향방(안호범), 아동작품의 평가(장태영)이다."(박휘락, 1986, p.260).

또한 '우리의 주장'으로 "첫째, 우리들은 어린이들의 창조력을 존중하고 미술교육을 통하여 이것을 건전하게 신장시키는 책임을 맡는다. 둘째, 우리들은 낡은 교육을 척결하고 올바른 생각과 새로운 방법을 탐구하여 진보된 미술교육을 확립한다. 셋째, 우리들은 모든 그릇된 권위로부터 자유이며 나아가서는 한국미술교육의 선도자임을 자각한다."(박휘락, 1986, p.260)라고 발표하였다. 또한, 교사 자격연수 1정 강습은 1967년 서울, 1968년 속리산, 1969년 경주, 1970년 대구 총 4회 열렸다. 지속해서 개최된 것은 아니지만, 처음으로 교사 스스로 자발적으로 연구회를 조직한 단체였다. 당시 회장과 전국 임원진, 당시 문교부 이종학 편수관의 축사, 아동미술 교육 창조성에 관한 신문 스크랩은 다음과 같다.

당시 같은 목적으로 새로운 미술교육에 대한 필요성을 느끼고 서로 협의하고 노력하던 전국의 미술과 국민학교 선생님들은 1964년 한국아동미술교육협회를 창설하게 된다. 비록 몇 년 동안 시행되고 더 이어지지 못한 것은 안타까운 일이지만, 교사들 스스로 필요성에 의하여 설립한 단체이며 전국의 같은 관심사를 공유한 교사들이 모여 연수를 했다는 것에 의의를 가진다. 미술의 각 영역 프로그램, 평가 등 스스로 연구하고, 문교부를 대신하여 자격연수를 대체하였다는 것은 그 전문성을 인정하게 한다.

한국적인 미술교육풍토형성에
등대와 기수되기를

문교부편수관 이 종 학

본 협회 임원명단

고문
권상용…서울한양국교장
김영훈…서울영훈국교장
원흥균…서울교대학장
이봉상…전 홍대교수

지도위원
박광진…서울교대교수
협회장
박연걸

우리나라 미술교육은 이에 관심 있는 분들은 물론 일선에서 실제 다루고 있는 분들의 꾸준한 연구 노력으로서 놀라울 정도로 발전해 왔다. 그렇지만 나날이 변모하는 세계의 사조와 연구로 그 방법이나 내용도 발전하고 있어 이를 예의 검토 연구하고 그 나라 나름의 사회 환경과 여건 속에서 행해지고 있는 미술교육의 특수성이 있으므로 우리는 우리에 알맞고 적절한 것이 필요하다. 따라서 잘못된 것은 고치고 부족한 것은 보태어 국가적, 시대적 원대한 꿈을 교육을 통하여 이룩해 나가야 할 사명을 절감하여, 보다 나은 내일을 꿈꾸며 나은 내일을 꿈꾸며 줄기찬 노력이 요구된다. 이러한 때에 조금이라도 도움이 될까 —

운영위원
강창균…서울운석국교
김형호…서울교대부국
박휘락…경북사대부국
송진세…중앙대부국
안호범…서울풍인국교
오세근…서울은석국교
류덕인…서울세검정국교
류영백…서울리라국교
정진명…서울사대부국
최기혁…서울교대부국

한국아동미술협회에서는 일선 교사의 질적 향상은 물론 그들의 용기와 뜻있는 유능한 분들의 연구와 실천을 도우며 또 그것을 발굴해 활발한 미술교육의 좋은 벗이 되고저 「교육미술」이라는 책자를 마련한 것으로 알고 기쁘게 생각하며 그 노력이 마침내 우리나라 미술교육에 우리나라 미술교육에 큰 힘이 될 것을 은근히 기대하면서 격려를 보내는 바이다.

(출처: 박휘락 교수 제공)

교사들 연수를 많이 시켰어요. 교과별로도 시키고 방학 동안에는 20시간씩 다 받게 하고, 2차 교육과정에는 연수가 많았어요. 교과를 전부 다 하니까 방학 동안 내내 연수를 받는 거죠. 오늘은 실과, 한 교과가 20시간 막 그래요. 그럼 몇 년 동안 방학 동안 쉬지도 못하고 계속 강습을 받은 거죠. 평가가 있어서 1급 정교사 갈 때 평가 점수 좋은 거 써먹었잖아. 교장 승진할 때도. 그 무렵에는 연수원이 따로 없어서 교육청에서 연수를 하는데 이 교육은 이 초등학교, 이 교육은 저 초등학교에서 했어요. 나오면 나는 이번에 무엇을 받고 싶다 하면 선택을 했어요. 직무연수, 일반연수, 자격연수가 있었어요(김선태 교장과의 면담, 2018년 7월 19일).

미술교육 과정은 미술 수업에서 강조한 것은 그때는 자유로움이었어. 말하자면 연수 같은 데 가서 보면 아이들한테 무엇을 하라고 하지 말고 개들이 하도록 해라. 약간은 방임형, 이런 경향이 강했지. 선생은 잔소리하는 거 보다, 멀리서 떨어져서 아이들 그리는 것을 보고, 좀 뭐하면 이렇게 하면 어떠니, 조언을 하는 정도의 수업이었던 것 같아(류금자 교사와의 2차 면담, 2018년 7월 15일).

이러한 연수의 결과, 많은 교사가 제1차·제2차 교육과정의 핵심 가치가 학생들 개인의 경험과 창의성의 발현에 있다는 사실을 알게 되었으며 이것은 전국의 학교에 미술 수업의 변화를 이끌어 내는 중요한 역할을 담당하게 되었다.

학생들의 인식 어떠한 반응은, 아이들이 변화를 알기는 쉽지 않은데, 나한테 느끼는 것은 새로운 선생님, 미친 선생님, 미술과 친한 선생님인데, 미쳤다. 그걸 붙여서 초등학교 교사할 때 들었던 소리야. 그런 별명이 있었고, 수업에 대해서는 애들은 긍정적이었던 거 같지. 지네들 많이 인정해 주니까, 지네 이야기를 더 많이 들어주고, 작품에 대해서 너그럽게 해석해 주니까. 표현이라는 것은 똑같이 그려야 한다는 부담이 사실은 없는 거잖아.

표현을 끌어내는 데 가장 중요한 게 사실은 연수를 통해서 선생님들의 생각을 바꿔주고 따라오게 해야 하는데, 연수를 가기가 쉽지 않거든. 끝나고 가고, 나처럼 열정 있는 사람은 무조건 가지. 그런 환경 시스템 연수를 학교 선생들이 쉽게 받도록 해줘야 해. 초등학교 같은 경우는 와서 하면 되잖아. 연수를 오게 할 게 아냐. 나름대로 또 책 같은 것도 봐야 하잖아. 도구고 뭐고 내가 좋아하니까 구입하는데. 그런 것들이 학교에 갖춰있어야 해. 지금 학교 가보면 잘 되어 있더라고. 초등에 나가서 조형 수업을 하는 봉사활동을 해. 초등학교에 가서 애들 수업을 해주는 거야. '자연사랑 봉사단'이라고 퇴직 교사 13명이 모여서 이모작센터에서 만나서 조직이 되었어. 이 사람들이 뭐하냐면 체험 훈련을 해준다. 자연환경 이런 문제 수업을 하는데 무엇보다도 연구하는 게 제일 중요해 (류금자 교사와의 2차 면담, 2018년 7월 15일).

이처럼 현장에서 학생들을 가르치는 일선 교사들의 자발적인 움직임, 학교 자체 연수나 전국 규모의 연수를 조직하였다는 것은 미술교육이 진일보

하였다는 것으로 보아야 할 것이다. 전국 규모의 연수는 단 한 번으로 끝났다는 것이 아쉽지만, 국가 수준에서 연수를 이끌어갔다고 본다. 무엇보다도 교육 현장에서 실제로 적용하도록 하는 노력이 보이기 시작했다. 다만 당시 강습회의 영향은 전국 규모로 본다면 일부 계층의 교사에 한정되었고, 적극적인 파급은 한 세대가 지난 시점에서 일반화될 가능성이 있는 한계가 있었다.

전문 미술교육학회의 창립

이 시기에는 처음으로 미술교육을 전문적으로 담당하는 학회가 창립되었다. 그 세부적인 내용은 다음과 같다.

가. 한국미술교육학회의 창립

1968년 박철준 초대 회장을 중심으로 최초의 미술교육 관련 학회인 '한국미술교육학회'를 창립하기에 이르렀다. 1968년 창립한 한국미술교육학회는 박철준, 임영방 교수 등이 주축이 되어 결성한 한국 최초의 미술교육 학술 단체이다. 한국미술교육학회를 발족할 당시와 1971년 8월 2일부터 3일까지 인천교육대학에서 열린 미술교육세미나에 대한 기사는 다음과 같다.

미술교육학회 발족
서울교육대학을 비롯한 전국 14개 교육대학 미술과 교수들의 모임인 한국미술교육학회가 10일 발족되었다. 미술교육에 관한 연구보고회와 토론회 개최 학술회지 간행, 교육미술전시회 등을 추진할 동회회원은 45명, 교육대학이 있는 14개 도시에 지부를 갖고 앞으로 초중등교 미술 교사도 준회원으로 가입시킬 예정이다. 초대 임원은 다음과 같다.

▲회장 박철준 염태진, 김기숙 ▲총무간사 노재우 ▲사업간사 김영학 ▲연구간사 김정희 ▲감사 안종우, 한진구 ▲이사 안승각 외 13명(동아일보 1968년 2월 20일).

미술교육세미나
한국미술교육학회는 오는 8월 2, 3일 양일간 인천교육대학에서 한국미술교육에 대한 세미나 및 연구발표회를 갖는다. 2일 하오(1시 30-4시 30분)의 세미나에서는「초등학교 교육과정 개정 취지와 방향」(문교부편수관 이종학)에 대한 기조 연설과 미술교육전반에 걸친 자유토론이 있다. 연구발표회(3일 상오 9시 30-낮 12시 30분)에는「예술교육론」(마산교대 김해성교수), 「초등학교 미술과 교육과정의 기본요소론고」(인천교대 노재우교수), 「아동미술의 표현 유형」(춘천교대 김정희교수) 등 연구발표가 있다(경향신문 1971년 7월 30일).

1992년에 창립한 같은 이름의 한국미술교육학회(초대 회장 이창림, 한국교원대 미술교육과 교수)와는 무관하다. 언제 그만두었는지는 확실치 않지만, 한국 최초로 결성하였다는 점에서 의미가 있는 일이다.

나. 조형교육학회 창립

김정 교수는 독일 유학 이후 독일 등 서구 유럽의 미술교육 전문서를 수집하고 정리 · 번역하여 유럽 여러 나라의 미술교육을 소개하였다. 번역, 특강, 방송, 신문 지면을 통하여 활동하였는데, 이를 바탕으로 학회를 창립하는 계기를 마련하였다. 그는 영향을 준 한스 마이어 교수와의 인연을 다음과 같이 언급하고 있다.

한스 마이어 교수는 화가이며, 프랑크프루트대학교 교수입니다. 원제는 『아동의 조형 세계(Die Welt der kindlichen Bildnerei)』로 독일의 교육 문고 시리즈에 들어있어요. 화가인 마이어 교수는 미술교육의 저서와 논문은 유럽에 큰 영향을 끼쳤고. 그의 작품은 표현주의적 경향이 짙은 그림을 그리는 원로 화가이기도 하죠. 저서와 논문은 83년부터 접했지만 그를 21년 전 처음 만났고,[1] 그 뒤로부터는 나는 마이어 교수 집에 하루 이틀 묵는 사이가 됐고 그의 검소한 생활에 놀랐으며 화실과 서재의 엄청난 자료에 학문적 감명을 받기도 했어요. 막상 번역하려니 나에게는 너무 힘이 들어 도중에 그만두고, 수년이 지났어요. 몇 년 뒤 그분을 만났을 때는 "너무 어렵고 힘들어서 번역을 포기한 상태."라고 했어요. 마이어 교수는 빙긋이 웃으며 "뜻만 통하면 된다."라고 하시기에, 나는 다시 용기를 얻어 또 손을 대기 시작했습니다. 번역상 용어의 어려

1　직접 만난 것은 1987년 김정 개인전(만델하임미술관 초대전)에서 방문하셨을 때다(김정 교수와의 2차 면담).

움도 헤아릴 수 없이 많았지만 다해 한국화시켰습니다.[2] 더 잘하고 싶은 마음은 굴뚝 같았으나 독일은 특유의 철학적 논리성에 번역의 한계가 오는 것이 솔직한 나의 고백입니다(김정 교수와의 1차 면담, 2016년 2월 5일).

당시 미술교육은 산업화 발전에 비해 제자리였고, 특히 관련 대학 사회에서의 연구는 더욱 미미한 수준이었다. 1985년 1회 학술대회 창설 당시 주위의 따가운 눈총을 무릅쓰고 학문적 연구의 필요성 때문에 힘든 출발을 하였으며, 지금은 국제적 모델이 된 성공적 학회로 존재하고 있다.

조형교육학회 사전 준비는 교수님과 이대 대학원생이 중심이 되어서, 내가 발기하자고 해서 총무 간사 다 맡았어요. 이수경 교수가 초대 총무를 했지요. 미술대학에 있는 내 또래의 동료나 선배들이 "야 그런 거 해서 뭐해 화가가 그림만 그리면 되지." 그런데 화가가 그림을 그리지만, 왜 그려야 하는지에 대해서 공부를 해야 할 꺼 아닌가. 그러면 "아 골치 아파, 몰라." 하면서 그만두는데 몇몇 원로 교수들, 최덕휴 교수나 이대원 교수나 "참 잘했다, 해야 하는 것이다." 해요. 독일에는 미술교육 쪽 학회가 2-3개 있어요. 그런데 거긴 세분화되어 있죠. 유아부터 대학까지 연계가 되어있죠. 교수들이 논문이 평균 10-100편 정도예요(김정 교수와의 1차 면담, 2016년 2월 5일).

---

2   현직 교사 두 명의 도움과 협력이 없었으면 불가능했을 것이라고 회고하였다.

1984년 3월 1일 한국조형교육학회(초대회장 김정)가 출범했다. 출범 목적은 "어떤 학문도 이론적 연구 조사나 분석 논문 없이 학문적 발전도 없다."라는 기본 원칙에 있었다. 최덕휴, 김재은, 김영학, 이구열, 김서봉, 홍종명, 박고석, 전상범, 박근자, 장욱진, 박철준 등 많은 원로 교수가 취지에 동의하고 격려하였다(김정, 2016, p.99). 1978년 이화여자대학교 대학원 출강 시절 미술교육 석사 졸업생 출신 연구자들을 중심으로 집담회 등 자발적인 연구 모임, 논문 기고 등 활발한 활동 속에서 선배, 원로, 교수들의 동의와 격려로 학술 단체인 조형교육학회를 창설하게 된 것이다.

1984년 한국조형교육학회 발족 이후, 내가 갔을 때 지도교수 잔트너 교수한테 이런 얘기 했더니, "좋은 생각이다. 학문으로 했으면 좋겠다." 해서 "그러면 교수님께서 오셔서 말씀해 주실수 있나요?" 했더니 오셨어요. 한국에 오셔서 세종호텔에서 잔트너 교수와 식사하면서 학회 임원들과 많은 이야기를 하고 그랬어요. 1984년 정식 발족 후에는 "그거 하면 좋다. 학문적으로 연구를 해야지. 주먹구구식으로 하면 안 된다." 그래서 일부러 보러 오셨어요. 겸사겸사 더 늙기 전에 오시겠다고. 80세 되신 노인께서. 조형교육학회 임원들이랑 인사도 하고, 간단하게 세미나 했어요. 15년 사에 잠깐 나오죠. 내가 창간 준비는 독일에 있으면서 1981년에 가서 1984년까지 돌아왔는데, 치통이 있어서 한국에 왔다 갔다 하면서 오면서 비행기에서도 생각하고, 거기서도 생각하고, 여기서도 생각하고 미리 만들었지요(김정 교수와의 1차 면담, 2016년 2월 5일).

저서 『미술교육학원론』에는 1983년 한국조형교육학회가 결성되어 미술교육에 대한 이론적 바탕을 연구하기 시작할 당시 상황이 기술되어 있다. 설립 초기에는 이화여대 대학원 출신들이 중심이 되어 당시 강의를 맡았던 김정 교수를 지도교수로 한 젊은 강사들의 스터디 그룹으로 출발하였다. 학회 성격을 보면, 정기학술대회는 1985년 시작되었고, 처음에는 집담회 형식이었다가 현재 한국조형교육학회에 이르기까지 지속적으로 이루어지고 있다.

> 모두 다 일본의 영향을 받았지 6·25 사변 터져서 갈팡질팡하고 있을 때 일부 사람들이 북미 쪽의 피바디 사절단 영향을 받아서 슬슬 눈을 뜨기 시작했는데, 볼만한 논문이 국내에는 없었어요. 70년 초에 미국의 M. 린스트럼, 문고판 책을 내가 번역한 책이 열화당에서 나온 것입니다. 박근자 여사가 미국에 갔다 오면서 나에게 선물로 준 것이죠. 내가 논문을 쓰고, 번역을 하면서 그 뒤로 관심을 가진 분들이 부산에서도 연락이 오게 됐죠. 피바디 사절단 염태진 교수가 상당히 많은 추적을 해서 연구를 했어요. 그분을 만나서 인터뷰도 하고 자료도 받고 그것에 대해서 생각을 했어요. 창간호를 보시고는 연락이 왔어요. "정식으로 학회에 논문을 쓰시오." 해서 논문을 쓰게 되었어요(김정 교수와의 1차 면담, 2016년 2월 5일).

실기 위주 교수들의 업적에서도, 현장 연구한 논문을 쓰도록 하는 풍토를 조성하였다. 창립된 이듬해 첫 번째 창간호 『조형교육(造形敎育)』 제1호(1985년 5월 1일 발간)가 나왔고, 매년 1회 발간을 목표로 하였으며 논문 게재 수는 대략 6-7편이었다. 재정적인 어려움 외에 또 다른 문제는 "화가가 그림만 잘하면 되지 무슨 논문을 쓰는가."라며 학회 설립에 냉담한 다른 교수들의 태도였다. 이런 반응을 계기로 삼아, 미술교육에 관한 학문적 연구를 시작하였다. 미술도 인문학의 측면에서 문화를 연구하는 분야이다.

손재주로 시작해서 손재주로 끝나는 미술교육은 한갓 물거품이며, 예술교육의 근본적 개념을 상업성으로 전락시키는 혼란이다. 실기에는 반드시 조형에 따른 교육론이 필수적이며 이론이 무시된 교육은 기능에 지나지 않는다. 각급 학교에 만연되어 있는 기능공적 예술교육을 개선하기 위해서는 우선 대학에 예술교육에 관련된 조형교육이론의 설치가 시급하다(김정, 2000, p.126).

나는 주로 70년까지는 미국 책을 번역해서 참고했다가, 80년대 독일에 가면서 아주 본격적으로 느꼈어요. 아, 미술교육이 유명한 사람 뮌헨대학에 있는 루돌프 짜이즈 교수도 그렇고, 프랑크푸르트 대학의 한스 마이어 교수도 그렇고, 아우스부르그대학의 힐터 잔트너 교수도 그렇고, 논문이 100편들 이상 되요. 나도 공부하느라고, 폴 클레에 대해서 공부하느라고 독일 남부 무르나우에 왔다 갔다 하느라고 독일 남쪽 에센에 자주 갔었지요. 그때 클레가 고생 많이 할 때인데도 논문을 쓰더라고요. 그래서 '아 화가들도 논문을 쓰는구나.' 했지요. 마이어 교수, 김정희 교수도 뮌헨대학의 짜이즈 교수를 잘 알더군요. 내가 석박사 융합과정 공방 작업 연구했던 아우스부르크대학의 힐다 젠트너 교수는 지도교수로 자주 내가 찾아뵙고 많은 것을 공부하였어요. 한스 마이어 교수의 책을 내가 번역을 했지요(김정 교수와의 1차 면담, 2016년 2월 5일).

김정은 1984년 독일 유학 공방 작업을 마치고 한국에 귀국하여 이화여자대학교 및 경희대학교 교육대학원에서 후학을 가르치면서 집담회(集談會)를 개최하게 된다. 1983년 학회 창설 이전부터 이화여자대학교 대학원 졸업생을 중심으로 스터디 그룹을 운영하였다. 집담회 지도교수로 역할을 하였으며 당시 총무는 이수경 교수(현 동국대학교 불교아동학과)가 맡았다. 한 달에 한 번 정도 모였는데, 미술 교사 자격증이 있는 사람, 학원을 운영하거나 강의를 하는 사람 등 미술교육에 관심이 있는 지도 제자들이 모였다.

독일에서 돌아오신 후에 이화여대 교육대학원에 개설이 되었는데 강의를 하시면서 인연이 된 것입니다. 경희대 교육대학원에서도 강의하시고. 나도 이화여대 대학원에서 1982년에 석사 지도를 받고, 학회는 1983년에 졸업하면서 스터디 그룹하고 집담회에 참여했어요. 그 이전에 이대 출신 석사 졸업생들 4-5명 있었어요. 그 정도에서 시작해서 1985년에 결국 학회 출범을 한 거지. 가까이에 있는 찻집이나 커피숍에서 만났는데 이대 출신 석사 교육대학원 미술교육 전공생들이 모였어. 논문을 쓴 사람들 위주로 창의적인 미술교육에 대하여 논의하였습니다(이수경 교수와의 1차 면담. 2016년 8월 21일).

정례 연구 모임을 통해 연구 활동 및 토론회를 실시하였으며, 토론회에서 논의된 사항을 논문으로 작성해 학회지에 게재하였다. 예를 들어 예술 통합을 기반으로 하는 조형 놀이 연구나 특수아동의 난화를 비교하는 논문을 발표하고 질의응답 시간을 가졌는데, 후에 석사논문으로 제출하였다.

집담회에서 스터디했던 주제들은 예를 들면 저는 예술 통합으로 아이들 창의력을 길러주고, 인성을 길러주는 측면에서 조형 놀이라고 이름을 붙였어요. 각자 연구에 관해서 발표하고 질의응답하고 그랬지요. 홍 선생님 총무 시절 인원이 많지 않았지만 열심히들 다 했어요. 홍 선생님은 캐나다로 이민을 갔어요. 이미애 선생님은 정신지체아 특수아와 정상아 난화 비교하는 연구하고 학회지에 내시고, 저는 예술 통합 조형 놀이 연구를 해서 후에 이대에서 석사논문으로 제출하였죠. 이대에서 조각하시고 교육대학원에 다녔던 학우 등 1985년에서 1987년까지 출간된 논문 제목과 이론적인 배경 읽어 보면 창의성이 중요하다는 것이 깔려있어요. 그런 부분을 김정 교수님께서는 강조하셨고, 교육과정에 나와는 있지만 현장에 있는 교사들은 제작하는 기능과 더불어 창의성에 관심이 많았던 거죠. 저는 심부름만 하고, 김정 교수님이 초창기에 애를 많이 쓰셨어요. 학교 강의하고 논문 쓴다고 바빴고 1회부터 참여를 하고 집담회를 했지만, 김정 교수님이 아니었으면 할 수 없었던 일입니다. 매해 논문을 내라고 제게 격려하셨어요. 그 시절 논문을 꾸준히 쓰게 된 훈련과 학문에 대한 애정이 싹트게 된 것입니다(이수경 교수와의 1차 면담, 2016년 8월 21일).

학회의 학술논문집으로 15년 동안 매년 1회 출간되는 『조형교육(造形教

育)』은 한국의 미술교육을 학문적으로 정착시키는데 커다란 뿌리 역할을 해왔다. 한국조형교육학회 설립 일자는 1983년이며 회칙 시행 일자는 1984년 3월 1일이다.

초창기에는 1985년 시작된 제1회 집담회의 형식이었다가, 1997년부터는 정식적인 정기학술대회의 형태를 갖추어 진행되었으며 2004년부터는 토론 활성화를 위하여 모든 발표의 지정 토론제를 없앴다. 2005년도 정기학술대회는 주제 및 연구발표자가 총 22명으로, 한국조형교육학회 역사상 가장 성대한 정기학술대회를 개최하게 되었다(연구발표 「한국조형교육학회의 역사 및 발전 방안」, 이수경 외).

한국조형교육학회는 당시 어려운 재정과 몰이해 속의 정치 수준에서도 순수한 학문을 연구하고 정립시키기 위해 노력하면서 전국 각급의 대학교수가 골고루 많이 참여한 국내 최대의 학회로 성장하였다. 1984년 『조형교육』 제1집이 간행되었는데, 정기적 간행의 학회 자료로는 국내에서 가장 오래되었고 장수한 학술논문집이다. 그간 수록·발표된 논문이 100여 편, 해외 최신 논문 수록이 70여 편에 이른다. 역대 회장은 1대 김정 교수, 2대 노부자 교수, 3대 김정 교수, 4대 김춘일 교수 등이다. 최근 학회지는 신국판 320면 내외로 매년 가을에 발행하며, 매년 1회의 전국적인 학술발표대회를 실시하고, 미국, 독일과 학술 정보를 교류하고 있으며 일본 관련 학회와의 논문 교류 및 교환을 하고 있다(김정 외, 1998).

현재까지 학회지 『조형교육』 제61호(2018)를 발간하고, 국제학술대회를 개최하고 있다. 지속적으로 연구의 장을 만들고 있고, 국제적 모델이 된 성공적 학회로 존재, 평가하고 있다. 예술교육 전공 학회지 중에서는 제일 먼저 학술진흥재단에 등재되었고, 폭이 넓은 편으로 유아부터 평생교육까지 체계를 잡았다. 미술교육에 관심을 가지고 체계를 구축했다는 것이 가장 큰 업적이다.

학회는 2019년 학술대회까지 지속적으로 개최되고 있으며, 학회지『조형교육』을 통하여 유아 미술부터 일반 미술까지 폭넓은 논문을 게재하고 있다. 학회를 창립하여 많은 연구자가 논문을 게재하고, 논의하는 장을 마련한 것도 중요하고, 무엇보다도 현재까지 계속 이어져서 후학들에게 소통의 장이 이어지는 것에 가치가 있다.

4

사회적 반영: 실기대회의 확산

가. 국제 아동미술대회를 통한 국제 교류

제1차 · 제2차 교육과정 시기 미술교육에서의 또 다른 큰 변화는 바로 국제 아동미술대회의 시작과 관련이 있다. 1955년 유네스코 한국위원회와 숙명여자중 · 고등학교가 공동개최한 세계아동미술전람회는 전 세계 어린이의 미술 작품을 볼 수 있는 신기한 경험이었고, 새로운 관심을 불러일으켰다. 최초의 세계아동미술전람회에 대한 내용은 국제 이해 교육의 측면에서 『숙명 100년사』에 다음과 같이 기술되어 있다.

전쟁 중 메말랐던 한국 아동의 정서를 순화시키고 6 · 25 전쟁 때에 우리를 도와준 우방과의 우의를 도모하며 국제 이해 교육에 이바지하고자, 본교는 '세계 아동미술전람회(약칭:世界兒美展)' 개최를 시도하였다. 1955년 제1회 전람회 때부터 국내 아동의 미술 작품을 접수하는 일, 심사 전시 등의 사무는 본교가 주관하고, 외국

아동의 작품 접수는 유네스코 한국위원회가 맡아, 공동으로 주최하다가, 1961년의 제7회 대회부터는 본교가 단독으로 주최하였다. 1968년 12회까지 본교가 주최하고, 13회부터는 육영재단 어린이회관에 이 사업을 이관시켰다.

제1회 전람회는 1955년 9월 5일부터 20일까지 경복궁 국립 미술관에서 '전국 아동 국제 미술 전람회'라는 명칭으로 개최되었다. 전국 국민학교 어린이가 응모한 1,500점 중에서 입선작 502점과 미국, 영국, 프랑스 등 28개국의 98점을 전시하였고, 심사는 우리 미술계의 원로인 이종우(李鍾禹), 김환기(金煥基), 도상봉(都相鳳), 이마동(李馬銅), 박득순(朴得錞), 박상옥(朴商玉), 박내현(朴崍賢), 천경자(千鏡子)와 본교 미술 교사인 이준(李俊), 이종무(李種武), 윤영자(尹英子)가 맡았다(서울 숙명 100년사 편집위원회, 2006, pp.237-239).

왼쪽: 제1회 세계아동미술전람회(1955, 경복궁미술관)
오른쪽: 제2회 세계아동미술전람회(1956, 덕수궁화랑)
(출처: 서울 숙명 100년사 편집위원회, 2006, p.102)

세계아동미술대회는 우리나라 처음으로 세계 어린이들의 그림을 볼 수 있었던 획기적인 전시회였다. 국제적인 교류를 통하여 창조적인 미술교육

왼쪽: 제15회 세계아동미술전 포스터, 유네스코 한국위원회 주최(1972)
오른쪽: 제26회 세계아동미술전람회 포스터, 유네스코 한국위원회 주최(1984)

(출처: 박휘락 교수 제공)

의 동향에 대하여 영향을 받는 계기가 된다. 전통적인 기능 위주의 미술교육에 갇혀있던 한국의 미술교육에 큰 자극이 되었다. 후에 육영재단이 발족한 뒤에는 어린이회관에서 맡아 개최하게 되었다.

1955년 1회 유네스코 한국위원회에서 국제 사생대회를 시작하면서 외국 학생들의 출품작을 접할 기회를 가졌다. 이러한 폭넓은 미술 작품을 감상하면서, 남이 생각해내었던 것을 복제, 표절하는 것이 아니라 창작해야 함을 깨닫는다. 창의적인 작품은 발상 과정을 통하여 독창적인 새로움이 있어야 한다. 이미지의 가장 기본적인 특성은 자연과 사물을 고찰하고, 자신만의 시각으로 재구성하는 것이다.

시각체계는 지각과 많은 것을 공유하는데, 발상의 다양화는 여러 다른 분야에 관한 지식을 활용하는 창의적 사고를 통해서 가능하다. 목적 지향적이고, 유의미한 활동을 하게 하는 호기심과 관심에서 출발한다. 새로운 아이디어를 창출하고 구체적인 아이디어로 발전시키는 데 있어서 세계아동미술실기대회와 전람회는 폭넓은 경험을 제공함으로써 큰 역할을 하였다.

제26회 세계아동미술전람회(1984) 출품작

왼쪽: 케이블카 타기, 스위스, 10세
오른쪽: 어머니날, 바레인, 나닷 자심, 9세

(출처: 박휘락 교수 제공)

1차 교육과정 2학년 미술 교과서를 보면 미술대회에서 국제문화진흥원 회장상을 받은 10세 이집트 어린이의 작품이 게재되었다.

제1차 교육과정 국민학교 『미술』 2학년 교과서

p.6 씩씩한 어린이 아름다운 어린이 즐겁게 노래 부른다.
p.7 다른 나라 어린이들이 그린 그림도 잘 봅시다.
　① "어린이날의 우리집 근처" 캐나다 … 안다고화(7살)
　② "포도원" … 프랑스, 10살 되는 어린이들의 합작
　③ "동화" … 이집트, 10살의 여자(국제 문화 진흥원 회장상)

(출처: 문교부, 1964, pp.6-7)

현대미술연구소 등 각종 미술대회가 생겼다는 기사를 통하여 당시 열풍

을 짐작할 수 있다. 경향신문 1962년 9월 15일 자 기사에서 제8회 세계아동미술전 수상자를 확인할 수 있다.

미술대회 관련 신문 기사, 경향신문(1962. 9. 15.)

제8회 세계아동미술전 수상자를 발표

국내에선 732점 외국선 2천 출품 (국내 1등 숙명금상)

국내 1등 「신문사 윤전기」 장충국민교 4년 배용범군

외국 1등 「내얼굴」 「뉴질런드」의 「사라」양 〈21일부터 덕수궁서〉

입선작품을 전시

숙명여자중·고등학교가 주최하고 「유네스코」 한국위원회가 후원해서 여덟 번째로 꾸미는 「세계아동미술전람회」가 그동안에 모집한 수많은 작품을 심사하고 다음과 같이 수상자를 발표하였습니다.

▲국내 1등 숙명금상–「신문사 윤전기」 서울장충국민학교 4년 배용범(9)군

▲외국 1등 숙명금상–「내얼굴」「뉴질런드」의 「사라」(8)양

▲국내 2등 「유네스코」금상–「교회당에서」 서울청운국민학교 2년 최훈(8)군

▲외국 2등 「유네스코」금상–「관광객들」 일본의 「마쓰오 · 마끼오」(9)양

한편 이번 「세계아동미술전」에는 국내에서 7백32점이 들어왔고 미국을 비롯한 자유우방의 34개국으로부터 1천9백42점의 미술작품들이 들어왔습니다. 이들 가운데서 심사를 거쳐 입선한 작품들은 오는 21일부터 10월 9일까지 덕수궁에서 전시됩니다.

꼬마화가에 파묻힌 고궁
덕수궁서 전국아동미술대회
　21일 상오 10시부터 덕수궁에서는 일만오천여 명의 어린이가 참가한 제2회 전국아동미술실기대회가 열려 어린이들과 자모들로 고궁 안은 그대로 사람 물결에 휩싸였는데, 현대미술연구소 주최 동아일보 후원으로 열린 이 「스케취」 대회는 하오 2시까지 계속, 「꼬마화가」들이 솜씨를 다루었다. 특히 일학년 어린이들에게 지정된 박물관 앞 분수터와 입구의 연못 주위, 삼학년이 자리 잡았던 중화전 앞 등에서는 입주의 여지 없이 서로들 맞붙은 채 고궁의 봄 경치를 옮기기에 바빠 주최자 측에서는 즐거운 비명을 올렸다. 〈사진=분수터 주위에 빈틈없이 들어앉은 「꼬마화가」와 자모들〉

미술대회 관련 신문 기사, 동아일보(1963.4.22.)

아동미술전람회와 관련하여 독일의 잔트너(Sandtner. H.)는 조형교육학회 창립을 축하하기 위하여 입국하여 가진 기념 특강에서 "미술교육은 손끝 연구만으로는 안 되고, 감성의 학문적 애정이 필요하다."라고 언급하였다(김정, 2016).

> 어린이들이 동경하는 미래에의 소망을 그려 -유네스코 세계아동미술전시회를 보고-
> 유네스코 한국위원회에서 세계 어린이 미술 순회전을 마련한 국내 전시 그림은 모두 112점이다. 이 중에서 최우수작이 10점이고, 102점이 각 지역별 입선작이다. (중략) 지역은 지역대로 특유의 맛이 있다. 오히려 그것이 국제적이라는 데에 매력을 갖는다. 「서기 2000년의 나의 생활」에서 여자 어린이는 역시 소재를 생활에서 찾고, 남자 어린이는 우주과학과 사회생활에서 찾는 것으로 나타났다. 그다음에 남녀 공히 이웃(또는 평화)과의 협동을 바란다고 했다. 세계는 이웃이니까(김정, 1983, pp.106-107).

나. 아동미술실기대회의 확산

1970년에 3월 학교 교사를 주축으로 한국미술교육평론협회가 조직되었다. 미술교육이 어떻게 보급되었는지 경로를 보여주는데, 당시 교육에 종사하면서 미술교육에 관심 있는 사람들이 중심이 되었다.

> 평론협회는 아동화를 평론하는 의미. 아동미술협의회와는 다른 기관입니다(덕수궁 공보관 창립 선언문, 1970.3.11.-17. 참조). 창립인은 누

군지 모르겠어요. 서울에서 발기를 해서 저한테 연락이 와서. 후원은 보니까 예총, 한국미술협회, 국립서울대학교 미술대학, 서울특별시 우량선전품 산업미술품협회, 한국미술교육연구회, 한국미술평론협회 이런 활동들이 있을 때고. 심지어 교육대학교 미술과 교수님들도 화가. 그림 그리는 방법을 교육했지, 미술교육 이론을 가르치지 않았어요. 등한시하는 가운데 초등학교 교사들이 모여서 연수회도 만들고, 회도 만들고 이랬던 것입니다. 그 시절이 60년대래요. 여기 보면 미술교육평론협회 뒤에 보니까 김형문 서울교대, 송진서 중대부국, 안호범이 있네요(박휘락 교수와의 3차 면담. 2016년 4월 16일).

이후 유네스코 한국위원회가 주관하거나 협찬하는 세계아동미술대회 뿐만 아니라 동아일보사, 소년한국일보, 경향신문사, 학생신문사 등에서도 아동미술대회를 개최하였다. 배화여자중·고등학교, 대신중·고등학교, 대신중·고등학교 등 각종 학교에서 아동미술실기대회를 개최했고, 흥미회보(보급미술연구소), 한국미술협회, 현대미술연구소, 한국소년지도자 협회 주최 전국아동미술실기대회 등도 개최되었다. 학생뿐만 아니라 1969년 국민학교 교사 715명을 대상으로 서울시교육위원회에서는 예능실습대회를 하였다. 1차 대회에서 뽑힌 14개교 대표 교사들이 최종 참가자이다.

1960년대 아동미술대회 현황

대회명	기간	주최 · 후원 · 대상	출처
아동미술대회	1963.04.21.	주최:현대미술연구소 후원:동아일보	동아일보 1963.04.22.
제1회전국아동 미술실기대회	1963.09.06.	흥미회보(보급미술연구소) 주최	경향신문 1963.09.06.
제9회세계아동 미술전	1963.09.27.- 10.13	숙명여고 주최「유네스코」한국위원 회 후원 자유우방국가 28개 나라로부 터 약 1,200점의 그림	경향신문 1963.09.06.
제2회 전국아동 미술실기대회	1963.05.05.	현대미술연구소 주최	경향신문 1963.05.04.
제1회 전국아동 미술실기대회	1963.06.02.	양정중 · 고등학교	경향신문 1963.04.26.
제4회 아동미술대회	1963.09.29.	대신중 · 고등학교(경향신문사 등 후 원) 초등학교 7,216명 서울 최고상 6점 특선 30점 준특선 50점 가작 120점	경향신문 1963.10.04.
제5회 국제아동 우 리어머니미술대회 (마이마더전)	1964.03.11.- 12.	일본 삼영(森永)어머니 찬양회 주관 UNESCO위원회 협조 주제 가정생활을 중심으로 한 어머니 모습	동아일보 1964.01.14.
제3회 전국아동미술 실기대회	1964.03.29.	현대미술연구소 주최 전국 국민학교와 유치원 어린이 실기종목 사생화 · 지유화	동아일보 1964.03.07.
국제교류학생미전 작품공모	1964.09.24.- 28.	한국미협 주최 「유네스코」한위 후원	경향신문 1964.09.18.
전국아동미술실기 대회	1964.09.27.	학생신문사 주최 9.28 수복기념	〃
제5회 국민학교 아동미술실기대회	10.03.	동아일보	동아일보 1964.09.29.
전국학생미술실기 대회	1969.06.23.	주최:한국소년 지도자협회(회장=정홍 교) 입상작품 발표	경향신문 1969.06.23.
예능실습대회	1969.08.25.	서울시교육위국민학교 교사 715명 1차대회에서 뽑힌 14개교 대표들	경향신문 1969.08.26.

1970년대 아동미술대회 현황

대회명	기간	주최 · 후원 · 대상	비고
10회 전국학생미술실기대회	1970.05.06.	조선대학교 전국 초중고등학생	동아일보 1970.04.27.
중고등학생 미술실기대회	1970.05.09.	신기회(중고등학교 미술 교사로 구성) 중고등학생	
어린이 문화재 미술대회	1975.10.20. 국립박물관	주최:국립박물관 국민학생 (학교장 추천)	매일경제 1975.10.15.
제3회 전국 중등학생 미술실기대회	1971	국무총리기 쟁탈 예총회관 화랑 전시	동아일보 1971.11.30.
제2회남녀 중고등미술실기대회	1972.05.06.–07. 경희대 구내	주최:경희대사대 미술교육과	동아일보 1972.04.24.
목포예술제미술실기대회	1971.10.08. 덕인중고	예총목포지부 국민학교 교사 715명 1차대회에서 뽑힌 14개교 대표들	경향신문 1971.09.29.
학생미술작품공모전	1974.06.15.–25.	미술교육연구학회 초 · 중 · 고교 재학생 및 유치원 아동 크레파스화,수채화,파스텔화,유화, 동양화,모자이크,서예,조각,공작품	동아일보 1974.06.07.
제4회어린이문화재미술실기대회	국립중앙박물관	국립중앙박물관 국민학교생 문공부장관상(최우수상) 은석국교 3년 구소영	매일경제 1977.11.30.
제11회 전국농촌 어린이 미술작품전	1975.05.23.–31.	국립공보관 제1전시실 (문화단신)	동아일보 1975.05.21.
제2회전국국민학교 학생미술실기대회	1975.09.27. 어린이대공원	리틀엔젤스 예술학교 주최 국민학교 5, 6년생 수채화, 파스텔화,크레파스화 3종 택일 풍경이나 정물	매일경제 1975.09.19. 동아일보 1975.09.16.
제2회어린이문화재 미술실기대회	국립중앙박물관	국립중앙박물관 국민학교생	경향신문 1975.11.28.
제17회 세계아동 미술전람회	1975.12.05.	어린이회관 주최	동아 포우스트 1975.12.05.

1970년대에는 보다 확대되어 중등교사연합회인 '신기회'에서 중 · 고등학교 대상으로 개최하기도 한다. 어린이회관 주최, 소년동아일보, 어린이회관, 서주우유 협찬으로 세계아동미술전람회가 지속되었으며 리틀엔젤스예술학교 및 조선대학교, 경희대학교 사범대학 미술교육과에서 실기대회를 개최하였다. 또한, 미술교육연구학회에서 학생 미술 작품을 공모하였고, 국

립중앙박물관 주최 '어린이문화재미술실기대회'는 현재까지 이루어지고 있다.

이러한 양상은 전국적으로 확산되어 1971년에는 예총 목포지부에서 주최하는 목포예술제미술실기대회가 실시되었고, 1975년 제11회 전국 농촌 어린이 미술 작품전이 국립공보관 제1전시실에서 전시하였음을 신문 기사를 통하여 확인할 수 있다.

이중 소년한국일보 미술대회는 1960년 1회를 시작으로 2018년 58회 대회에 이르기까지 약 100만 명의 어린이가 출품한 전통이 있다. 미술대회는 2018년까지 현존하고 있으며, 대회의 참여 방법은 60년대 한 장소에 모여 실기대회를 치르는 방법에서 현재는 출품작을 우편이나 인터넷으로 받고 있다. 즉, 현재도 다양한 실기대회가 실시되고 있는 것으로 보아 1950년대에 시작된 미술실기대회는 지금까지 그 영향력을 끼치고 있음을 알 수 있다.

소년한국일보 서울 미술대회(1966. 4. 14.)

다. 아동미술실기대회에 대한 비평

새롭게 등장한 미술대회는 교사와 학부모의 호응도 높았고, 관심도 많았다. 하지만 오랜 기간 별다른 변화 없이 운영되면서 시상의 신뢰도와 천편일률적인 수상작에 회의를 느낀 몇몇 미술교육자들은 대회의 상업적인 측면과 창의적이지 않은 수상작을 양산한다는 점을 비평하였다. 아동미술대회가 본질에서 벗어나 상업적으로 변질되고 있었다는 사실을 신문 기사와 당시 국민학교 교사의 심층 면담을 통하여 확인할 수 있다.

유치원생 그림에 TV상 부모마음 자극하는 상술

서울 S백화점에서는 유치원생과 국민학교 아동들을 대상으로 미술실기대회를 연다고 한다. 백화점이라고 이런 행사를 말라는 법은 없지만 그 상품이 문제다. 텔레비존 선풍기 설탕세트 등…. 이런 물건들이 과연 삼세 전후의 아동들에게 필요한 것인가. 싫다는 아이를 억지로 나가게 해서 이런 기회에 텔레비존이나 장만해 보자는 허영심에 들뜬 부모는 없는지. 이런 부모들의 심리를 이용하는 백화점의 교묘한 상술은 아닐까. 주택복권 등이 어린이들의 사생심은 자극하는 마당에 어린이의 순수성을 이용하려 드는 상혼이 밉기만 하다. 경북 대구시 동구 수성동일가 19-37 박일우 기고(동아일보 1974년 5월 10일).

두 번째 발령받았던 양동학교 학생들이었는데, 당시 5학년 중에 미술 하는 애들, 국립중앙박물관 대회에 데려가고 그랬어요. 그림

그리게 하고 미리 연습해서 그리게 하고, 사진도 찍어주고 대회를
열면 정보를 알려주고 했어요. (중략) 한국일보도 내보내고, 유네스
코에도 내보냈던 거 같아요. 사단법인도 있었는데 돈을 달라고 하
는 데도 있었어요. 그런 데는 안 내보내고, 좀 껄끄럽잖아요. 돈은
참가비 형식으로 (내라고) 해서 (학생들을) 안 보냈어요(류금자 교사와의
1차 면담, 2016년 5월 17일).

또한 대회의 전시적인 효과에만 치중하여 참가 인원을 많이 동원하는 데
치중하고, 대회의 취지에 대한 설명이 미흡하다는 기사를 찾을 수 있다. 수
천 명의 어린이를 한자리에 모아서 덮어놓고 그리게 한다거나 사전의 세심
한 주의나 교육적인 지도도 없는 경우, 때때로 학부형이 또는 미술 가정교
사나 학원의 지도자가 옆에서 그려주는 예를 지적한다.

올해도 예년과 다름없이 어린이들의 미술실기대회의 행사 광고
가 큼직하게 그리고 푸짐한 모습으로 눈을 끌고 있다. 사생대회,
미술실기대회, 교육미술대회 등의 이름으로 열리는 이들 아동들
의 그림대회는 대개 그 역사가 오래지 않았으나 아동들은 물론 학
부형과 교사들의 이에 대한 관심은 날로 더 높아져 가고 있다. 그
래서 그 대상도 어느 지역단위만의 행사에서 그치지 않고 전국적
인 규모로 전개되고 있다.
주지교육 위주로 흐르는 오늘날 교육의 역행현상에서 볼 때 그
의의는 높이 평가되어야 마땅하다. 그러나 창의와 창작력을 북돋
우는데 본뜻이 있는 이 아동미술대회의 행사들이 주최 측 배려의

소홀로 가끔 본뜻과 어긋나는 명색만의 대회에 그치고 마는 예를 볼 수 있어 아동화를 다루는 한 사람으로 극히 우울할 때가 많다.

대회의 전시적인 효과에만 치중하여 인원만 많이 동원시키는 데 그치는 예를 볼 수 있다. 수천 명의 어린이를 한자리에 모아서 덮어놓고 그리라는 지시를 내린다. 사전의 세심한 주의나 교육적인 당일 지도도 없다. 더러는 학부형이 또는 미술 가정교사나 학원의 지도자가 옆에 붙어 앉아 그려주는 예도 있다.

국민학교 미술과의 목표는 사생에만 있는 것이 아니다. 어린이들의 개성과 창작력의 신장을 통해 밝고 바른 인간을 도야하기 위해 그 영역은 무척 넓은 것이다. 여기에 선전효과의 도구로 어린이들을 동원하여 어린이들의 허영심과 경쟁심만을 기르는 대회가 된다면 그것은 어린이들을 위한 행사가 아니라 그들을 불행한 방향으로 이끄는 결과밖에 되지 못한다. 그러므로 중요한 의의를 지닌 미술대회의 본뜻을 살려 뜻있는 행사가 되도록 일반의 관심이 더 깊어져야 할 것이다(경향신문 1965년 4월 10일).

미술교육을 통해 창의성을 신장하고, 심미적이고 아름다운 인성을 지닌 인간을 육성해야 하는 것이 현시대에 가장 큰 문제라고 생각한다. 국민학교 교육 현장에서 미술교육의 문제점과 극복해야 할 점은 우선 사회적인 문제이다. 미술 및 미술교육을 전공한 사람들이 운영하는 미술 학원의 미술교육도 학부모들의 요구에 부응하기 위한 사실적 묘사 표현을 중시하는 경향이 있고, 미술 학원마다 지도자의 영향을 받아 미술 표현이 고착화되었으며 공교육인 국민학교 미술교육의 정상화에 걸림돌이 되고 있다고 생각한다.

학부모들의 미술교육에 대한 무지와 편견으로 자녀들을 사실적 묘사 여부로 어려서부터 '미술에 소질이 있다, 없다.'라고 재단하는 현상으로 어려서부터 '나는 그림을 못 그린다.'라는 미술에 대한 부정적인 인식을 갖는 것입니다(하현태 교장과의 1차 면담, 2016년 6월 5일).

'서울초등미술교과교육연구회'는 교육청 산하의 교과교육연구회로서 초등 미술교육을 전공한 교사들이 30여 년을 함께 운영하고 있다. 일반 교사를 대상으로 하는 미술과 직무연수, 회원과 일반 교사들을 위한 미술교육에 관한 세미나, 미술 영재교육, 올바른 아동화 지도를 위한 '아동화 공모전' 등 사업을 하고 있다.

'올바른 아동화 지도를 위한 공모전(아름다운 어린이 그림전)'은 8년의 역사를 가지고 있는데, 올바른 아동화 지도를 선도하기 위해 기획 추진하고 있다. 미술 학원과 사회단체 등에서 상업적으로 무분별하게 벌리는 아동미술대회가 창의성보다는 틀에 박힌 묘사 위주로 흐르고 있다는 점을 우려하여, 초등 미술교육을 연구하는 단체로서 공모전을 통해 학부모 및 시민과 일선 학교에 올바른 아동화 인식을 심어주자는 데 의의가 있다. 하지만 순수한 아동화 지도를 모색하였으나 미술 학원에서 지도받는 어린이들의 작품을 배제할 수 없는 문제점에 봉착한 실정이다.

이러한 문제점을 극복하고, 아동화를 하나의 관점에서 보지 않도록 주제를 잘 나타낸 작품, 화면 구성이 창의적인 작품, 표현 내용이 풍부하여 이야기가 있는 작품, 표현 방법이 창의적인 작품, 색채 표현이 좋은 작품 등으로 구분하여 시상하고 전시하였다.

최근에는 국민학교에서 미술 학원에 다니는 아동들의 작품을 공모전에 참여시키는 경향이 뚜렷해지면서 기교적인 미술 학원풍의 작품들이 눈에 띄게 많아졌다는 것입니다. 우리나라 교육 현장이 사교육으로 병들어가고 있는데 보통교육으로서의 국민학교 미술교육마저도 이런 현상이니 걱정스럽습니다(하현태 교장과의 1차 면담, 2016년 6월 5일).

2차 교육과정이 공포되면서 교육과정 내용이 아동 발달에 기초를 두고, 창의성을 존중하는 교육 내용이 교과서에 실리게 된 것을 알 수 있다. "1960년대 후반부터는 '사생실기대회'를 비롯해서 미술학원의 활성화, 미술 교사 양성기관의 재편과 활성화, 미술교육 관련 교재 교구 재료 개발사업의 번영, 전국 교원연구대회 실시, 교육대학원의 미술교육과의 개설 등이 이루어졌다."(김정 · 김춘일 · 김혜숙, 2002, p.71) 사생실기대회는 아동의 지각 능력 및 판단이 주체가 된 표현이 아니라 교사의 지시나 직접적인 지도에 의한 기술 발달에 치중하였다. 그것은 아동의 주체적인 지각 능력 계발을 위한 교육 활동이 아니라 성인 관점에서의 '눈요기 작품'을 제작하기 위한 기술 훈련 대회에 불과했다는 평가도 있다. 또한 미술대회는 아동들의 성취감을 북돋아 주는 기능을 수행해야 한다. 그런데 학부모와 학원의 경쟁에 휘둘려 오히려 아동들의 꿈을 꺾어버리는 역기능을 초래하고 있다는 비판이 당시 제기되었다.

Part 6

과거를 딛고
미술교육의 새로운 모색

본 연구는 우리나라 미술교육의 태동기라고 할 수 있는 제1차·제2차 미술교육 과정의 발전을 규명하고 그 속에서 드러나는 교육적·사회적 의미를 탐구하기 위한 목적으로 수행되었다. 이를 위하여 특정한 시기, 사건, 장소를 고찰할 수 있는 역사적 탐구 방법을 활용하여 그 시기의 중요한 변화와 지금 현재에 얻을 수 있는 시사점들을 밝혀내고자 하였다. 질적 연구에 기반을 두고 있는 역사적 탐구 방법은 연구 참여자들의 이야기, 기록된 문서, 실제 창작물 등을 통해 잠정적인 결론을 도출한다.

　이를 바탕으로 구체적으로는 다음 3가지의 연구 문제를 설정하였다. 첫째, 제1차·제2차 미술과 교육과정의 역사적 전개 과정은 어떠한가? 이것은 점점 잊혀가고 사라져가고 있었던 우리나라 미술교육 초기의 발달 과정을 자세히 묘사하고 거기서 파생된 시사점을 규명하려는 목적을 지니고 있었다. 둘째, 제1차·제2차 미술과 교육과정이 성취하려고 했던 핵심적인 가치는 무엇인가? 이는 본 연구에서 가장 핵심적인 부분으로서 각 교육과정의 도입과 실천 과정에서 강조되었던 여러 가지 가치들을 정리하고 그중에서도 가장 강력한 영향을 끼쳤던 중요한 요소가 무엇인지를 밝혀내고자 했다. 셋째, 제1차·제2차 미술과 교육과정의 실제적인 의의는 무엇이 있는가? 이러한 내용을 밝혀냄으로써 우리나라 미술과 교육과정의 성과와 한계를 명확하게 설정하고 현재 운영되는 미술과 교육과정 및 앞으로 개발될 미술과 교육과정에 도움이 될 만한 여러 학술적인 시사점들을 제공하고자 했다.

제1차 · 제2차 미술과 교육과정의 역사적 전개 과정을 보면 일제강점기나 교수요목기에 나타났던 임화 중심의 단순하고 기계적인 교육 사상과 방식에서 벗어나 학생들의 상상력을 고취하려는 노력이 보인다. 자유로운 표현을 이끄는 미술과 수업, 창의성에 관심을 가졌고, 변화가 있었다. 창의성 미술교육에 대한 확신과 교육 사조가 국가 수준의 교육과정이나 교과서, 교과 관련 연구물, 장학 지도 문서, 교과서 편찬 등에 지대한 영향을 끼쳤다. 미술교육의 필요성이나 개념이 부족하던 시대에 임본을 따라 그리던 학생들이 자유롭게 생각하고 표현하는 작품의 중요성을 인식했다는 것은 매우 고무적인 일이다.

피바디사범대학 교육사절단 이후 자유로운 창작에 대한 새로운 동향을 감지하였다. 창의성은 새로운 관계를 지각하거나 비범한 아이디어를 산출하거나 전통적 사고 유형에서 벗어나 새로운 유형으로 사고하는 능력이며, 복합적인 정신 과정을 통해 새로운 해결 방법을 찾아 문제를 해결하는 것이다. 참신한 생각으로 다른 사람들에게 인정받는 가치로운 창조물을 만들어내는 것이며, 기존의 것과 같지 않은 새로운 것을 만들어내는 힘으로 기존의 것에 새로운 가치를 부여한다. 유네스코 한국위원회와 숙명여자중 · 고등학교가 공동 개최한 세계아동미술전람회에서 외국 학생들의 출품작을 보면서 창의성을 인식하게 되었다. 한국 미술교육의 흐름은 손끝의 기술을 강조하는 '미술을 위한 미술교육'에서 탈피하여 창의성을 강조하는 미술교육으로 전환하였다.

제1차 · 제2차 미술과 교육과정이 성취하려고 했던 핵심적인 가치는 첫째, 학생의 경험을 강조하는 경험 중심 미술교육, 그리고 학생들의 발달단계를 고려한 교육 내용과 방법이 나타났다. 제1차·제2차 교육과정의 구성과 중요한 내용을 교과서 분석, 연구 참여자의 심층 면담을 통해 파악할 수 있었다. 단원 구성과 수업 내용은 학생들이 체험하는 사계절과 집, 학교, 놀이터 등으로 나타나고 있었다. 더 중요한 것은 미술 교과서에 유명한 예술가나 어른의 작품만 나오는 것이 아니라 또래 학생들이 직접 제작한 그림이나 창작물이 등장하였다는 사실이다.

또한, 교과 목표 전반, 실제 수집된 교과서에서는 일상생활에서 활용할 수 있는 실용주의 미술교육이 강조되었다. 미술 교과는 다른 교과와 차별화되는 실용적인 특수성이 있다. 교과서를 분석한 결과 기술적 측면에서 함석이나 철사로 만들기, 실제 생활에서 활용할 수 있는 물건 만들기, 패션이나 포스터 그리기, 교실 환경 꾸미기 등 실용성을 강조한 단원이 확대되었다.

둘째, 교육과정, 교과서 및 수업 전반에 학생들의 창의성을 중요시하는 창의성 중심 미술교육이 등장한다. 표현하는 색채를 지정하거나 방법을 구체적으로 알려주는 대신 학생들의 자유로운 표현을 허용하려는 경향이 두드러졌다. 구체적으로는 도판을 따라 그리거나 만드는 것이 아닌, 자기 스스로 생각한 심상을 그대로 드러내는 방법이 등장하였다. 어린이들의 창조적인 개성을 충분히 신장시켜 주어야 한다는 생각을 반영하고 있었다. 이를 증명하는 예시로 관련된 새로운 미술 작품 제작 기법이 풍부하게 제시되고 있다. 현대미술의 영향을 받아 창의적이고 추상적인 표현기법인 데칼코마니, 몽타주, 프로타주, 불기, 찍기 등이 다양하게 나타난다. 리듬, 하모니 등 조형원리 및 요소가 교과 내용에 전면적으로 등장하였다. 그리고 교과서의 머리글이나 수업의 핵심 요소들에서 학생들의 창의성을 강조하였다. 당시 미술교육자들은 이를 활용하여 판화교육, 공예교육, 한국적 표현주의 운동 등을 펼치면서 미술교육에서 창의성을 강조하는 경향을 더욱 심화시켰다.

셋째, 이와는 별도로 교육과정 운영의 결과 아동미술실기대회가 활성화되었다. 1960년대부터 다양한 주최들이 학생들의 미술 역량을 점검하고 미술교육의 흐름을 돌아볼 수 있는 미술실기대회를 개최하였으며 이를 통해 미술에 소질과 흥미를 지닌 많은 어린이들이 선발되었다. 이러한 경향은 미술과 미술교육을 대중들에게 각인시키는 효과를 가져왔다.

제1차 · 제2차 교육과정을 통해 다음과 같은 의의가 도출되었다. 첫째, 사회적 의의로는 시대적 상황을 극복하는 데 도움을 주었다는 의미를 찾을 수 있었다. 해방과 전쟁을 경험한 국민, 그중에서도 정서적, 감정적으로 좀 더 취약한 어린이들의 정서를 순화하고 회복시켜주는 역할을 수행하였다. 특히 학교 현장에서 미술을 가르쳤던 교사들은 매우 열악한 환경 속에서도 학생들에게 양질의 교육을 제공하기 위해 노력하였다.

둘째, 교수 · 학습적 측면에서 바라보면 제1차 · 제2차 미술과 교육과정은 임화 중심의 미술교육을 창의성과 예술성을 강조하는 미술교육으로 변화시키는 데 크게 기여하였다. 여기에는 피바디사범대학 교육사절단과 치젝, 리드, 로웬펠드 등으로 대표되는 서구 미술교육 이론의 도입이 큰 원인으로 작용하고 있다. 따라서 우리나라 자체적으로 발생한 미술교육 운동은 아니지만, 서구의 미술교육 사상을 받아들여 당시 교육환경과 실정에 맞게 접목하여 실시했다. 미술과 교육과정의 이러한 시도는 비슷한 시기 다른 교육과정에서는 찾아볼 수 없는 상당히 진취적이고 적극적인 형태의 창의성 교육이라는 점에서 중요한 의미가 있었다.

셋째, 미술교육학적 의의를 찾을 수 있다. 그것은 바로 미술교육 연구의 차원이 상당히 넓어졌다는 것이다. 미술과 교육과정의 보급으로 인해 서구의 미술교육 사상들에 관한 연구가 확대되었고 추가로 교육과정을 해석하고 현장에서 직접 실천하는 교사들이 자발적으로 미술 교과 연구회를 조직함으로써 미술교육 과정을 단순히 이론으로 받아들이는 것이 아니라 수업과 평가 전반에서 활용하고자 하는 움직임이 일어났다. 가장 중요한 변화로 전문적으로 다루는 미술교육학회가 창립되어 미술교육이 체계성을 지닌 학문 영역으로 정착되었다.

넷째, 실천적 의의는 당시 교육과정을 직접 체험하였던 교사들과의 면담을 통해 나타났다. 미술과 교육과정의 도입과 관련하여 당시 교사들은 미술교사로서 정체성을 확립하고 전문성을 찾기 위해 개인적으로는 교육과정의 핵심 개념을 바탕으로 하여 스스로 활용할 수 있는 교수법을 개발하고 더 나아가 자발적인 소모임 활동 등에 적극 참여하였다. 이러한 측면은 교육과정의 실제적 성공과 관련이 있다는 점에서 긍정적인 요소로 평가할 수 있었다.

미래 교육을 위해 다음과 내용을 제언하고자 한다.

첫째, 제1차 그리고 제2차 교육과정 시기에 대한 더욱 심층적인 분석 작업이 요구된다. 본 연구는 장기간에 걸쳐 이루어진 질적 연구이다. 이에 따라 통계적, 수량적 연구에서는 찾을 수 없는 몇 가지 중요한 요소들을 규명할 수 있었다. 특히 폐기되거나 삭제되어 알 수 없었던 교과서의 내용을 발굴하고 교육과정의 실제 모습과 관련하여 미술교육자와 현장실천가들의 이야기들을 수집하여 보존할 수 있었던 점은 매우 긍정적이라 할 수 있다. 하지만 연구의 특성상 개인이 모든 자료를 수집하고 분석하는 작업은 몇 가지 한계점을 지니고 있었다. 교육과정의 모든 부분을 규명할 수는 없었다는 점, 그리고 지역 수준과 국가 수준에서 교육과정을 어떻게 활용했는지는 알 수 없었다는 점을 문제점으로 지적할 수 있다. 이에 따라 본 연구 이후에 이루어질 연구들은 기관 혹은 국가 기관에서의 조직적이고 체계적인 수준에서 이뤄질 필요가 있다.

둘째, 1960년대 이후 미술과 교육과정에 대한 후속적인 역사적 연구가 필요하다. 7차 교육과정과 그 이후 교육과정에 관한 연구가 비교적 체계적으로 수행되고 있음을 상기해볼 때, 본 연구와 최근 연구의 사이를 이어주는 중간 시기에 관한 연구가 필요하다. 이를 통해 제1차 · 제2차 교육과정이 어떻게 이후의 미술교육에 영향을 끼쳤는지를 규명하고 동시에 어떠한 새로운 변화가 생겨났는지를 알아볼 수 있을 것이다. 더 중요한 것은 다양한 이해관계자들과의 심층적인 면담과 실제적인 자료를 분석함으로써 교육과정 운영과 실천의 실제 모습을 드러내는 것이라고 할 수 있다. 이것은 일반적인 미술교육 및 교육과정 연구와는 차별화되는 요소가 될 것이며, 많은 연구자 및 실천가가 공감할 수 있는 계기가 될 것이다.

셋째, 본 연구를 계기로 미술과 교육과정과 관련되어 도출되는 실제적인 교육적 자료와 작품들을 체계적으로 보관할 수 있게 되기를 기대한다. 연구를 진행하면서 가장 크게 느낀 점은 교육과정 자료 및 이와 관련된 학생들의 작품을 보관하는 방식이나 체계가 매우 허술하다는 사실이었다. 대부분은 개인 박물관, 혹은 그보다 열악한 조건에서 보관되고 있었다. 교과서 자료 및 다양한 교육자료 역시 내용이 훼손되고 표지만 남아있는 경우가 많았다. 그나마 다행인 것은 관련된 신문 기사 등은 각 신문사 데이터베이스에 남아있었다는 점이다. 지금 현재 교과서를 비롯한 문서들이 디지털 형식으로 제공된다는 점에 비추어볼 때 지금까지 발행된 교육자료들을 웹 데이터베이스에 저장하는 작업이 추가로 진행될 필요가 있어 보인다. 그렇게 된다면 미술교육 연구자 및 실천가들이 장소와 시간에 구애받지 않고 연구에 편리하게 활용할 수 있는 기반을 만들 수 있을 것이다.

넷째, 역사적 탐구를 바탕으로 미래 사회를 주도할 창의적인 인재 양성을 위하여, 능동적으로 대처할 수 있는 창의적인 인재 양성을 위하여 미술교육의 방향을 점검하는 계기가 되었으면 한다. 미술은 시각적 이미지를 다루는 교과로 아이디어 발상과 이를 표현하는 매체를 선정하고 완성하는 모든 단계에서 자기 주도적으로 문제를 해결하는 과정이 중요하다. 미적 체험은 순수예술에 대한 체험으로서 미적 체험을 통해 연상되는 심상의 이미지를 고유의 방식으로 형태화하고 표현하는 과정을 경험하게 한다. 창의성이란 상상력이 풍부한 행동이나 과거 경험에서 나오는 정보의 집합을 통해 알려지지 않은 아이디어를 새로운 형태로 생산하고 구현하는 능력을 의미한다. 즉, 과거에 축적되어 온 지식이나 정보, 경험으로부터 새롭게 조합, 재결합, 관계를 맺어 새로운 아이디어나 물건을 만드는 데 있다. 문화적인 기반과 생활과 연관된 창작 표현이 실질적인 대안의 제시로 표현된다.

현재 7차 교육과정기에서 미술과는 평가, 단위 학기 이수제 등 학교에서 외부 환경에 따라 가장 먼저 축소되는 교과이다. 그러나 창의적인 인재를 육성하는 것은 이미 도래한 지식 기반 사회에서 국가 경쟁력의 측면에서도 매우 중요하다. 21세기 창의 인성 융합 교육의 근간은 창의성이며, 창의성 중심 미술교육은 창의성을 중심으로 학생의 개성과 잠재능력을 극대화하는 개별화 교육, 문제를 해결하는 교육 구조를 중심으로 전개되어야 한다. 지식 기반 사회에서 미술교육은 다른 예술 분야뿐만 아니라 기술공학 분야 등과 상호적인 관계를 형성하며 발전하여야 한다. 인간의 생활 및 환경과 연관된 직면한 문제들을 창의적이고 자기 주도적으로 해결하는 과정, 융합적으로 접근하고 미래에 대한 비전과 새로운 환경을 제시하면서 발전하는 것이다.

미술교육은 시대상과 인간의 삶을 반영하며 맥락적으로 발전해나간다. 이러한 시점에서 창의성 중심 미술교육이 어떻게 일선 학교에서 반영되며, 어떤 의의를 지니는지 지속적인 점검을 하는 것이 필요하다.

참고문헌

[단행본]

강일국(2009). 『해방 후 중등 교육과정 형성과정』. 서울: 강현출판사.

곽병선(2007). 『교육과정』. 서울: 배영사.

고숙자 외(2003). 『미술교육 이론의 탐색』. 서울: 예경.

공주교육대학미술과동문회(1986). 『안종호 교수 화갑기념논문집』. 충남: 안
　　종호 교수 논문집 발간위원회(미간행논문집).

교육부(1992). 『국민학교 교과과정』. 교육부 고시 제1992-16호.

교육부(1997). 『초등학교 교과과정』. 교육부 고시 제1997-15호.

교육과학기술부(2011). 『2009 개정 교육과정: 초중등학교 교육과정 총론』.
　　교육과학기술부 고시 제2009-41호.

교육부(2015a). 『초 · 중등학교 교육과정 총론』. 교육부 고시 제2015-74호 별책 1.

교육부(2015b). 『미술과 교육과정』. 교육부 고시 제2015-74호 별책 13.

권낙원(2011). 『한국의 교육학과 교육사』. 서울: 한국교육학교수협의회.

권낙원(2013). 『한국의 교육학 한국의 미래교육 100년』. 충북: 한국교원대학
　　교 한국교육100년사 편찬위원회.

김성숙 외(2003). 『미술교육의 동향과 전망』. 서울: 학지사.

김성숙 외(2003). 『미술교육과 문화』. 서울: 학지사.

김영우(2005). 『한국초등교육사』. 서울: 한국교육사학회.

김정(1985).『아동회화의 이해』. 서울: 창지사.

김정(1997).『미술교육의 모든 것』. 서울: 도서출판 예경.

김정(1998).『미술교육학원론』. 서울: 도서출판 예경.

김정(2000).『한국미술교육 정립을 위한 기초적 연구』. 경기: 교육과학사.

김정(2003).『세계의 미술교육』. 서울: 도서출판 예경.

김정(2004).『아동과 미술교육』. 서울: 배영사.

김재춘(2000).『(예비 현직 교사를 위한) 교육과정과 교육평가』. 경기: 교육과학사.

김춘일 역, E.B 펠드먼(1979).『미술의 구조적 이해』. 서울: 열화당.

김춘일(1988).『미술교육론』. 서울: 갑을출판사.

김춘일(1989a).『미술과 시지각』. 서울: 홍성사.

김춘일(1989b).『팝아트와 현대인』. 서울: 열화당.

김춘일(1991).『학교수준 특수교육과정의 편성지침』. 서울: 특수교육.

김춘일 · 차동채(1991).『아동미술의 지도와 이해』. 서울: 미진사.

김춘일 · 박남희(1996).『조형의 기초와 분석』. 서울: 미진사.

김춘일 · 김성혜(1997).『어린이 판화교실』. 서울: 미진사.

김춘일(1997).『유아발달의 이해와 교육』. 경기: 교육과학사.

김춘일 편(1997).『교육현상학의 기초』. 서울: 태학사.

김춘일 · 손영수 옮김(1998).『재미있는 조형놀이』. 서울: 미진사.

김춘일 외(1998).『유아교육의 이해』. 경기: 교육과학사.

김춘일 외(1998).『유아놀이 프로그램』. 경기: 교육과학사.

김춘일(1999).『창의성 교육 그 이론과 실제』. 경기: 교육과학사.

김춘일 · 차동채(2000).『아동미술 지도와 이해』. 서울: 미진사.

김춘일 · 김성구(2001).『유아를 위한 미술교육』. 서울: 미진사.

김춘일 · 김성구(2001). 『유아를 위한 미술교육』. 서울: 미진사.

김춘일 · 안영기(2001). 『꾸미기와 만들기 어린이 미술 창작지도』. 서울: 미진사.

김춘일(2002). 『중등미술교육론』. 경기: 교육과학사.

김춘일(2003). 『미술과 시지각』. 서울: 미진사.

김춘일(2006). 『창의 영재와 교육』. 서울: 대구대학교출판부.

김춘일(2007). 『아동미술교육』. 서울: 미진사.

김춘일 · 윤정방(2007). 『아동미술교육 이론과 실제』. 서울: 미진사.

김춘일 · 김성혜(2008). 『예술가의 어린시절』. 경기: 교육과학사.

김춘일(2010). 『유아를 위한 창의성 교육』. 경기: 교육과학사.

김형숙(2018). 『한국 미술교육의 지평』. 경기: 교육과학사.

노재우(1995a). 『창조주의 미술교육의 재조명과 신경향 분석』. 한국학교 미술
　　　교육의 회고와 전망. 부산: 도서출판 국제.

노재우(1995b). 『한국학교 미술교육의 회고와 전망』. 부산: 도서출판 국제.

문교부(1954). 『국민학교, 중학교, 고등학교, 사범학교 교육과정 시간 배당 기
　　　준령』. 문교부령 제35호 (1954.4.20.).

문교부(1955a). 『중학교 교과과정』. 문교부령 제45호 (1955.8.1.).

문교부(1955b). 『국민학교 교과과정』. 문교부령 제44호 (1955.8.1.).

문교부(1963). 『국민학교 교과과정』. 문교부령 제119호 (1963.2.15.).

문교부(1973a). 『국민학교 교과과정』. 문교부령 제301호 (1973.2.14.).

문교부(1973b). 『중학교 교과과정』. 문교부령 제326호 (1973.2.14.).

문교부(1981). 『국민학교 교과과정』. 문교부 고시 제442호 (1981.12.31.).

문교부(1981). 『중학교 교과과정』. 문교부 고시 제442호 (1981.12.31.).

문교부(1987). 『국민학교 교과과정』. 문교부 고시 제87-9호 (1987.6.30.).

문교부(1959). 『문교개관』. 서울: 문교부.

문교부(1986). 『초 · 중 · 고등학교 교육과정(1946-1981) 총론』. 서울: 문교부.

문교40년사편찬위원회 편(1988). 『문교40년사』. 서울: 문교부.

박철준 편저(1993). 『한국미술교육논총 I, II』. 서울: 프뢰벨.

박휘락(1965). 『판화를 통한 교육 1』. 대구: 경북사대부속초등학교.

박휘락(1968). 『판화를 통한 교육 2』. 대구: 경북사대부속초등학교.

박휘락(1998). 『한국미술교육사』. 서울: 도서출판 예경.

박휘락(2003). 『미술 감상 및 비평』. 서울: 시공사.

서울대학교교육연구소편(1997). 『한국교육사』. 경기: 교육과학사. 322

서울 숙명 100년사 편찬위원회(2006). 『숙명 100년사』. 서울: 분도출판사.

서울 숙명 100년사 편찬위원회(2006). 『숙명 100년 화보집』. 서울: 분도출판사.

손인수(1969). 『한국인과 교육사상』. 서울: 교단사.

손인수(1996). 『교육사 · 교육철학의 이론과 실제』. 서울: 문음사.

심광현 · 노명우 · 강정석 (2012). 『창의적 문화교육』. 서울: 살림터.

심영옥(2010). 『영유아동 미술교육론』. 서울: 경희대학교출판국.

오천석(1964). 『한국신교육사』. 서울: 한국교육총서출판사.

이경환 외 (2002). 『한국교육과정의 변천』. 서울: 대한교과서주식회사.

이동원(2009). 『창의성 교육의 실천적 접근』. 경기: 교육과학사.

이정규(2005). 『창의성의 최근 연구동향과 논쟁』. 서울: 한국학술정보(주).

이종국(2008). 『한국의 교과서 변천사』. 서울: 대한교과서주식회사.

중앙대학교 교육문제 연구소(1974). 『문교사』. 서울: 중앙대학교 출판국.

최호성 · 박창언 · 최병옥(2014). 『교육과정 이론과 실천』. 경기: 교육과학사.

한국교원대학교(2004). 『개교 20주년 기념 학술 심포지움 학교 교육 50년 반성과 전망』. 충북: 한국교원대학교 출판부.

한국조형교육학회(2016). 『미술교육의 기초』. 경기: 교육과학사.

함수곤 외(2001). 『교육과정 교과서 관련 용어 사전』. 충북: 한국교원대학교 출판부.

〔국내논문〕

고관희(2015). 「한국 초등 미술교과서의 감상작품 분석: 1946-2011년 시기의 교육과정 변천을 중심으로」. 박사학위논문. 명지대학교.

김종서 · 이홍우(1980). 「한국의 교육과정에 관한 외국교육자의 관찰」. 『교육학 연구』, 18(1), 82-99.

김춘일(2001). 「서양 미술의 유입과 교육」. 『미술교육논총』, 12, 349-363.

박휘락(1984). 「한국회화교육의 변천 연구」. 『대구교대논문집』, 20, 211-242.

박휘락(1986). 「한국 「수공과」 교육의 변천과정 연구」. 『대구교대논문집』, 22, 231-267.

박휘락(1988). 「미술과 감상교육의 변천과정 연구」. 『대구교대논문집』, 24, 181-209.

박휘락(1990). 「미술과 교과용 도서의 변천에 관한 연구」. 『대구교대논문집』, 26, 141-170.

박휘락(1995). 「한국 미술교육의 내용과 방법에 관한 사적 고찰」. 『대구교대논문집』, 30, 157-186.

박휘락(1997a). 「한국 미술교육 100년사 연표 자료」. 『미술교육연구논총』, 8, 103-127.

박휘락(1997b). 「감상교재의 분석과 이에 따른 효과적인 지도방책: 현행 미술

교과용 도서를 중심으로」.『초등교육연구논총』, 10, 239-278.

박휘락(1998).「평면표현을 통한 창의성 계발」.『조형교육』, 14, 330-370.

박휘락(1999).「미술 감상교육용 셀프가이드의 제작기법에 관한 연구」.『대
구교대 논문집』, 34, 195-244.

심영옥(2006).「한국 근대 초등미술교육 변천사 연구」. 박사학위논문. 경희대학교.

한국미술교육학회(1995).「한국 미술교육의 발전방향」.『미술교육 100주년
기념 학술세미나 자료』, 1, 1-9.

〔번역서〕

Effland, A.(1996). A History of Art Education. (박정애 역).『미술교육의 역사』.
서울: 예경. (원저출판, 1970)

Gredler, M.(2006). Learning and Instruction-Theory into Practice. (이경화 역)
『교수-학습의 이론과 실제』. 서울: 아카데미프레스. (원저출판, 1997)

Lowenfeld and Brittain(1935), Creative and Mental Growth. (서울교대미술교육
연구회 역).『인간을 위한 미술교육』. 서울: 미진사. (원저출판, 2002)

Meyers, Hans.(2000). Welt der kindlichen Bildnerei. (김정 역).『독일의 미술교
육』. 경기: 교육과학사. (원저출판, 1997)

〔외국문헌〕

Eisner, E. W.(1972). Educating Artistic Vision. N.Y: The Macmillian Co.

Eisner, E. W.(1994). The Educational Imagination: On the Design and
Evaluation of School Program. N.Y.: Macmilian Co.

Felix C. Robb.(1958) Peabody Goes to Korean-Education in Korea. THE

PEABODY REFLECTION, Vol. 31 No. 1.

Garrison, Martin B.(1960-2). George Peabody college for teachers Korean project: Improvement of teacher training. Nashville, Tennessee: Vanderbilt University.

Gaitskell et al., C. D.(1982). Children and their Art, N.Y.: The Macmillian Co.

Garoian, C.(1999). Performing pedagogy: Toward an art of politics. Albany, N.Y.: SUNY.

George Peabody College for Teachers(1965). Education in Korea : a consideration of procedures. Nashville, Tennessee: George Peabody College Press.

George Peabody College for Teachers(1965), Teacher Education in KOREA: A Consideration of Procedure. Nashville, Tennessee: George Peabody College Publication.

Korean Project-Improvement of Teachers Operation Mission, Peabody, Semi-Annual Progress Vol.1(1958.8.29.~59.2.28.) Vol.2(1959.3.01.~ 59.8.28.) Vol.3(1959.8.29.~60.2.28.) Vol.4(1960.2.29.~60.8.28.) Vol.5(1960.9.01. ~61.2.28.) Vol.6(1961.3.01.~61.8.31.)

The peabody(1958). Two More Join Korean Staff, Baslers Return. THE PEABODY REFLECTOR, 31(6).

[웹사이트]

국가교육과정 정보센터[웹사이트]. (2018년 8월 13일). http://ncic.go.kr

표목록

개정 7차 교육과정 미술과 내용 체계

2009 개정 7차 교육과정 미술과 내용 체계

2015 개정 교육과정 초등학교 미술과 내용 체계

2015 개정 교육과정 중학교 미술과 내용 체계

제1차 교육과정 국민학교 국정교과서 발행 현황

제1차 교육과정 국민학교『미술』교과서 분석

제2차 교육과정 국민학교『미술』교과서 분석

박철준 교수 지도 스케치북(1966년 지도)

1960년대 아동미술대회 현황

1970년대 아동미술대회 현황

도판목록

김정 교수 심층 면담 당시 모습

박휘락 교수 심층 면담 당시 모습

소화 13년 칠월『도서과지도안세목』

피바디사범대학 교육사절단 관련 자료(Felix C. Robb, 1958)

제1차 교육과정 국민학교『미술』1학년 교과서 표지 및 머리글

제1차 교육과정 국민학교『초등글씨본』4학년 교과서 표지 및『교수지도서』

제1차 교육과정 국민학교『미술』1학년 교과서

제1차 교육과정 국민학교『미술』2학년 교과서

제1차 교육과정 국민학교『미술』6학년 교과서

제2차 교육과정 국민학교『미술』1학년 교과서

제2차 교육과정 국민학교『미술』2학년 교과서

제2차 교육과정 국민학교『미술』4학년 교과서

제2차 교육과정 국민학교『미술』5학년 교과서

제2차 교육과정 국민학교『미술』6학년 교과서

제2차 교육과정『국민학교 미술 교사용』

『판화를 통한 교육』(박휘락, 1965)

제2차 교육과정 국민학교『미술』6학년 교과서

제1차 교육과정 국민학교『미술』3학년 교과서

제2차 교육과정 국민학교『미술』5학년 교과서

제2차 교육과정 국민학교『미술』5학년 교과서

제1차 교육과정 국민학교『미술』5학년 교과서

제2차 교육과정 국민학교『미술』1학년 교과서

제1차 교육과정 국민학교『미술』6학년 교과서

제1차, 제2차 교육과정 국민학교『미술』4학년 교과서

제2차 교육과정 국민학교『미술』5학년 교과서

학년초 학급 경영 자료(안호범,「교육자료」1972년 3월호)

제2차 교육과정 국민학교『미술』3학년 교과서

제2차 교육과정 국민학교『미술』6학년 교과서

제5회 아동미술교육전 표지(1962)

『판화를 통한 교육』(박휘락, 1965)

『새교실』의 우수 사례로 등장한 박휘락과 제자(1964)

'아동화의 난폭성' 대구일보 신문 기사(1960. 6. 30)

'아동창조성의 파괴자' 대구일보 신문 기사(1960. 10. 13.)

'아동미술교육에의 반성' 대구일보 신문 기사(1958. 2. 26.)

Viola, W의 저작『Child Art』(1942)의 일본판 번역 외

『새로운 想畵敎育』(박휘락, 1966)

『새 교육과정에 의한 우리학교의 미술교육』(박휘락, 1964)

『아동미술』창간 표지

'한국아동미술협회' 창간 기념 신문 기사

제1회, 제2회 세계아동미술전람회 전경

제15회 세계아동미술전 포스터(1972)

제26회 세계아동미술전람회(1984) 출품작

제1차 교육과정 국민학교 『미술』 2학년 교과서

미술대회 관련 신문 기사 경향신문(1962. 9. 15.)

미술대회 관련 신문 기사 동아일보(1963. 4. 22.)

미술대회 관련 신문 기사 경향신문(1963. 4. 26.)

소년한국일보 미술 서울대회(1966. 4. 14.)

아동 미술교육의 창조
-본회 미술교육 강습회에 부쳐-

박휘락

찾기 위한 아동미술교육의 영토 / 협회를 통하여 전문성 발견
밀도 높은 연구적 태도 있어야

빼앗긴 들에도 봄은 오는가!

한국에 학교는 있어도 미술교육은 없다. 한국에 미술사는 있어도 미술교육사는 없었다. 우리의 미술교육은 이만큼 천시받아 왔었고 영토마저 빼앗겼다. 한국의 미술사에서 미술교육사를 찾아보라! 천기사상이 휘몰아치면 조선시대를 거쳐 일제강점시대의 미술교육, 이를 물려받아 벗어나지 못하면 해방 후의 미술교육, 민주주의 사상과 일제 교육의 잔재가 뒤범벅이 되는 오늘날의 우리의 미술교육! 너무나 황폐한 채 시대는 사정없었고 역사는 창조되지 못했었다.

설사 미술교육이 없다손 치더라도 여기서 자란 어린이는 없다. 영토는 있어도 밭을 갈고 씨를 뿌리고 가꿀 일군이 없었다. 버려진 땅으로 외면된 채 흘러갈 것인가? 이제 이 밭을 갈고 씨를 뿌릴 자는 없는가! 싹을 틔우고 성장시킬 자는 나서지 않겠는가! 아, 빼앗긴 들에도 봄은 오는가!

본회는 창립한 지 겨우 1년 남짓 지났지만 그동안 많은 일을 치러왔다. 황무지에 용감히 뛰어들어 씨를 뿌릴 자를 많이 모았고 길러내었다. 서울에서의 일차 강습회, 지난 여름의 경주와 속리산의 강습회, 이제 삼 회 때의 〈우리의 모임〉을 갖는다. 이는 누구를 위한 모임도 아니다. 우리를 위한 우리의 모임이다. 빼앗긴 들을 찾기 위한 모임이다. 그동안 몇 번의 강습회를 거쳐서 이제보다 유효하고 보람된 일을 하기 위하여 지난 일을 몇 가지 다시 생각하여 다 같이 참고삼아 보고자 한다.

우리는 올바르고 건전한 싹을 기르기 위하여 싹이 뿌릴 박아야 할 토양의 〈철학〉을 가져야 하고, 생물로서 어린싹이란 특성을 알아야 하기 때문에 싹의 〈심리학, 교육학〉을 배워야 하며 식물이란 류에 속하므로 〈미술의 실제〉를 알아야 한다. 위의 삼 자를 어느 하나도 경시해서는 안 된다. 땅 위에 올라온 싹의 모양만 보고 요리조리 만지다 보면 땅속에서 뿌리가 썩어 갈 것이고 싹이 뭣을 요구하는지도 모르는 과승재배는 콩을 팥을 만들어 놓을 위험성도 있다. 즉 〈철학〉과 〈심리〉란 조건을 잃고 〈실제〉에만 얽매어도 이는 소용없을 것 같다. 그렇기에 미술교육은 「교육철학」과 「심리학」과 「미술」이란 삼 요소가 필요한 것이다. 거목의 가지 끝에 간들거리는 지엽적인 혈근이 되는 것도 뿌리가 썩는 줄 알아야 한다. 항상 이론 면과 실제 면은 이와 같은 비중의 양가성을 포함하고 있다. 때문에 수강자, 청강자, 주최자 공히 이점을 충분히 사고해두지 않으면 안 된다.

다음은 「우리」의 태도와 각오다. 우리는 앞서 말했듯이 빼앗긴 들을 찾는 주인공 역할을 맡아야 한다. 그러기에 소비적이고 아태적인 태도는 버려야 한다. 「자격취득」이란 그 이상의 「숭고한 정신」과 순교자적인 뭣을 가져야 한다. 안일과 이기가 감도는 강습회가 되어서는 뭣도 안 된다. 문자 그대로 개척자적인 정신으로 우리는 빼앗긴 들을 다시 찾고 봄을 맞이해야 할 것이다.

수호자는 누구 할 것 없이 세밀한 소장 노릇을 맡아야 한다. 피가 나는 혈

투를 해야 살필 줄 알고 향방을 탐색·제시할 나침반이 되어야 한다. 그러나 여기는 책임을 가져야 한다. 이와 같은 시점에 비춰볼 때 본회의 작업은 충족지는 못하지만 유년기에 속하는 소년으로라서 커다란 성공을 자인할 수 있고 또 누구에게도 평가받을 수 있다. 우리는 우리의 미술교육을 창조하고, 어린이를 성장시켜야 하며 한국의 미술교육사를 창조해 내어야 할 것이다. 생각 없는 조상에게는 역사란 없었다. 우리의 땅은 우리가 찾고 씨를 뿌려야 한다. 이는 누구에게 맡길 일도 아니다. 바로 우리 자신의 과업인 것이다. 아, 이제 빼앗긴 들에도 봄은 오도다! (필자 = 경북사대부국)

아동미술교육에의 반성
-표집고시의 결과를 보고-

박휘락

    우리는 다음 세대의 모든 것을 그들에게 바라고 또 그들이 올바르게 자랄 것을 연원하고 있으리라 믿는다. 그들의 가슴에는 아직도 순박 창조 자유 평화 평등의 고운 싹을 간직한 채 아무런 『악』에 들뜰리지 않은 『인간』이 되어가고 있으며 우리는 이것을 고히 복돋우어주고 그들의 세계를 깊이 인식하여 사회인으로서 혹은 공민으로서의 옳은 생활을 안위할 수 있도록 하여야 할 것이다.

          ×   ×   ×

    아동미술교육의 목표는 『일상생활과 산업에 필요한 조형예술과 기술에 대하여 일반적인 이해와 기초적인 기능을 얻어 생활을 명기하고, 여가 있게 영위할 수 있는 능력을 길러 개인으로서 사회인으로서 평화적이며 문화적인 생활을 할 수 있는 자질을 기르는 데 있다.』라고 엄연히 나타나 있다. 그러나 이것이 법률이 아닌 이상 어떻게 정상적으로 다 그대로 교육에 나갈 수 있느냐고 반조하겠지만 우리는 적어도 아동미술교육을 정상적인 입장에서 본다면 정상적인 인간을 길러간다면 이중의 어느 것도 소홀히 되어서는 안 될 것이다.

    여기에 따라 이것에 도달하는 방법으로서 그림을 그린다 무엇을 만든다

자연과 조형물을 감상한다 할 것이다. 과거의 미술교육을 탈피 못 한 일부 교사는 근본적인 어떤 인간 형성의 요소를 잊어버리고 그 밑에 있는 방법론에 만나서 헤매고 자기가 교육한 결과의 올바른 평가는 더듬어 보지도 않고 항상 그 방법에만 만족하고 기교주의에만 치우쳐 왔기 때문에 결국 오늘과 같은 현상이 일어났고 사회는 아무런 따뜻함이 없는 소름이 끼치는 무서운 사회가 되고 만 것이다.

그나마 그 방법조차 상실해버리고『국민학교 육학년에 미술과가 있었더냐?』는 식으로 소위『중요과목』만 취급하여 왔기 때문에 이번 고사의 미술과 성적이 평균 남자가 삼칠육, 여자가 삼구이점이란 기형적인 결과를 나타내고 만 것이다.『슬프고』『한심하고』『가슴이 찢어지고』『어쩔 줄을 모르고』한다는 형용사를 빌려도 다 표현하지 못하는 인간형성이 아닌 인간파괴의 죄악을 저질러왔다는 것을 교사는 책임져야 할 것이다.

우리는 아동이 어떤 대상물을 화법에 맞도록 잘 재현하여 기교면이 우수한데 만족할 것이 아니라 아동이 얼마만큼 예술 활동의 경험을 가졌던가 하는 그 활동의 과정을 더 중요시하여야 할 것이다. 과연 따져서 우리들은 아동들에게 얼마의 대회를 개최하여 그들의 생활감정을 표현하도록 했으며 또 생활을 풍부하게 하여 더 행복스럽게 살아나갈 수 있게 하였던가 이와 같은 것이 앞으로의 아동미술교육의 진로라고 할 것이다.

육학년 동안 창작활동의 시간 한 시간 가져보지 못한 아동이 어찌 자기표현을 가지며 정서가 순화되기 바라며 생활을 명랑히 영위해나가도록 바라는가?

아동화는 어디까지나 아동으로서의『매력』이 내포되어 있어야 한다. 솔직한 표현 아동이 느끼고 순화된 감정이 화면 위에 나타났다면 그만이다 이

감정과 『눈』으로 자기생활을 포장하고 창조해나간다면 훌륭할 것이다.

사과 몇 개 미적으로 배치 배합 못 하고 색명 하나 모르며 생활 주변의 간단한 조형품이 어떻게 구성되어 있는가를 모르는 아동에게 미술교육을 하여왔기에 이들이 어떻게 『산업에 필요한 조형예술품』을 만드는 『기초적인 기능』을 갖게 되었을 것인가 의문이다.

우리는 이번 이 결과를 통하여 안으로의 좋은 반성의 공과를 얻었다고 보겠다. 좀 더 우리 교사와 학교 경영자는 미술교육에 관심을 가지고 지도해나가야 할 것이다. (부속국민학교 교사)

아동화의 난폭성
-아동미술교육의 맹점-

박휘락

언제든지 억압에서 해방, 구속에서 자유로 벗어날 때 참다운 궤도에 오르기까지의 과도기란 가장 중요하고 현명하지 않으면 안 되리라고 생각하며 또 진실한 진통기를 거처 한 개의 사실이 생겨나는 것이라고 믿는다. 이 한 개의 뚜렷한 사실과 올바른 길을 개척해 나가기 위하여 우리들은 미미하나마 갖은 노력을 해왔으며 또 현재도 노력하고 있는 것이다. 그러나 어떤 착오에 빠져 탈선되어가고 있는 것이 현재 한국아동화교육이라고 경종을 울려 향방을 바로잡고 싶다.

일본의 패전과 더불어 미술교육도 아동의 인격 개성 등이 무시당했던 훈련주의 미술교육을 탈피하는 것을 고양하면서 민주주의 교육에 기저를 두고 우리나라도 창조주의 미술교육의 진실한 태도를 모색하면서 금일에 달한 것이다. 미술교육에 있어서의 미술교육의 목적이란 창조성의 신장인 것이며 『창조교육의 일환으로서 미술교육이며 또 미술교육을 통한 창조교육이다.』 이것은 천부인권과 같이 아동이 날 때부터 갖고 있는 창조력을 육성시켜주는 데 있었다. 구미각국에 있어서도 아동 개성의 중시 자유로운 표현을 존중하는 방향으로 나아가며 아동화의 심리적 연구가 성행해졌다. 아동의 생리적 심동적 발달을 기반으로 해서 아동화를 이해하려고 했으며 여기에서 지도로 이루어졌다.

더 발전하여 미술교육의 방법론뿐만이 아니고 미술교육을 통하여 어떤 인간을 형성하느냐 하는 인간교육을 중요한 일부분을 차지하게 된 것이다. 그러나 우리는 이런 목표와 사상의 외압에만 동조해서 아동교육에 있어서도 아동을 극구찬송하면서 실제로는 이상적인 지도에는 달하지 못한 현실이었고, 멀지 않은 장래에 있을 것 같은 한국의 아동화 교육도 실은 맹점이 허다하다.

그러나 아동에 대한 적극적인 혜찬과 자유로운 개방과 동시에 아동화 『붐』을 이루는 현상이나 여기에 부인 못할 과오가 있으며 지도이념이 왜곡돼 있는 것이 있다. 금일의 한국의 아동화는 태반이 난폭하며 조잡하여 성실하고 밀도가 있는 그림을 찾아보기란 힘드는 것이다. (이것은 너무 아동중심만 믿고 지도의 손을 못 미쳤는 결과라고 보면 아직도 일부의 미술교육은 식민지교육의 임화교육을 벗어나지 못하고 있다.)

이렇게 난폭한 그림은 대체로 『다이나미ㅋ』하고 박력이 있어 보여 『포비즘』(야수파)을 좋아하는 지도자들은 아동화를 보고 감심하는 일이 있으나 우연적인 소산인 장합이 많은 고로 진정한 의미의 『다이나미ㅋ』한 것은 못 된다. 그러면 이렇게 난폭한 아동화를 조성한 원인은 어데 있는가 첫째 전후의 미술교육은 전술한 바와 같이 억압에서 해방으로 전환하는 입정에 서서 지도해서는 안 되는 지도자의 몰지각에서 생긴 방임과 속수무책인 것이다. 지도해서는 안 된다는 것은 종래의 특정한 형과 기술주의식, 대입모방식 교육을 해서는 안 된다는 것에 있으며 개성의 아동의 개성을 존중하는 지도는 절대 필요한 것이다. 참다운 『지도』의 어의는 아동이 성장발달해가는 방향의 고찰하는 것이다. 여기 고찰방향에서 『지도』란 활동을 생각하게 될 것이다. 아동화를 지도함에 있어서도 『지도』는 한 개의 적분적인 방법이다. 올바르고 정확한 적분을 발전하려면 뭣이라 해도 풍부한 미분적인 지식을 획득하지 않고는 풀 수 없는 것이다. 따라서 아동화 지도에 있어서도 『지도』인 『적분』을 해결하려면 아동의 생리적 심리적 발달을 고양하는 『미분적』인 지식을 가져야 한다. 더 세밀히 말하면 아동화 그 자체를 심리적 발생적으로 혹은 예술학적으로 여러 가지 각도의 방법에서 연구하지 않으면 성과 있는 지도는 어려울 것이다. 이상과 같이 미분적인 교양이 없이는 적분적인 결과로서의 지도가 되지 않는 것은 사실이다. 이런 의미에서 지도가 가해져 나가는 것이 아동 개개인의 개성존중이며 아동을 방임상태에 놓지 않을 것이다.

둘째 현재 초등학교의 미술과에 배당된 시간 수와 또는 많은 아동수를 갖고 효과적이고 작업에 정신을 몰두시켜 해나갈 수 있는 분위기를 조성해나가지 못한다. 실제 저학년에서는 기이상의 시간의 필요를 느끼는 것이다. 한창 흥미 있게 몽중에서 허덕이는 중 다음 시간이 시작되는 고로 작업을 빨리 마치지 않으면 안 될 처지에 놓인다. 이래서 자칫하면 장난으로 조잡하고 난폭하게 돼버리는 결과를 초래하고 만다. 더군다나 천시받는 미술과가 시간을 연장시켜 다음 시간까지 연속 안 하는 것이 숨기지 못하는 실정이다. 셋째 좀 더 최대의 원인은 난폭되어 있는 한국사회 환경의 실정인지 모르겠다. 20세기는 『스피드』 시대인지 모든 것을 좀 더 구속하게 처리해 버리려고 든다. 화가들의 작업에 있어서도 과거에 비해 빠른 시간 내에 최대의 밀도를 내려고 고심하고 있는 것이다. 이런 것이 아마 전후의 풍조인 듯 알고 있다.

여기에다 여러 가지 살벌한 환경에서 생장하고 있는 아동의 정서는 거칠고 난폭하기 짝이 없는 것이며 그들의 소산인 아동화도 거기에 준하는 것이라고 봐야 한다. 이것 외에도 여러 가지 원인이 있으리라고 믿어지며 서구의 밀도 있는 아동화를 볼 때마다 우리들의 지도방향을 바로잡아야 되겠다고 반성이 가곤 한다. 먼저 아동화에 대한 참다운 비평안을 갖고 지도에 임하는 평가하지 않으면 기 난폭성을 시정하기가 힘드는 사실이며 난폭성을 오인하여 『다이나미ㅋ』하다고 인정하며 지도의 정확성까지도 주장한다.

한 주제의 내용이 풍부하고 감정의 내용이 건전하고 명백한 아동화를 원하고 있다. 그러나 우리는 이것 이상의 『견밀도』를 요구하고 싶다. 아동이 창작시 어느 정도 정신을 기일에 집중시켰는가를 봐야 하며 이 집중에서 제일 중요한 요소인 것이다. 『견밀도』는 정신적인 『에네르기』의 고저를 나타내며 고차의 밀도는 화면에 생동과 신선으로 이끄는 것이다. 이것은 반드시 정신의 긴장도와 평행하는 것으로서 정신의 긴장은 나쁜 의미의 『텐숀』이 아니라 항상 신산한 정신 상태를 말하는 것이다. 감정의 문답이 풍부하고 감정의 『데리카시』한 점도 있으며 견밀도가 높은 것이 바로메다. 확고한 아동화교육의 이념 아래서 기(其)난폭성을 구출할 수 있으리라고 믿는다. 앞으로의 아동화 지도자들은 현대 아동미술교육 사조의 왜곡된 인식에서 기(其)난폭성을 더 이상 연장시켜서는 안 되며 좀 더 성실하고 밀도가 있는 아동화미술교육을 망각해서는 장래를 시대하기란 힘든다고 본다 뿐만 아니라 현재의 이 망점을 하루속히 발견 해결하여 아동화교육의 올바른 향방을 잡아야 한다. (필자=교사)

아동창조성의 파괴자 〈전문〉
−소위 「색칠하기 공부」의 문제−

사회가 혼란함에 따라 변이적인 사건들과 범죄상이 드러나고 범법자들이 앞을 다투어 나타나듯이 튀어나오고 있다. 강도 범인 등등의 사건들이 신문 삼면의 톱이 됐을 때 우리 인간들은 깜짝 놀라며 몸살을 떤다. 그리고 기범법자들에 대하여 각자의 『눈』과 『양심』으로 평가를 해본다. 이것은 어디까지나 필자는 행동으로 노출된 범죄며 범법자라 보고 그와 반대로 눈에 보이지 않는 인간내면생활에 침입하여 오는 『악』이 있다고 보고 싶다. 후자의 결과로써 전자에 영향을 미치게 되는 것은 크다고 본다. 오히려 전자보다 후자가 더 두려운 것이며 더 더 큰 죄악이 여겨진다.

가까운 문방구에서 수종의 것이 책자로 발행된 것을 팔고 있으며 혹은 아낌없는 상술을 발행하여 어린 아동을 혹하기 알맞게 조잡한 그림을 프린트까지 하여 학용품 하나 투입에 덧붙여 주는 것이기에 비판의 여지가 있다.

다음으로 유치원의 환경을 살펴보면 국가에서 요구하는 아무런 지도목표도 없고, 지도요항도 발표되지 않은 것이다. 대한유치원교육협회가 있으나 이것도 미술과에 대한 뚜렷한 보육목표를 내세우지 못하고 있으니 유치원의 회화·제작시간을 메꾸는 방편으로 초기는 이 『색칠하는 그림』에 의존하고 있는 실정이다. 여기에서 유치원의 회화제작에 대한 실제를 알고 기지도방향을 이야기했으면 좋겠으나 다음 기회로 미루고… 국민학교에서는 엄연히 문교부에서 나온 교과과정이 있고 국정교과서가 있음에도 불구하고 입학 초에 아니 상당한 시기에 걸쳐 이『색칠하기 그림』을 시키고 있다 이것이 더 놀라운 것은 교육의 도시라고 자타가 공인하는 이 도시의 일류에 속하는 학교에서도 볼 수 있으니, 일선교사는 좀 더 자성을 하고 연구하지 않으면 안 되리라고 믿는다. 저학년의 아동을 둔 학부형들에게도 미술과의 성적이 저하되면 이『색칠하는 그림』을 아동에게 사주고 그러기를 권하는 것을 자주 볼 수 있다. 이것은 미술과의 입장에서보다도 인간교육의 입장에서도 재고되어야 할 문제이다.

이상을 받아들이는 수요자의 실정을 살펴보면 사진판에서 보는『색칠공부』는 국민학교 교재연구소지음 부산미술협회 추천 부산시 교육위원회 감수 이렇게 어마어마하게 돼 있다. 교재연구회는 뭣에 중점을 두고 연구해내는지 이렇게도 할 일이 없어 이런 책자를 지어내며 미술협회는 이렇게도 단체 활동을 할 것이 없어 이런 것을 추천하는지 인수 없는 일이다. 출판사의 영리를 위한 목적에서 강요에 못 이겨 추응을 하고 감수를 했다면 더 비위가 맞지 않는 일이다.

이는 대한 교련에서 가장 아동을 위한 과제물이라고 자처해서 만들어진『여름공부』에 미술과의 공부로 나온 것이 한없이 있다 이렇게 서방에서 아동의 창조성을 파괴하는 것들이 쏟아져 나오고 있으니 올바른 인간으로 성장은커녕 싹이 시들어 갈 지경이다. 좀 더 각성이 있길 바란다.

그러면 왜 이 색칠하기 그림이 아동창조성을 좀먹고 미술교육에 해로운 자인가 하고 반문을 할 것이다. 먼저 유치원에 다니는 유아나 국민학교 일학년은 묘화의 발달 과정으로 봐서『소박한 씸볼을 형성하는 시기』에 속하는 것으로 이때의 묘선활동이나 묘화활동이라는 것이 이 아동의 전 생애에 있어서 창조활동을 할 수 있는 인간이 되느냐 남의 모방만 하는 모방적인 성격을 만드느냐는 중요한 인간 활동과 성격을 만드는 결과가 되는 것이다.

결국 유치원이나 국민학교에 있어서 아동을 훌륭한 화가로 만들거나 훌륭한 그림을 요구하는 것은 아니다. 물건(사물)을 생각하고 자기 자신이 형을 만들어내고 자신이 묘화활동을 하는 자립정성을 기르며 상조적인 정성을 육성하는 데 있다. 아동이 장래 성장해서 독자적인 창작력을 가지는가 그렇지 않으면 훌륭한(?) 모방가가 되느냐는 이 시기에 있어서 자기의 팔과 손으로 『오토매틱』한 선묘와 소박한 씸볼의 형성으로 자기 『심상』을 표현하느냐 않느냐에 결정되는 것이다.

이런 경우에 있어서 성인이 그린 아무런 감정도 없고 형에 박힌 『색칠하기 그림』을 매일 그 위에 크레파스로 칠해가는 유치한 짓을 하고 있으니 아동 자신이 모르는 사이에 『색칠하기 그림』이 자기의 『심의 실제』가 되어버리고 만다. 새로운 그림을 그릴 때 거기에 대한 신선한 감동을 갖지 못하고 자신의 그림을 그릴 수 있는 능력이 없어져 버리며 『색칠하기 그림』은 성인의 그림으로써도 아무런 가치가 없기 때문에 어디에도 필요 없는 그림이 되고 마는 까닭에 자기표현의 길이 막히고 마는 것이다. 그리고 창작활동에 있어서도 전혀 독립의 상태에 빠져버리기에 이것을 아동의 생활환경에 가까이해서는 안 된다는 것이며 지도자와 부모는 깊이 유의미로 변하지 않으면 안 된다.

끝으로 더 주의할만한 예를 들면 현재 펜실바니아 주립대학 미술교육교수인 Victor Lowenfeld가 말한 것을 보면 결론부터 『색칠하기 그림』은 아동미술에 있어 악영향을 미친다고 했고 여기에 한번 걸리면 좀처럼 자유로운 창조활동이 되지 않는다. 이 그림에 대한 아동의 의존심이란 무서운 것이다. 실제와 연구의 결과 『색칠하기 그림』을 그린 아동의 반수 이상은 창조력 표현력의 자주성을 잃어버렸으며 융통이 없고 의존심이 강한 아동이 되어 버린다고 경고했다.

이상과 같이 아동에 있어서 유해무익한 것을 하루빨리 건전한 아동으로 거르기 위해서 제거되어야 하며 엄중한 제재가 있어야 된다고 생각한다. 아동에게 술을 먹이고 담배를 피우게 하는 것보다 더 나쁜 짓이며 문제인 것이다. 교육자는 양심적인 교육이 가해져야겠고 부모는 한층 더 아동을 구출할 수 있으리라고 믿는다. 우리는 『사회적 질병의 근원은 개인이 가지고 있는 자발적 창조 능력의 억압에 있다』는 Herbert Read씨의 말을 되씹어본다.

(저자=전 사대부국교사)

창조성 육성의 우리 학교 미술교육
〈수업시간에 일어나는 미술교육면〉
-2학기 미술과 교육의 중점-

박휘락

1. 우리 학교는 작년부터 전국적인 미술과 연구학교로서 작년에 이어 금년까지 2년째로 미술과를 연구해온 것이며, 내년에는 삼 년째로 그 연구결과를 전국적으로 발표할 계획을 세우고 연구의 결과를 정리하기에 골몰하고 있는 것입니다.

미술과에서 가장 중요시 여기고 있는 인간 형성의 미술교육으로 창조성 육성을 가장 큰 목표로 하고 있습니다. 때문에 우리 학교의 미술교육연구도 어떻게 하면 이 창조성을 개발하여 올바르게 신장시켜 줄 것이며, 그 방법은 어떤 것이 가장 좋은 가를 연구해 왔습니다.

1학기 때는 창조성 육성의 교육방법을 4, 5학년을 대상으로 하여 학교의 온 힘을 기울여 실험을 하고 선생님들은 좀 더 나은 미술교육을 하기 위하여 〈아니 좀 더 행복한 우리 어린이를 기르기 위해서〉 모든 방면에 연수에 연수를 쌓았던 것입니다.

2학기, 이제부터는 어떤 학년과 반을 특정하여 실험하고 연구하는 것이 아니라, 전교적으로 질적인 미술과의 성장으로 향하고 있습니다.

〈경영의 중점〉

◎창조성 육성의 미술교육

　　① 미술과 교육과정의 정상적인 운영

　　② 기초적인 표현 능력의 체득

　　③ 아동의 표현 내용을 심화시키고 표현재료와 표현 방법의 가능성을
　　　아동 스스로 시도한다.

　　④ 학습태도의 확립

　　⑤ 자기 생활의 미화

　　⑥ 교사의 지도기술의 향상

2. 어린이 여러분께

　㉠ 우리나라의 어느 학교 어린이나 대개 보면 선생님이 그림을 그릴 제목을 내주거나 만든 방법을 이야기해 주는 그대로만 미술공부를 하는 것을 수없이 봅니다. 우리 학교 어린이들도 제목을 내지 않으면 무엇을 그릴까 멍하니 앉아있는 어린이, 만드는 방법을 다 말해 주지 않으면 어떻게 만들까 망설이고 가만히 앉아있는 어린이가 상당히 많습니다.

　이런 어린이는 꼭 "감이 떨어져서 자기 입에 들어가도록 감나무 밑에 가만히 누어 기다린다"는 사람이다. 밥을 먹여주지 않으면 밥도 못 먹는 어린이가 아닌가도 생각해 봅니다.

　어떤 사람은 이렇게도 말해요. 이와 같은 어린이가 많으면 많을수록 〈또 이와 같은 교육일수록〉 그 나라는 항상 남의 나라에 의지해서 살아야 하고 남의 자비를 받아 강한 나라의 식민지가 될 수밖에 없다고 합니다. 〈일본이 우리나라를 압박해서 교육할 때도 이랬어요〉 지금 선생님은 나라를 이야기

했으나, 어린이 각자 한 사람씩 생각해봐요. 내가 그렇게 남의 힘만 믿고 사는 사람, 남에게 지배당하고 사는 사람, 자기 힘으로 무슨 일을 개척해 나갈 수 없는 어린이가 된다면 슬픈 일이 아니겠어요? 그러나 이런 일들을 지금 우리들은 예사로 생각하고 있다고 생각되는 어린이가 있어요. 이와 같은 어린이를 선생님은 "창조성이 없고 발전하지 못하는 어린이"라고 불러요.

그래서 지금 선생님은 여러분들이 미술공부를 할 때 좀 더 창조성이 있는 어린이가 되어 주었으면 하고 바라고 있습니다. 미술이란 자기가 좋아하는 것, 자기가 보고 느낀 것, 자기가 꿈꾸는 것을 자기가 발견한 방법으로 그리거나 발견한 방법으로 그러거나 만들어 나가는 것이 좋은 것이 있어요. 동시에 다른 사람은 어떻게 생활하고, 무엇을 느끼고, 어떻게 표현하고 있는가도 이해하려고 해야 되는 것입니다. 내가 가지고 있는 이와 같은 권리는 누구에게도 간섭을 받을 필요는 없다고 봐요.

그러기에 있어서도 항상 자기가 생활한 경험, 자기가 관찰한 것을 정성껏 그리면 되는 것입니다. 못 그려도 좋은 것이니 자기가 생각한 눈으로 항상 새로운 것이 없는가, 새로운 표현 방법이 없는가, 이것은 어떻게 처리하면 좋을까 고심하는 가운데 나의 힘은 자라가는 것입니다. 선생님이 일러주는 것에만 의지해서 그리는 어린이는 늘 그곳에만 머물러 있는 법입니다. 만들기도 마찬가집니다. 여러 가지 통을 모아 무엇을 만든다고 생각해 봅시다. 선생님이 이통으로 동물의 몸뚱으로 하고 다리는 이렇게 붙이고 꾸미기는 이렇게 한다고 흑판에 그리면서 설명해야 겨우 손을 대는 어린이가 많습니다. "자 이 통으로 무엇을 만들 수 있으며, 그것은 어떻게 만들면 좋겠어요?"란 내용의 질문을 해도 그저 멀그머니 앉아있을 때는 참 안타깝기 짝이 없어요.

통이라는 만들기 재료가 자기에게 많이 모여졌을 때 쌓기 놀이도 해보고 서로 꿰어 맞추어도 보고하면서 노는 가운데 "이것으로 무엇을 만들었으면 좋을까?" "이것은 꼭 무슨 모양 같네." "아! 이 작은 두 통을 붙이면 무엇이 되겠다. "옳지 이것은 이렇게 만들면 되겠다." 등과 같이 자기 힘으로 생각하고 만들어보는 어린이가 바로 창조성이 있는 어린이입니다. (이때 힘껏 만들다가 실패해도 좋은 것이며, 결코 생각해서도 어떻게 할지 모를 때는 선생님께 여쭈어보면 되는 것입니다. 선생님은 여러분 마음속에 있는 것을 다 이야기하고 만들어 주는 것이라고 생각해서는 안 돼요. 선생님은 될 수 있는 대로 여러분의 생각과 만들기를 도와주고 즐겁게 만들 수 있도록 지켜주는 사람이라고 여기고 실지 표현하는 것은 자기라고 생각해야 되는 것이어요.

이와 같이 항상 자기 주위에 있는 일들이나 물건 재료에 대해서 생각하는 어린이가 되어야 하는 것입니다. 길거리에 뒹굴어 다니는 나무토막이나 돌들도 그냥 생각하지 않는 어린이에게는 쓸모없는 돌이고 쓸모없는 나무토막에 지나지 않아요. 그러나 생각하는 어린이는 그것이 사람도 되고, 동물도 되고, 재미있는 표현거리가 되는 것입니다.

이런 활동을 하는 가운데 나도 모르게 나는 착하고, 훌륭하고, 아름다움을 느끼는 어린이가 되어가고 있는 것입니다.

ⓛ 다음으로 어린이에게 부탁하고 싶은 말은 조용한 가운데 활발함이 있는 활동이어야 해요. 활발한 표현은 좋으나, 이것은 반드시 와자지껄 떠드는 가운데만 이뤄진다고 생각해서는 안 돼요. 활발하다는 것과 떠들고 난폭한 것과는 구별해야 합니다. 또한 자기가 어디 있는지도 모르고 옆의 동무가 무엇을 생각하고 있는지도 모르고 큰 소리로만 이야기해야만 시원한 어

린이는 공동생활을 할 줄 모르는 것입니다.

위에서 말한 바와 같이 우리들은 창조성이 있는 어린이가 되어야 한다고 했는데 이 창조성도 이와 같이 떠드는 분위기 속에서는 자라날 수가 없는 것입니다. 생각하고 창조하는 작업은 반드시 명랑하고 조용히 생각하는 데서 튀어나온다는 것을 알아야 되겠어요. 이런 면에서 우리들의 미술 학습태도는 다시 반성하지 않으면 안 될 것입니다.

(이화여자대학교 사범대학 부속국민학교에 가서 미술 수업을 참관한 일이 있어요. 남자와 여자가 헝겊과 바늘로 무엇을 열심히 만들고 있는데 미술실 한 모퉁이에는 전축에서 아름다운 음악이 흘러나오는 가운데 어린이들은 제각기 웃는 얼굴로 열심히 만들고 있는 것을 보니 참 부러웠어요.)

3. 아버지, 어머니께

한 개의 소설에서 모은 미술교육은 창의적인 인간형의 길이란 것을 더 실감 있게 느껴봅니다.

『쉰 살에 다시 감옥살이를 하게 된 위조왕 「찜」은 어릴 때 아직 그가 학교에 들어가기 전에 「찜」은 항상 펜이나 연필을 손에서 놓지 않았다. 커서 학교에 들어가게 되자 선생들은 그의 뛰어난 필치에 놀랐다. 그가 학교에 들어간 날부터 학교를 마쳐 나올 때까지 「찜」은 나쁜 성적표를 집으로 가져와 본 적이 없었다. 그가 성적이 좋은 것은 학생이라서 그런 것은 아니다. 인생이 첫 무대에서부터 그는 도장을 위조하는 특별한 기술이 자기에게 있다는 것을 알았을 뿐이다. 따라서 다른 아이들처럼 성적표가 하나만 가진 것이 아니라, 「찜」은 두 개를 가지고 있었다. 하나는 선생이 만든 것으로 좋지 못한 것이고 하나는 「찜」이 위조한 것으로서 정말 성적이 좋은 것이었다. 「찜」

이 멋있게 날조한 선생의 도장이 찍힌 가짜 성적표를 아버지와 어머니께 보여주었다.』『일찍부터 그러한 위조를 하던 것이 「찜」이란 인간을 그 후에 범죄의 생활로 몰아갔다는 것은 다분히 있을 수 있는 일이다. 발각이 되었던들 그런 일은 아무런 덕이 못 된다.』는『진실한 교훈들을 이해하도록 배웠을 것인데.』

이것은 Mark Hellinger의 단편 소설 「위조왕 찜」이란 내용의 일부입니다. 이 단편소설을 읽었을 때 저는 곧 미술교육과 결부시켜 생각해 보았던 것입니다. 그와 같이 훌륭한 필치, 손재주, 기술을 가진 인간이 결국 「위조왕」이 되어 감옥살이를 하게 되었다는 것은 그 훌륭한 자기의 능력을 충분히 키워줄 수 있는 인간형성의 교육이 없었다는 것입니다. 다시 말하면 「찜」이 가진 손재주와 같은 것을 아낌없이 키워줄 수 있는 창의성 개발의 미술교육, 인간형성의 미술교육이 그에게 가해졌던들 위조왕이 되지는 않았을 것이라고 느꼈습니다. (어릴 때 그것을 발견하지 못한 교사와 부모의 책임은?)

모든 교육이 지적면, 우수한 성적에만 있고, 모든 미술과의 표현 활동이 손재주에만 의해서 그리기, 만들기가 반듯하게 이뤄졌다고 만족해서는 안 되리라는 것을 실감 있게 느낄 수 있었습니다. (한 단편소설에 지나지 않지만)

4. 위와 같이 지루한 이야기들을 줄이면 우리 학교에서의 미술교육은 창의적인 인간형성의 미술교육을 연구하고, 질적인 실천에 높은 이상을 갖고 있는 것이며, 모든 미술교육의 활동이 전부 미술교육의 활동이 전부 이곳으로 귀결지어지도록 노력해 보는 데 있는 것입니다.

아동화 연구

춘천사대부속국민학교 교사 안호범

5. 주제 교육과정조직

  1) 학습내용의 전후 배열에 관련된 계열(sequence)(종적)

  2) 학습내용을 옆으로 상호보상시키는 범위(scope)(횡적)

  3) 학교의 목표를 양성하는데 가장 핵심 되는 요소

강의 내용

※ 조직방법

1. 일반적 목표

  ㄱ. 일반목표와 교육방침 유기적 관계

  ㄴ. 지역사회 실정에 적합

  ㄷ. 아동의 발달심리 환경, 경험 흥미 등에 준해서

  ㄹ. 학교시설 교사의 능력

  ㅁ. 학교의 생활과정 타 교과와의 관계

영역 그리기

주제 :

강의 내용

각 학년의 지도형성

1학년 - 자유표현(감각적 표현)

2학년 - 생활표현(심상)

3학년 - 과제표현(심상)

4학년 - 심상과 묘사표현

5학년 - 묘화의 기술습득

6학년 - 회화의 다양적 표현형식 습득

○ 상화의 종류

　1. 생활화 2. 공상화 3. 회상화 4. 환상화 5. 추상화

　6. 기억화 7. 구상화 8. STORY화(청상화)

○ 표현대상과 내용

　1. 동식물 2. 자연환경 3. 연중행사 4. 운동경기 5. 지역사회의 기물

　6. 기습교재 7. 여러 가지 놀이 8. 공상, 환상의 세계 9. 교통

　10. 일일 생활 11. 인상깊었던 일, 기억에 남은 일

　12. 좋은 것, 싫은 것

一. 표현대상

　① 인물 ② 풍경 ③ 정물 ④ 동물

二. 표현 유형

　① 시각적 ② 기하학적 ③ 구성적 ④ 심미적

　⑤ 인상적 ⑥ 감상적

　⑦ 기술적

三. 색채

　① 창의적 색채 ② 인상적 색채 ③ 관념적 색채

④ 감상적 색채 ⑤ 개성적 색채

四. 표현형식

① 설명적 표현 ② 간략강조된 표현 ③ 과장첨가된 표현

④ 구상적 표현

영역: 그리기 주제: 공동제작

강의 내용

표현과정

① Leader의 밑그림에 의한 개별적 표현(통합적)

② 화지분할에 의한 개별 표현(분할적)

③ 개별활동에 의한 집합적 표현

④ 일상생활에 의한 공동표현(공동적)

제작의 참조점

① 각자의 의견이 존중되도록

② 낙오된 아동이 없게

③ 독단적인 개인 위주의 활동이 되지 않게

④ 목표를 위하여 충분히 토론되도록

⑤ 분단구성의 의의를 갖도록

⑥ 아동의 성격치료에 의의를 갖도록

영역: 미술교육 평가

1. 미술과학습지도의 평가

① 학습 내용 또는 제재가 교육적 의의를 지니고 있는가?

② 명확한 지도 목표를 지니고 있는가?

③ 학습 계획은 치밀하게 세워졌는가?

④ 아동의 자주성이나 독창성이 충분히 존중되었는가?

⑤ 학습 지도로서의 질서가 유지되어 있는가?

2. 미술과 경영의 평가

① 미술실·공작실의 설치

② 시설 재료의 설비

③ 각종 지도 자료의 정비

④ 전시 및 기타 방법에 의한 환경 구성

⑤ curriculum 구성

⑥ 연구 활동의 활발

3. 교사의 자기 평가

① 미술교육에 관한 이론 연구

② 국내외 미술교육계의 동향에 관심

③ 미술과 경영에 관한 연구

④ 아동의 조형 태도, 표현 능력, 감상력에 대하여 정확한 평가의 기록
남기기

⑤ 아동 실태에 관한 이해

⑥ 교육 연구의 계속성

⑦ 아동들에게 조형 활동에 대한 흥미를 갖게

⑧ 학습 지도 방법의 계속 연구

⑨ 타교과와의 관련

⑩ 나의 조형적 능력

표현의 평가

(관점)　　　　　　　　　　　　(방법)

〈조형 제작 활동〉　　　　　〈종합적인 평가〉

○ 관찰 능력　　　　　　　○ 일대비교법

○ 상상력 구상력　　　　　○ 선별법

○ 채색, 배합 능력　　　　○ 관찰기록법

○ 묘사능력 제작능력　　　○ 기술척도법

○ 공구, 재료 다루는 힘

○ 창의적인 표현력

감상의 평가(4, 5, 6학년)

(관점)		(방법)
· 환경에 있는 아름다운 것에 대한 흥미 반응 - 미술품, 자연물		· 관찰기록법
· 일상생활면에서		· 기술척도법
표현활동을 즐기는 정도		· 첵크리스트법
작품을 사랑하는 정도 (소중히 여긴 나)		(이야기) 메모
작품을 만드는 수량 다소		· 순위평가법
작품의 양 부 선별법		(작품 식별)

평가 방법의 몇 가지 예

일대 비교법 (상대 평가) : 그 시간의 지도 목표와 관련되며 상대적으로 평가하여야 함.

아동작품의 우열 판정의 수단 : 아동작품 2점씩 일대 비교

※단점, 복잡하고 시간이 많이 소요됨.

○ 기술척도법

구분 \ 평가	수(+2)	우(+1)	미(0)	양(−1)	가(−2)
1. 관찰 능력 2. 색과 형에 대한 감각 3. 표현 상태 4. 표현 기능 5. 동무와의 생활태도	매우 예민하고 정확하다	예민하다	보통	예민하지 않다	무정확하고 둔하다
	매우 새롭다	새롭다	〃	침체되고 있다	매우 둔하고 위축되어 있다
	매우 독창적	독창적이고 힘차다	〃	모방적이다	산만, 모방적, 성실성이 없다
	힘차고 우수하다	우수한 편	〃	졸열하다	무능하다
	우의가 매우 두텁고 신망을 받는다	두텁고 좋다	〃	가끔 말썽을 일으킨다	공격적이고 문제아다
	매우 정확하다	바르게 본다	〃	무관심하다	무능력, 무관심

○ 일반적으로 예술적 표현의 평가에는 선별법이나 대비교법을 활용하고 실용적 목적을 가진 도공이나 (공예)만들기 등의 평가는 기술척도법을 사용함.

(라) 각 영역별 작품 평가의 기준 일람

(표현력을 평가할 수 있는 보편적인 척도가 될 수 있겠으나 지도교사의 학습 목표에 따라 더욱 구체화할 수도 있고, 생략될 수도 있음.)

○ 상상화 −(저 · 중학년)

① 상상력은 풍부하고 독창적인 표현인가? (영상이 선명하고, 구성이 개성적인가)

② 자기의 실감에 맞는 주제를 선택했는가?

③ 색 · 형 등 조형적 요소를 새로운 질서로 옮기고 있는가?

④ 자유롭게 거침없이 그릴 수 있는가?

⑤ 형 · 색 · 재질 등에 대한 감각은 예민하게 연마되어 있나?

⑥ 그림 그리는 횟수는 잦은가?

⑦ 즐거워하며 성실하게 표현하는가?

○ 사생화 –(중 · 고학년)

① 관찰력이 있는 표현인가? 대상을 정확하게 인식하고 있나?

② 표현상 성실성이 내포되어 있나? (아동 발달에 준함)

③ 표현에 있어서 주제에 대한 흥미를 솔직하고 명쾌하게 표현하고 있는가?

(각자 주관에 의해 느껴진 흥미, 관찰)

④ 색과 형 질감이 잘 어울리는 상태에 있나?

○ 꾸미기(평면 및 입체 구성) – (전학년)

① 조형적 의욕과 필요성에 적응한 형태를 찾고 있나?

② 창조적인 구성이며 자유로운 표현인가?

(개성적 독창적 아이디어를 살리고 있나?)

③ 변화, 조화, 균형, 리듬, 통일 등 구성 원리를 잘 살린 표현과 구성인가?

④ 형, 색, 재료가 기능미를 생략하고 설계되고 구성하고 있는가? 계획적이고 순서가 맞는가? (합리성, 과학성)

⑤ 디자인에서 표현 목적이 어린이 생활의 필요성에서 나왔나?

197 년　　월　　일　　요일			날씨		
행사			학급사무		
학습지도	시간	교과	제재명	지도 내용	기타
	1				
	2				
	3				
	4				
	4				
	6				
사고	(예) 박용석…동산에서 넘어져서 코피를 흘림				
비망록	(예) 어린이 도서 35권 대출		숙제		

문교부 주최 · 한국아동미술협회 주관〉

「교육미술」 이정표
미술 교사와 교육행정가

한국아동미술협회 운영위원, 서울풍인국민학교 교사 안호범

아동 예술에 대한 인식은 전 세계적으로 획기적 전환을 하게 되었고, 이에 대한 관심은 상승일로에 있다. 전술한 바와 같이 예술은 교육의 방법이며 그것은 단지 한 교과에 머물러 있을 성질의 것이 아니라고 말할 수 있는 것은 아동은 각기 자기의 예술을 가지고 있고 그 예술성을 인정하는 데서 비롯된다.

즉 정신 발달에 알맞은 시각성과 형태상에 의하여 자기를 표현할 수 있다는 것을 일컬음이다. 그들의 예술적 언어(시각언어: Visual Language)는 그들의 권리를 나타내는 것이며 성인의 표준(가치)으로서 판단해서는 안 되는 것이다. 그것은 어린이가 가지고 있는 의사 전달의 수단이며 그것에 의하여 성인은 어린이를 이해하고 아동은 자연적 주위 환경을 이해할 수 있는 것이다. 소수의 재능을 타고난 아동만이 예술가인 온갖 어린이의 정상적인 창조적 활동을 격려해 준다는 것은 온갖 어린이의 인격을 균형 잡힌 인간상으로 교육하는데 필요불가결하다는 주장을 하게 된 것이다.

J. Ruskin도 어린이의 예술적 활동에 대해서는 외부로부터 어떠한 간섭도 해서는 안 된다. 진실한 의미에서 자발적인 것이어야 한다고 말하고, 이런

자발적인 활동 가운데서 예술적인 활동이 각별히 교육적 가치를 가지고 있다고 하였다.

이런 견해에서 예술은 교육의 일반 계획 속에 끼워 넣어 그 일부분이 되는 것 같은 대단치 않은 것으로 취급되어서는 안 된다고 말할 수 있고 다른 각도에서 볼 때 교육은 예술과 서로 떼어놓을 때에는 이미 완전한 것이 못되고 그러한 교육이 오래 계속된다면 인류는 더욱 담담한 비극을 만드는 결과가 되고 마는 것이리라.

이것은 실로 오랜 세월을 두고 많은 철학자 심리학자들에 의해 성취된 20세기의 교육 혁명인 것이다. 이제 참된 인간성을 옹호하고 상실당한 인간성을 회복시키는 교육의 방법은 예술의 실행을 통해서만 잘 이루어질 수 있다는 것을 알게 되었다.

본론에서 좀 더 밝혀 두어야 할 말이 있는데 그것은 「예술」에 대한 개념이다. 흔히 우리가 사용하는 「예술」은 오랜 세월을 두고 추상적 관념으로만 취급되어 왔고 그러기에 우리 생활과는 너무나 거리가 멀고 아무 힘을 발휘할 수 없는 것으로만 여겨 왔다. 그러나 인간 생활에 적용되어야 할 지배적 원리일 뿐만 아니라 다시 나아가서 인간생활을 지배하는 원동력인 것으로써 그것을 무시하곤 위기를 초래하는 결과를 인류는 체험하고 있는 것이다. 교육 전반에서 개성의 자유로운 표현에 의한 예술적 체험이 교육의 방법 기초가 되어 도덕적 덕성과 심미성에 의해 조화된 미술교육이다.

미술교실 1학년

본 협회 부회장 서울대학교사대부국 교사 정진명

一. 단원 종이판화(나의 생활 모습)

二. 단원 설정의 이유

손쉬운 방법으로 종이를 찢거나 오려 붙여서 그림을 만든 다음 그 위에 그림물감을 발라 찍거나 기름기 있는 (유성)잉크를 로오라에 묻혀 박아 보면 뜻하지 않았던 재미있는 효과가 나타나게 된다. 즉 위에 붙인 종이와 밑의 종이와의 약간의 볼록면의 차가 하얗게 남아서 마치 그림자 그림 같은 신비스러운 공간이 출현하게 된다. 이와 같이 손쉬운 방법으로 할 수 있는 종이 판화를 통하여 새로운 표현에 흥미와 창의성을 나타내게 하는 큰 의의가 있다.

三. 지도 목표

손쉽고 즐거운 종이 판화를 통하여 표현에 대한 기쁨과 재미를 맛보게 하고 나아가서는 판화의 초보적인 체험을 쌓게 한다.

四. 준비자료

어린이 … 8절 도화지, 신문지, 가위, 풀, 포스터칼러, 붓

교사 … 판화 잉크, 로오라, 바렌, 화선지(창호지도 좋음)

五. 지도 과정

먼저 참고 작품을 보이지 않고 어떠한 것이 될 것인가 미래에 기대를 갖

게 한다. 재료와 용구에 대해서는 전일에 예고를 하여 빠짐없이 준비를 해오게 한다. 그리하여 새로운 표현 방법에 많은 흥미와 의욕을 갖고 있는 어린이들로 하여금 주저함이 없이 단번에 작업을 들어가게 하면 1학년다운 좋은 작품을 기대할 수 있게 될 것이다.

① 준비해 온 재료를 책상 위에 늘어놓은 다음 작업의 차례에 대하여 이야기를 듣는다. 이때에 주제의 내용에 대한 의견을 교환하게 하여 각자 재미있는 구상을 하게 한다.

② 도화지 위에 주제에 맞는 밑그림을 크게 그린다.

「우산을 받고 있는 모습」, 「바둑이 학고 달리는 모습」, 「어머니를 따라서 시장에 가는 모습」, 「공 튀기기 하는 모습」, 「줄넘기하는 모습」, 「손을 들고 횡단보도를 걷는 모습」 등등 다양한 장면이 나오도록 자극을 가한다.

③ 밑그림이 되면 그것을 손으로 찢거나 가위로 오린다.

④ 동그란 얼굴을 먼저 붙이고, 그 위에 눈 또 그 위에 눈동자 등 얼굴의 부분을 차례로 붙인다.

⑤ 위와 같은 방법으로 옷, 신발 그리고 옷이나 신발의 무늬도 차례로 붙인다. 이와 같은 방법으로 오려 붙이는 것을 어려워하는 어린이에게는 연필로 부분이 들어가도록 세게 그리면 오목판의 효과를 나타낼 수 있다는 것도 아울러서 적절히 지도한다.

⑥ 손으로 만져 보아서 울퉁불퉁하지 않으면 안 된다는 것을 알게 한다. 그리하여 부족한 부분을 보충해서 붙인 다음 말린다.

⑦ 신문지 위에 다된 것(원판이라고 함.)을 놓고 포스터 칼라를 고루 칠한 다

음 그 위에 얇은 화선지를 대고 바렌으로 움직이지 않게 문지른다. 또한 원판 위에 잉크를 로오라로 고루 묻힌 다음 그것을 다른 신문지 위에 옮겨 화선지를 대로 바렌으로 문지른다. 이때에 문지르기 전의 일까지는 교사의 조력이 필요하다.

⑧ 살며시 종이를 떼어 본다. 하얀 종이 위에 박혀진 야릇한 자기 모습에 어린 이들은 그만 감탄하고 환성을 울리게 될 것이다.

⑨ 여러 장 찍어낼 수 있는 복수성의 기쁨을 맛보게 한다.

⑩ 뒷정리를 잘하고 어느 정도 말랐을 때에 감상을 하게 하여 새롭고 재미있는 점을 많이 찾아보게 한다.

〈필자〉 본 협회 부회장 서울대학교사대부국 교사

미술교실 2학년

서울 풍인학교 교사 이진무

一. 단원 겨울(8시간)

二. 단원 설정의 이유

겨울이 되면 날씨가 추워서 어린이들에겐 좋은 계절이다. 목화송이 같은 흰 눈이 펑펑 내리면 앙상한 나뭇가지에 눈꽃이 피고 뽀드득뽀드득 발자국 무늬가 한 폭의 그림이 되고 눈사람 만들기, 눈싸움 등 어느 철보다도 기다려지는 계절이다. 어디 그뿐인가? 얼음이 얼게 되면 스케이팅, 팽이치기, 썰매타기에 손발이 어는 줄을 잊으며 연날리기, 윷놀이 같은 놀이는 다른 철에서는 맛볼 수 없는 즐거운 생활이기도 하다. 거기에도 크리스마스와 겨울방학, 설날이 어린이들을 손짓한다. 이와 같이 겨울은 춥기만 하다기보다 어린이들에게는 흥미롭고 꿈이 부푸는 계절이다. 이 즐거운 생활을 마음껏 표현하고 행복한 시간을 갖도록 하기 위해 표현할 수 있는 기회를 많이 주어 학습의 효과를 올리도록 해야겠다.

三. 단원의 목표

① 눈 내리는 풍경의 아름다움을 그림으로 즐겁게 표현한다.

② 눈사람 만들기, 눈싸움, 윷놀이 등 즐거운 놀이 경험을 그림으로 표현할 줄 안다.

③ 카아드 만들기를 통해 어떠한 뜻을 간결하게 표현할 줄 안다.

④ 크리스마스나 새해에 카아드를 보낼 줄 아는 고운 마음씨를 기른다.

⑤ 다른 어린이의 작품과 비교 감상하여 자기 발전에 힘쓰며 아름다움
에 대한 감각을 높인다.

⑥ 자기가 경험한 것을 창의적으로 자신 있게 표현할 수 있는 태도를
기른다.

四. 학습 계획

단계	학습 문제	준비자료	교과서
1	눈 내린 아름다운 경치를 그려본다.	크레파스, 수채화구, 색종이, 풀, 가위, 솜 등	P.50
2	겨울에 재미있었던 놀이를 중심으로 그려보자.	파스, 수채화구, 포스터칼러, 초, 성냥, 신문지, 잡지, 풀	P.52
3	크리스마스와 새해 카아드를 만들자.	각종 카아드, 도화지, 그리기도구, 색종이, 봉투	P.51
4	작품을 모아 감상하자.	외국어린이 작품, 다른 학교 어린이 작품 등	P.53

五. 지도상의 유의점

[문제 1] 눈 내린 아름다운 경치를 그려보자.

① 눈이 왔을 때에 보고 느끼고 있었던 일을 풍부하게 이야기함으로써
경험을 재생하고 상상력을 높이며 의욕을 북돋운다.

② 첫눈이 내린 바로 다음 흥겨운 마음이 가시지 않았을 때 그리게 하
는 것이 가장 효과적일 것이다.

③ 인물이나 사물의 형태나 배치, 색채 등에 구애됨이 없이 처음부터

끝까지 즐거운 마음으로 심상을 표현할 수 있도록 유도한다.

④ 재료를 해방한다. 파스나 수채화구의 솜, 색종이, 헝겊, 포스터칼러, 신문지, 잡지 등 우리 주변에 있는 모든 물감을 표현 재료로 이용하여 창의적인 활동이 되도록 지도한다.

⑤ 교사는 참고 작품 및 경치, 사진을 수집 제시하여 분위기 조성 및 착상에 도움을 주도록 한다.

[문제 2] 겨울에 재미있었던 놀이를 중심으로 그려 보자.

① 어린이들이 경험하지 않은 것을 그리면 자연히 어색한 부분이 퉁겨져 나온다. 그러므로 솔직한 표현, 즉 감정을 살린 표현을 하도록 유의하여야겠다.

② 어린이들이 좋은 표현을 하자면 풍부한 생활 경험이 있어야 한다. 일상생활을 충실하고 행복하게 영위토록 지도하는 것도 그리기 지도의 실제로 생각할 수 있다.

③ 그리는 시간은 충분히 주어야 하며 매일 계속해서 활동함으로써 작품이 좋아지도록 창의적인 표현을 기대할 수 있다.

④ 전시장에 만든 작품을 제시하고 칭찬을 많이 해주고 누구나 쉽게 표현할 수 있다는 자신감을 갖게 하여 자유스러운 분위기가 이루어지도록 노력해야 한다.

⑤ 그림에 풍부한 내용이 담겨지도록 유도해야 한다. 그러려면 좋은 착상을 해야 하고 좋은 착상이 되려면 풍부한 생활 경험을 자유스러운 분위기 속에서 이야기되어 자기들의 생활의 이모저모를 되새겨 내도록 힘써야 할 것이다.

[문제 3] 크리스마스와 새해 카아드를 만들자.

① 크리스마스 카아드와 연하 카아드를 많이 모아 제시하고 감상한다.

② 카아드에 표현된 그림의 뜻을 이해하므로써 카아드 만들기에 대한 자신이 생기며 좋은 착상이 떠오르고 표현 방법도 연구할 것이다.

③ 카아드 보낼 사람을 미리 정하여 염두에 두고 그리게 함으로써 예쁘고 간결하게 뜻이 잘 나타나도록 그리게 될 것이다.

④ 표현 재료에 있어서 파스나 물감보다도 잡지의 원색 사진, 색 헝겊, 털실, 은지송 등을 사용하여 반입체적인 작품을 만들도록 하면 보다 효과적일 것이다.

⑤ 표현 방법에 있어서도 '재미있는 그림' 단원에서 학습한 Collage, 불기, 접기, 데칼코마니(Decalcomanie)와 Marbling, Frottage, Montage, Scratch 등의 방법을 정해서 이용토록 하면 좋을 것이다.

⑥ 종이판화나 야채판화, 찍기(프린트 놀이), 방법 등을 써서 여러 장 만들수 있도록 지도하는 것도 좋을 것이다.

[문제 4] 작품을 모아 감상한다.

감상학습은 미술과 영역 중 가장 소홀하기 쉬운 분야이다. 아름다움을 보는 미적 감각을 높이고 생활을 미화하는 태도를 기르기 위해서 본 단원은 의도적으로 계획되고 연구적인 지도가 가해져야만 되리라고 생각한다.

① 먼저 많은 작품을 모으도록 한다. 우리들의 작품은 물론 같은 학교의 고학년, 1학년 동생들의 작품, 다른 학교, 다른 지역의 어린이 작품, 다른 나라의 어린이 작품 등을 많이 모은다.

② 전시 장소로는 교실, 복도, 강당, 게시판, 운동장 같은 넓은 공간을

잘 이용하여 감상하기에 알맞은 위치를 고려하여 효과적인 전시가 되도록 한다.

③ 전시된 작품을 개별적으로 감상하게 하여 내용, 표현 방법 등을 이해하게 하고 좋은 점을 본받고 자기 작품에 대한 반성을 하도록 한다.

④ 작품의 좋은 점을 서로 이야기시켜 다른 사람의 견해와 내 견해를 비교하고 자기의 감각을 객관화시켜 가도록 한다.

⑤ 작품을 소중하게 간수하여 타인의 작품을 존중하는 태도를 갖게 한다.

〈필자〉 서울 풍인국민학교 교사 이진무

미술교실 4학년

송용달

단원 14. 필요한 물건 / 광고판

1. 교재 광고판(2시간 배당)

(1) 교재의 개관

본 교재는 창조적인 디자인 감각을 길러 주기 위한 것이다. 물론 광고판의 기능과 목적을 생각하여 그에 적합하게 만드는 분석적인 사고 활동이 있어야 하지만 그에 앞서 무엇보다도 중요한 것은 창조적인 아이디라고 생각한다. 이 창조적인 아이디어는 기발한 것일수록 좋겠지만 그것이 디자인 감각에서 우러나온 것이라면 더 좋을 것이다. 즉 디자인을 한다는 것은 우선 목적이 정해졌으면 그 다음으로 기발한 착상을 하여야 할 것이다. 그리고 나서 착상을 다듬는 과정으로 기능을 분석하고 요약해서 계획이 세워진다. 이것이 결정되면 아이디어 스케치로 형태와 재료, 크기 등이 결정되고 그것에 의해 설계도를 그려서 작업 순서를 결정하여 제작한다. 완성되었으면 실제로 목적하였던 곳에 놓아보는 것이 중요하다. 즉 평가는 여기서 이루어지는 것이라고 보는 것이 옳을 것이다. 그것은 디자인 감각이 실제로 길러질 수 있는 장면이 바로 이곳이기 때문이다.

위와 같은 과정은 고정적인 것은 아니지만 미술과에서 분석과 종합을 중요시하는 것만은 잊어서는 안 될 것 같다. 그러므로 절차야 생략되었다 하더라도 과정은 어떤 형태로서나 측합되어져야 할 것 같다.

(2) 교재의 성격

본 교재인 광고판은 남에게 알리기 위해 연구하는 디자인으로 생각할 수 있다. 충분히 전하기 위해서는 글자, 배치, 색채 등의 요소에 대해 연구를 하지 않으면 안 된다. 착상이 신선하고 독자적인 것이어야 하며 따라서 누구에게나 똑같이 시각전달을 해주는 힘이 있지 않으면 안 된다. 그래야만 사람 눈을 끌 수 있고 인상이 깊어져서 기억에 남게 된다. 이제까지 말한 것은 표현에 관한 것이지만 의외로도 기능적인 것이 이에 가미되지 않으면 안 된다. 디자인은 표현과 기능을 가지고 있어서 이것이 생활에 대해서 반응하여 감동을 주는 것이다. 전혀 감동을 주지 않는 것은 디자인으로서의 디자인은 우리들의 생활에 필요하게 되는 것이기 때문이다. 이와 같이 디자인은 시각적인 형과 사용해 보아야 알 수 있는 능률과 편리함을 동시에 느껴야 하므로 평가는 이면에 힘을 쓰지 않으면 안 될 것이다.

미술교실 5학년

김형호

1. 제재 목판화

2. 지도 목표

○ 판재의 특성이나 공구의 성질을 알게 한다.

○ 음각과 양각의 종류를 알고 어떻게 표현할 것인가를 계획할 수 있게 한다.

○ 매우 의욕적이고 끈기 있게 하는 태도를 기른다.

○ 판화의 찍는 방법을 실제로 경험시킨다.

○ 잘된 판화를 분별하는 방법을 기른다.

3. 재료 및 용구 판목, 도각도, 다듬대, 등사 잉크, 로울러, 먹물, 붓, 종이(창호지, 갱지, 모조지 등)

4. 학습활동

(도입)

○ 4학년 때 학습한 종이판화에 대하여 이야기를 나눈다. 작품을 직접 보여주면서 구체적으로 어떠한 점이 좋았나, 또는 나빴나 교과서 등을 참고로 하여 확인한다.

○ 고무 판화와 목판화의 다른 점을 이야기하고, 목판화의 제작 방법을 괘도나 슬라이드를 통해서 혹은 직접 시범을 통해서 알게 한다.

○ 우리들의 일상생활 주변에서 제재를 찾아내도록 한다.

○ 농촌 생활, 도시 생활, 가정생활, 학교생활 등에서 찾아낸다.

(전개)

○ 밑그림을 그린다.

※ 목판화는 흑백으로 표현하는 것이 원칙이므로 밑그림도 먹물 한 가지 색으로 그리는 것이 좋다. 그리는 방법은 다음과 같이 여러 가지를 들 수 있다.

㉠ 얇은 종이에 그린 밑그림을 판목에 뒤집어 붙이는 방법

㉡ 얇은 종이에 그린 밑그림을 카아본지를 사용해서 판목에 배기는 방법

㉢ 판목에 석유를 묻히고 파스로 그린 밑그림을 뒤집어 대고 문질러 배기는 방법

㉣ 판에 먹이나 크레용, 파스 등으로 직접 그리는 방법 등 여러 가지가 있으나 얇은 종이에 그려서 뒤집어 붙이는 방법을 대체로 많이 활용하고 있다.

㉤ 맨 밑에 매어달 모양은 그림처럼 고리를 연필로 감아서 여러 가지 변화 있는 형태로 붙인다.

※ 밑그림이 완성되면 판면을 파기 시작한다. 파는 방법은 양각과 음각의 두 가지로 구분할 수 있다. 양각은 먹으로 그린 선을 남겨 놓고 여백만을 파

는 것을 말하며 이와 반대로 음각은 여백을 남겨 놓고 선을 파내는 것을 말한다. 판목을 새기고 파는 데는 조각칼을 사용한다. 조각칼의 사용 방법은 아래 그림과 같이 사용하는 것이 보통이다.

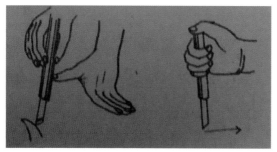

○ 잉크를 묻힌다.

※ 파낸 다음에는 판목에 판화 잉크(등사 잉크)를 로울러를 이용하여 고루 묻힌다. 그림물감을 사용할 경우에는 약간의 풀을 섞어 붓이나 솔로 묻히는 것이 좋다.

○ 종이에 찍는다.

※ 잉크를 묻힌 다음에는 종이를 판 위에 가볍게 올려놓고 종이가 움직이지 않게 바아렌으로 처음엔 가볍게 문지른 다음 점차 힘을 주어 문질러서 찍어낸다.

(평가)

흑백의 분할	효과적	보통	불충분
계획성	양호	보통	부족

찍는 기법	양호	보통	부족

5. 지도상의 유의점

판화 중에서 가장 어려운 것이 목판화라고 한다. 조각칼을 연필 대신으로 종이가 아닌 목판을 새기어 표현하여야 하기 때문에 의도하는 대로 자유롭게 새겨지지 않을 뿐 아니라 중간 Tone을 약하고 흑백으로만 표현하지 않으면 안 되는 점 등 때문일 것이다. 그러나 목판화의 재미는 바로 이 점에 있기도 하다.

고학년 어린이들이 대부분이 빨리 새기고 싶은 생각에서 밑그림 단계를 소홀히 하는 경향이 있는데 이렇게 되면 새겨 나가는 도중에 무엇인지 화면이 어수선하여 곧잘 설명해버리고 중도에서 칼을 놓아버리는 일이 많다. 그러므로 대상은 충분히 잘하여 칼을 드는 습관이 몸에 붙도록 유의할 일이다. 목판화 제작 능력은 그리기 능력이 그 바탕이 되는 것이므로 평소의 그리기 능력 향상에 힘써야 할 것이다. 대상을 잘 관찰하는 힘과 화면 구성력 그림 내용을 심화시켜 나가려는 태도 등이 평소에 길러져 있어야 한다.

〈필자〉 서울교육대학 부속국민학교 교사

항구(목판화)

소(목판화)

멕시코우 올림픽 어린이 미술제에
다녀와서

정진명
문교부 교육용 도서 심의위원, 한국아동미
술협회 부회장
서울사대부속 국민학교 교사

　1968년 10월 멕시코우에서 열리는 제19회 올림픽 대회를 앞두고 올림픽
조직위원회는 미술을 각국 간의 이해와 친선을 도모하기 위한 한 가지 방법
으로 생각하고 어린이 미술제를 그들의 20개 문화행사의 하나로 채택함으
로써 세계의 어린이들이 제19회 올림픽 대회에 예술적인 공헌을 하도록 하
였다. 어린이 미술제는 두 개의 부분으로 나뉘어졌었는데 그 하나는 '우정
의 세계'라는 주제 아래 세계 각국의 어린이들이 그린 작품들을 10월 한 달
동안 멕시코우 국립전시관에서 전시한 국제 아동 미술전이었다.

　이 미술전에는 전국에서 엄선한 우리 어린이의 작품에 비하여 우선 화면
이 커서 멀리서도 얼른 눈에 띌 수 있었고 구성한 화면 내용이 '즐거운 피크
닉', '어린이 우주선', '횃불 행진' 다채로운 것들이었으며 선이 굵고 대담하

여 우리 어린이들의 씩씩한 기상을 엿볼 수 있는 그림들이었다. 도료는 주로 그림물감을 사용하여 부드럽고 밝은 조화된 색감을 잘 나타내었다.

마침 우리나라 어린이들의 작품은 중앙 출입구 쪽에 전시되어서 들어가고 나오는 관람객들의 시선을 끌게 되어 언제나 많은 사람들의 발걸음을 멈추게 하였다.

10월 3일 오후 6시에 있었던 미술전 개막 시에는 올림픽 조직 위원들을 비롯하여 멕시코우의 고관은 물론 멕시코우에 주재하는 각국 대사들이 많이 참석했었는데 이분들을 안내하여 우리 어린이들의 솜씨를 자랑하시던 멕시코우 한국 대사관 「최경록」대사님의 얼굴은 마냥 환하게 웃음 짓고 있었다.

미술제의 다른 하나는 어린이 벽화전으로서 국제 올림픽 위원회의 각 회원국 어린이들이 직접 참가하도록 초대되었었다. 이 제전의 목적은 세계의 모든 문화를 상징하는 여러 어린이들이 한데 모여 '우정의 세계'라는 주제 아래 벽화를 그리도록 되어 있었다. 이와 같은 행사는 올림픽 사상 처음 열린 것으로써 그 의의가 컸었다고 본다. 국제적인 행사에의 참가이기 때문에 우리나라 대표 어린이의 선발에 있어서는 여간 신중을 기하지 않았었다.

대한 체육회에서는 그동안 국내적인 미술 실기대회와 국제적인 작품 출품에 많은 연륜을 쌓아 온 소년 한국일보에 위촉하여 6월 하순경 1차 공모전에서 20명을 선발하였다.

[부록 11] 〈문교부 주최 · 한국아동미술협회 주관〉

국민학교 교사 미술과 특수강습을
마치고

서울 우신국민학교 교사 강세은

시간이란 괴물은 사람의 머리까지도 녹슬게 하나보다

교직생활 10여 년에 쌓은 것은 없고 세월만 흘러가 되돌아보면 보람을 찾기보담, 빨갛게 쓸어있는 녹이나 닦아야겠다는 생각이 앞선다. 초는 자신을 태워 불이나 밝혀준다지만 나를 스쳐 지나간 어린이들은 내가 가졌던 것에서 얼마나 얻들 갔는지 모르겠다.

하얀 도화지에다 고사리 같은 손으로 꿈의 세계를 채워가는 모습을 바라보노라면 너무도 영롱한 색채들이 퇴색되어가는 자신을 새삼 느끼게 한다.

그러나 그런대로 기름을 쳐줄 고마운 기회를 우연히 얻었다. 한국아동미술협회가 주최하는 제1회 국민학교 교사 미술 강습회에 수강생이 된 것이다. 여자의 몸으로 여관방 신세를 져가면서 강습을 받는다는 것을 퍽 쑥스럽게 생각하고 나선 길이지만 20일을 채우고 나서는 가슴에 뿌듯한 희열감을 느낄 수 있었고 종래는 다시 2회 미술 강습에까지 참가하는 용단을 내려 주었다.

미술강습회 개최에 즈음하여 한국아동미술협회장께서도 밝힌 바 있지만 오늘날의 미술교육이 생활과 직결되는 인간 형성의 기본 교육 수단으로서 가치를 인정받은 지 오래이며 우리나라 미술교육이 과거의 낡은 교육방법에서 탈피하여 후진을 면하고 국제 수준에 도달하기 위해서는 주변적인 여건의 충실은 물론이고 지도자 자신의 미술과 학습 지도 능력의 배양이 요구된다고 보아 더욱 절실한 필요를 느꼈던 것이다.

제1회 강습은 서울(보건사회부 6층 회의실)에서 받았다. 한적한 생활에 젖어서 늘어질 대로 늘어진 마음에다 겨울 한 철 지내기가 그리 어렵지 않은 남해의 군항도시 진해 사람에게 서울의 매서운 추위는 또 다른 하나의 인내심을 길러주었으며 어지러운 차량의 홍수는 두뇌 회전을 재촉해 주었다. 엘리베이터에 몸을 싣고 강습장으로 오릴 땐 새로운 교재에 대한 호기심에 고무풍선처럼 마음이 부풀어 올랐고 일과를 마치고 아래층에 닿으면 대지가 더욱 단단함을 느끼며 하루의 피로도 잊고 발걸음도 가볍게 여관방으로 향하곤 했다.

아동들을 다룰 때에 노작 학습이 더없이 흥미를 불러일으킨다는 것을 잘 알고 있던 터이지만 이제 늙어가는 선생님들이 어쩌면 그렇게도 흥미진진하게 만들고 그리고 꾸미고 하였던지 지금 생각하면 웃음이 절로 나온다. 영역별로 공동 작품을 만들 때는 서로 뒤질세라 열정이 대단했다.

여기에 강습 내용을 소개하면

① 미술교육과 오늘의 과제

② 추상미술에 대하여

③ 현대미술교육의 동향

④ 아동화에 있어서 색채 교육

⑤ 아동미술의 심리적 발달 등등의 개괄적인 내용

⑥ 그리기

⑦ 만들기

⑧ 꾸미기

⑨ 쓰기 등의 미술과 교육과정에 의한 학습지도의 이론과 더불어 실제를 다루었기 때문에 학습 현장에 임할 때 더욱 많은 도움을 줄 수 있었다. 개강식이 어제인 듯한데 20일이 지나고 폐강식을 할 때는 정말 아쉬운 심정에 젖었다. 하지만 서울의 지붕에 소담스레 내려 쌓인 눈처럼, 20일의 강습 내용이 내 머리에 소복이 쌓였을 것을 생각하며 기차에 몸을 실었을 때는 흐뭇한 마음에 어린아이가 되고 말았다.

학교에 돌아가서는 직원들에게 수강 내용을 전달도 했다. 물론 평소에도 미술의 전 영역에 걸쳐 충실히 어린이들을 지도하고 있는 직원들이 있었지만 새로운 표현 방법에 의한 다양한 교재에 대단한 관심들을 가졌으며 그후 각 교실마다 수수깡 공작이나 종이 공작 등 전달 내용이 작품으로 게시된 것을 볼 때 더욱 보람을 느낄 수 있었다. 그리고 잇따른 직원들의 교재에 대한 문의를 받고 수강 노우트를 뒤적일 때마다 미술에 대한 공부를 더 해야 되겠다고 생각하곤 했다. 물론 수강생들의 입장으로 보아 대부분이 시군의 쟁쟁한 미술 교사들이었기에 기능이 대단했지만 이 틈에 끼인 나로서는 스스로 부족함을 평소에도 느껴왔던 것이다. 그러는 가운데 직장을 진해에서 서울로 옮겨 오게 되었다.

제2회 미술과 강습은 1회 강습보다 어쩌면 더욱 인상적이었던 것 같다. 한여름 아스팔트가 엿가락처럼 녹아드는 서울에서 방학을 보내야만 했을 터인데 강습의 덕분으로 정말 속리산 인간이 되어 여름 한 철을 녹음 짙은 충북의 명산인 속리산에서 모든 잡념을 씻어버리고 매미의 합창을 감상하며 즐겁게 일과를 보낼 수 있었다.

처음 가본 속리산, 산에 이르는 꼬부랑 고갯길, 법주사의 미륵불, 마차에 몸을 싣고 달리던 산길, 보기만 해도 시원해지던 맑은 개울물이 지금도 눈에 선하다. 그리고 아픈 다리를 끌며 오르던 문장대의 추억은 잊을 수 없다. 180여 수강생들이 마치 여행이나 온 듯 즐거운 미술 강습회를 가질 수 있었던 것을 생각하면 강습회의 성과는 물어볼 필요도 없는 일이다.

속리산 관광호텔에 묵으면서 호텔의 옥상에서 강습을 받아보니 이 정도의 환경이라면 미술 강습장 자체가 한복의 예술작품이었으니 그곳에서 예술작품이 나오지 말라는 법이 있겠는가? 판화를 해서는 서로 기념으로 돌려 찍어서 가져왔지만 다들 좋은 작품들을 만들었다고 생각된다.

2회 강습도 이론과 실제가 병행되었는데 강습 내용을 보면

① 만들기 교육의 방향
② 특수한 교수 법적 경로
③ 그리기 학습 지도법
④ 그림에 나타나는 아동심리와 성격
⑤ 아동화의 진단
⑥ 미술교육과 창조성
⑦ 아동화의 평가

⑧ 작품의 감상

⑨ 미술을 통한 아동 발달

⑩ 학년별 묘화 지도의 개념

⑪ 미술과 학습지도의 구조

⑫ 상화 지도 ⑬ 사생화의 지도

⑭ 개인차에 따른 지도 등의 이론적인 내용

⑮ 그리기　⑯ 만들기

⑰ 꾸미기　⑱ 판화　⑲ 쓰기 등

각 영역에 걸쳐 지도의 이론과 실기가 있었다. 어쨌건 두 차례의 미술 강습을 받는 동안 미술이 어린이의 심리 및 성격의 형성에도 많은 영향을 주고 있음을 재인식하였으며 역시 창조의 힘을 기르고 심미적 정서를 갖도록 하는 데 있어 미술이 갖는 비중이 크므로 미술 시간에 임하는 교사는 뚜렷한 학습 지도 목표를 갖고 충실한 학습 지도가 이루어지도록 노력해야 할 것을 스스로 다짐하게 되었다.

어린이들은 미술 시간을 퍽이나 좋아한다. 그러나 미술에 특기나 취미를 가진 교사를 제외한 대부분의 교사는 아동들의 높은 학습 동기에 발맞출 수 있는 다양한 교재의 선택과 이의 지도에 만전을 기하여 오지 못한 것은 사실이며 일반적으로 교사 자신이 다양한 미술교재에 접해 보지 못한 것도 사실이다. 그러므로 미술이 기능 교과이니 만치 교사 자신의 지도 능력을 위해서는 효과적인 미술 강습이 기회 있는 대로 열려서 많은 교사가 강습을 받아둠이 좋겠다고 보아진다.

그런 의미에서 한국아동미술협회의 사명 또한 무거운 것이라 생각된다.

옛말에 꿩 먹고 알 먹는다는 말이 있지만 두 차례의 강습 덕택으로 자신의 미술과 지도의 체계를 재정리하는 기회를 얻어서 퍽 다행스럽고 한편으로는 1정 자격도 얻게 되었다. 제1회, 제2회 강습을 통하여 성심껏 지도해 주신 강사님들과 수강 중 고락을 같이했던 전국에서 오신 여러 선생님들의 발전과 행복을 빌며 강습 중의 즐거웠던 시간들을 아름다운 추억으로 영원히 간직하고 싶다.